CURSO LIVRE
MARX-ENGELS

José Paulo Netto (org.)

CURSO LIVRE MARX-ENGELS

A CRIAÇÃO DESTRUIDORA

Copyright © Boitempo Editorial, 2015

Equipe de realização
Bibiana Leme, Ivana Jinkings, Kim Doria, Livia Campos, Marina Lopes,
Martha Lopes, Otávio Coelho e Thaisa Burani

Capa
Artur Renzo, sobre projeto original de Ronaldo Alves, com caricaturas de Cássio Loredano
(também na p. 6), fotografia de tropa de choque em manifestação de 2013, na Avenida
Paulista, em São Paulo (Mídia NINJA) e fotografia de uma barricada durante a Comuna
de Paris, em 1871

Equipe de apoio
Allan Jones, Ana Yumi Kajiki, Elaine Ramos, Giselle Porto,
Isabella Marcatti, Ivam Oliveira, Leonardo Fabri, Marlene Baptista, Maurício Barbosa,
Renato Soares, Thaís Barros e Tulio Candiotto

CIP-BRASIL. CATALOGAÇÃO NA PUBLICAÇÃO
SINDICATO NACIONAL DOS EDITORES DE LIVROS, RJ

C984

Curso livre Marx-Engels : a criação destruidora / organização José Paulo Netto.
- 1. ed. - São Paulo: Boitempo, Carta Maior, 2015.

 Inclui bibliografia
 Vários autores
 ISBN 978-85-7559-469-8

 1. Socialismo. 2. Filosofia marxista. I. Netto, José Paulo. II. Título.

	CDD: 335.4
15-27215	CDU: 330.85

É vedada a reprodução de qualquer parte deste livro sem a expressa autorização da editora.

1ª edição: novembro de 2015; 1ª reimpressão: setembro de 2019;
2ª reimpressão: outubro de 2020; 3ª reimpressão: agosto de 2021;
4ª reimpressão: maio de 2023

BOITEMPO
Jinkings Editores Associados Ltda.
Rua Pereira Leite, 373
05442-000 São Paulo SP
Tel.: (11) 3875-7250 / 3875-7285
editor@boitempoeditorial.com.br
boitempoeditorial.com.br | blogdaboitempo.com.br
facebook.com/boitempo | twitter.com/editoraboitempo
youtube.com/tvboitempo | instagram.com/boitempo

Sumário

Sobre Marx e Engels 6

Apresentação 7
Ivana Jinkings

1. A crítica do Estado e do direito: a forma política e a forma jurídica 11
Alysson Leandro Mascaro

2. A crítica ao idealismo: política e ideologia 31
Antonio Rago Filho

3. O *Manifesto Comunista*: limites e grandeza teórico-política 55
José Paulo Netto

4. Análises concretas da luta de classes 73
Osvaldo Coggiola

5. A constituição do proletariado e sua práxis revolucionária 97
Ricardo Antunes

6. Crítica ontológica em Marx 115
Mario Duayer

7. Crítica da economia política, por Karl Marx 139
Jorge Grespan

8. Democracia, trabalho e socialismo 163
Ruy Braga

Sobre os autores 185

Coleção Marx-Engels 189

Sobre Marx e Engels

Karl Marx (1818-1883) Nascido em Trier, Alemanha. Pensador que desenvolveu o materialismo histórico, teoria que revolucionou as ciências humanas e fundamentou as correntes políticas que mais ativamente participaram dos grandes debates e acontecimentos do século XX. Desempenhou intensa atividade jornalística e participou de movimentos sociais, tornando-se um dos principais coordenadores da Primeira Internacional.

Friedrich Engels (1820-1895) Nascido em Barmen, Alemanha. Grande companheiro de Marx, tanto no que se refere ao desenvolvimento do materialismo histórico como dando suporte material ao amigo. Escreveram em coautoria obras basilares e mantiveram durante anos vasta correspondência sobre os mais diversos temas. Individualmente, levou a cabo importantes estudos que se tornaram clássicos do pensamento social.

Apresentação

Ivana Jinkings

A crise das políticas neoliberais requer do pensamento crítico a desmistificação da realidade social capitalista. Voltar a Marx – e a Engels – impõe-se, portanto, como tarefa fundamental.

Os escritos desses dois gigantes do pensamento universal abarcam da filosofia à economia, passando pela política e pela história, construindo um campo teórico sem precedentes na cultura ocidental. Desde as primeiras publicações de suas obras, ainda no século XIX, tornou-se impossível imaginar uma reflexão de fôlego que não leve em conta o legado marxiano.

Karl Marx e Friedrich Engels nasceram durante as guerras napoleônicas, respectivamente em 1818 e 1820, ainda sob o impacto da Revolução Francesa, da irrupção do capitalismo e do monumental trabalho de Georg Wilhelm Friedrich Hegel. A obra que edificaram revolucionou o mundo das ideias e deu impulso ao mais poderoso movimento social e político que a história já conheceu. Nenhum outro conjunto de escritos ou corrente teórica alcançou a transcendência atingida por esses filósofos, que influenciaram intelectual e politicamente a constituição de organizações sociais, partidos políticos, movimentos culturais e Estados populares.

8 | Curso livre Marx-Engels: A criação destruidora

Transformaram o pensamento humano em muitos aspectos – antes de desembocar em uma proposta de conversão revolucionária do capitalismo para o socialismo, a nova teoria modificou as formas de pensar e a própria concepção do que significa a prática política. Iniciaram suas reflexões pela filosofia porque, para intelectuais alemães da época, o maior desafio era decifrar o enigma da obra hegeliana. Esse acerto de contas passou pela filosofia do direito e pela filosofia do Estado, até chegar ao que chamaram de "anatomia da sociedade civil", no seio da qual jazia a luta de classes. O resgate da dialética de Hegel e a crítica superadora de seus elementos metafísicos trouxeram consigo a maior revolução no pensamento filosófico desde seu surgimento.

Conscientes de sua condição de intelectuais, Marx e Engels concentraram-se numa produção teórica rigorosa – densa e incomparável em curto período de tempo –, mas fizeram também uma opção de classe. E, embora não fossem proletários, assumiram essa perspectiva e tornaram-se militantes e dirigentes internacionalistas do nascente movimento operário europeu. Suas atenções se voltaram para os primeiros levantamentos e para as condições dos trabalhadores, como reação à expansão do capitalismo industrial. Sofreram repressão nos países por onde passaram; fizeram o balanço da Revolução Francesa; participaram da fundação da Associação Internacional dos Trabalhadores (AIT), a Primeira Internacional; acompanharam de perto a experiência da Comuna de Paris.

Quase cem anos depois da primeira revolução proletária bem-sucedida no mundo, iniciar a leitura desses autores pode parecer extemporâneo. Por que voltar a Marx e Engels em um momento destes? Faz sentido indagar o vigor com que esse legado chega ao Brasil e ao mundo nos dias que correm? Para os que buscam a transformação revolucionária do mundo, a teoria precisa ser instrumento da política, da materialização de seus ideais em projetos concretos. Pois a teoria, segundo Marx, "converte-se em força material quando penetra nas massas". Esperamos, pois, que a leitura deste pequeno volume ajude a pensar a história como uma permanente aventura de liberdade e de utopias, fazendo da articulação entre teoria e prática a chave da construção de um futuro que vislumbre a emancipação humana.

A Boitempo, na melhor tradição marxista, tem se notabilizado não apenas em publicar livros de excelência, mas também em organizar eventos de grande porte, como cursos, seminários, debates e conferências, com importantes pensadores do Brasil e do exterior. Desde 2008, a editora vem organizando cursos livres de introdução às obras de Marx e Engels. Foram realizados na Pontifícia Universidade Católica de São Paulo (PUC-SP), na Universidade Estadual do Rio de Janeiro (Uerj), no Sindicato dos Bancários de São Paulo, Osasco e Região, e no Sesc Pinheiros. Gravações de todas as edições do curso encontram-se disponíveis gratuitamente no canal da editora no YouTube: <www.youtube.com/imprensaboitempo>.

O livro que o leitor tem em mãos foi elaborado a partir da transcrição da quarta edição desse curso, realizada no contexto do projeto Marx: a criação destruidora, com curadoria de José Paulo Netto, em maio de 2013. Organizado em uma parceria da Boitempo com o Sesc-SP, teve o apoio das fundações Lauro Campos, Maurício Grabois e Rosa Luxemburgo, e da Faculdade de Arquitetura e Urbanismo da Universidade de São Paulo (FAUUSP).

As aulas, transcritas, foram revisadas pelos autores e preparadas para o formato escrito. Por se tratar de evento com a participação ativa do público, muitas perguntas foram feitas ao fim da aula de cada autor; neste livro, não transcrevemos as perguntas, mas as respostas a elas foram incorporadas ao texto dos autores, ao final, sempre precedidas de um subtítulo explicativo.

Seguindo o modelo de trabalho da Coleção Tinta Vermelha, os autores abriram mão de receber remuneração pela publicação de seus artigos. E a parceria com a Carta Maior foi também essencial para tornar a obra mais acessível e assim alcançar o maior número de pessoas.

A publicação do IV Curso Livre Marx-Engels, agora em livro, representa um novo e importante passo, tendo como fio condutor a criação destruidora de Marx e de Engels no desvendamento de nosso presente e do passado, tendo em vista um futuro mais justo e igualitário. Pois se remar contra a corrente é o destino inelutável dos que anseiam por mudanças, esperamos que este volume forneça instrumentos aos que insistem em navegar para superar estes tempos de águas turvas.

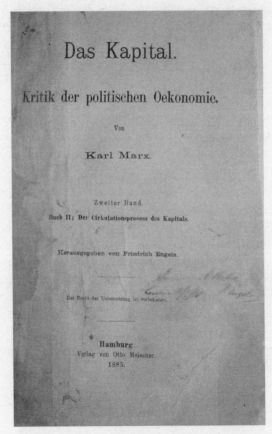

Frontispício da primeira edição do Livro II de *O capital*. Hamburgo, Otto Meissner, 1885.

1. A crítica do Estado e do direito: a forma política e a forma jurídica

Alysson Leandro Mascaro

Gostaria de iniciar tratando de três obras de Marx e de Engels publicadas pela editora Boitempo nos últimos anos, algumas delas já lançadas há mais tempo, outras recentemente. Com elas, começo, assim, abordando os temas da política e do direito, e é importante saber que esses temas a serem trabalhados têm impacto e repercussão imediatos para nós. A política é um dos pontos mais importantes e mais relevantes do nosso agir no mundo.

Dentre as obras e reflexões de Marx, existem aquelas mais avançadas no que diz respeito ao método, à epistemologia, à possibilidade de entendimento da própria filosofia, sobre o que é a sociedade e de como se podem compreender as bases dessa mesma reflexão social. E, no entanto, existem outros livros de Marx e de Engels que têm a capacidade de postular não só o que é a compreensão filosófica, mas também a forma como agimos nesta mesma realidade e que perguntam: o que se espera, o que se pode ter e fazer neste mundo em busca da transformação política da própria sociedade?

Os livros com os quais trabalharei aqui são de política, três grandes obras que cobrem exatamente a sequência da evolução do pensamento marxista sobre Estado, política e também direito. Uma obra escrita na juventude de

12 | Curso livre Marx-Engels: A criação destruidora

Marx; outra por um Marx mais maduro, que aprofundou seu pensamento e desenvolveu melhor suas ideias e possibilidades de leitura política de mundo; e uma obra na plena maturidade, escrita pelo sucessor de Marx, já após a morte do pensador, e que apresenta um balanço da política no fim do século XIX.

O primeiro livro é a *Crítica da filosofia do direito de Hegel*, uma das obras mais impactantes de toda a literatura do próprio Marx, belíssima inclusive em termos estéticos. Depois vem *O 18 de brumário de Luís Bonaparte*, já de 1852, uma obra em que Marx reflete a respeito de seu tempo e dos problemas da sociedade capitalista naquele momento. Por fim, há uma obra de Friedrich Engels, escrita com Karl Kautsky quando estavam muito próximos entre si e das lutas revolucionárias, ao final do século XIX. Trata-se de um notável e pequeno livro, que se chama *O socialismo jurídico*.

As três obras são um especial índice de como se desenvolve o pensamento *político* marxista, notáveis pela capacidade de postulação teórica que oferecem. Além disso, quem nunca teve acesso à literatura de Marx, ou de Engels, encontra também talvez um vade-mécum, uma base pela qual se pode compreender esses termos políticos do próprio marxismo. E alguém dirá: "Mas são textos do século XIX. O que têm para ensinar de política a nós, do século XXI?". Pois basicamente todos os pontos e tópicos que Marx, Engels e Kautsky postularam no século XIX são os mesmos temas, horizontes e propostas de abordagem de mundo da atualidade. Estudar o passado, nesse caso, não é simplesmente uma prova de erudição, e sim é fundamental para que possamos compreender nossos passos no presente.

Mais um dado muito peculiar: nessas três obras, em especial na primeira e na terceira, Marx, Engels e Kautsky tratam de direito. E, diante disso, muitos que são vinculados a uma formação jurídica e que não esperam do marxismo uma visão mais cuidadosa ou profunda em relação às questões do direito se espantam, e isso se dá por um fator muito peculiar, que é fundamental para entender a trajetória do próprio pensamento de Marx: ele fez faculdade de direito, o curso que, até o século XIX, fornecia, nas ciências humanas, o arcabouço mais tradicional e recorrente sobre a sociedade e o mundo.

Por conta disso, Marx, na Alemanha do século XIX, ainda muito jovem, escreve uma grande obra, *Crítica da filosofia do direito de Hegel*. Esse trabalho revela um rapaz que cursou a faculdade e que, em algum momento depois dessa formação, resolveu passar a limpo o próprio passado, tirando da frente tudo aquilo que havia aprendido para colocar nos eixos devidos sua compreensão sobre direito e Estado. É uma crítica a seu tempo e ao pensamento jurídico de seu tempo.

Mas, para nos aprofundarmos, é preciso que nos lembremos de que, quando falamos a respeito de Marx e de Engels, seu grande companheiro intelectual, não podemos ler seu conjunto de obras como se abordassem sempre os mesmos assuntos e as mesmas ideias do começo ao fim. Na verdade, isso ocorre também com os demais grandes filósofos da história: eles não produziram, em geral, uma obra de uma só fase ou de um só pensamento. Filósofos amadurecem com o passar do tempo, desenvolvem melhores possibilidades de compreensão de mundo e, inclusive, permitem identificar, em certas fases de sua obra, o ponto específico em que seus avanços se encontram. Dou um exemplo do passado: Platão, cuja obra trata apenas de filosofia, começou a escrever aos quarenta anos de idade, não era um jovenzinho, mas até no caso dele, que começou a produzir tarde, os estudiosos afirmam haver um Platão das primeiras obras e um das últimas. *A República*, escrita por um Platão já bem velho, não é em nada igual a *As leis*, que vem em seguida. O que se dirá de um menino genial como Marx, que desde a faculdade já escrevia brilhantemente? Ele se tornou um homem com uma capacidade filosófica imensa e, depois, com o passar dos anos, o desenvolvimento de suas ideias se tornou cada vez mais pleno, portanto, alterando, retificando e ampliando seus horizontes.

É importante destacar que o marco referencial do pensamento de Marx é sua última obra, *O capital*. Ela é o termômetro geral de todo o pensamento de Marx, seu melhor. Assim, as demais obras têm de ser compreendidas como estrelas em uma constelação que tem *O capital* como o sol, a obra fundamental. *O socialismo jurídico*, de Engels, foi escrito depois de *O capital* e também tem grande importância, porque foi desenvolvido conforme o fundamento da própria leitura sobre política e direito já dado em *O capital*.

Marx chega à maturidade plena com esse livro, mas tem uma história passada, que não começa com a *Crítica da filosofia do direito de Hegel*. Pelo contrário: Marx escrevia desde o tempo da faculdade. Sua obra, nessa primeira fase, está marcada por tudo aquilo que vem de sua formação acadêmica. Esse jovem, que estava concluindo o curso de direito, logo em seguida ingressou nas lutas sociais dos trabalhadores, sempre de um modo bastante crítico e contundente, com uma postura e atitude de muito embate em relação a tudo aquilo que estava socialmente dado. Tanto assim que teve de enfrentar, sucessivamente, vários exílios. Saiu da Prússia e foi, ao cabo de anos, parar na Inglaterra, em uma longa trajetória de vida pessoal, inclusive.

Crítica da filosofia do direito de Hegel é um dos grandes livros do fim do que a leitura marxista chama de período jovem de Marx. Vários teóricos marxianos costumam dizer que, depois de dois ou três anos passados dessa obra,

14 | Curso livre Marx-Engels: A criação destruidora

a primeira fase de Marx está encerrada, e que ele então começa a produzir seu pensamento mais adulto.

O 18 de brumário de Luís Bonaparte é um dos livros adultos de Marx. Tem grande capacidade de elaboração política, com um enfrentamento teórico de mundo muito melhor do que o da própria *Crítica da filosofia do direito de Hegel*. Já revela um grande monumento da teoria política do próprio Marx. Inclusive, até os não marxistas respeitam *O 18 de brumário de Luís Bonaparte*, por acharem que esse é um dos livros fundadores da teoria política contemporânea. Narra-se que aquilo que se chama hoje de teoria política, ou ciência política, teria recebido um forte impacto de formação de seu campo com essa obra.

Mas, voltando, onde está Marx no início de sua trajetória? Ele é, então, um rapaz formado em direito na Alemanha. E, no início do século XIX, quem tivesse essa formação de algum modo aprendia Hegel, em termos de horizonte filosófico, inclusive porque Hegel, o grande filósofo daquele momento, também cuidou do direito e deu aulas a respeito. Hegel não foi professor de Marx, porque a cronologia não permitiria isso. Quando Hegel morreu, Marx era menino, mas Marx foi aluno dos alunos de Hegel. Assim, aprendeu com seus professores a ler a política e o mundo a partir das lentes hegelianas.

Vale pontuar que o mais importante livro político de Hegel é *Princípios da filosofia do direito*, que é resultado de suas aulas na faculdade. Hegel, gênio da filosofia e da epistemologia, além de criador do método dialético, dedicou-se também ao direito. Mas, nessa obra, Hegel aborda também questões filosóficas gerais. Muita gente percebe, aliás, que ele fez constar em seu livro jurídico suas questões mais importantes para a filosofia; por exemplo, quando diz que o real é igual ao racional. Essa, que é a base metodológica de Hegel, não está em seus livros de filosofia pura, mas no prefácio do livro jurídico. É como se ele dissesse: "Vou deixar com os juristas aquilo que nunca vão ler". Como os filósofos não vão em busca dos livros jurídicos, fica uma garrafa lançada ao mar. No fim, os juristas também não entenderam o que Hegel fez quando lhes deixou essas sementes, e esse modo de pensar ficou muito tempo malcuidado na obra jurídica do autor.

O que ocorre é que, indiretamente, Hegel marcou o início da trajetória de Marx. O contexto em que Marx vivia era hegeliano e, então, quando escreve a *Crítica da filosofia do direito de Hegel*, é como se quisesse mostrar em que pontos discordava de Hegel. Mas é bom que nos lembremos de que Marx sempre foi contra Hegel e, por causa disso, está preso a todo o horizonte do velho pensador. Afinal, passar um tempo de sua produção falando de alguém quer dizer que esse alguém é sua referência, ainda que seja para dizer que não concorda com ele. É por isso que dizemos que esse é o jovem Marx, porque sua referência é o outro. Depois, em certo momento, ele abandona a negativa sobre o outro e passa a se concentrar em um "sim", isto é, na afirmação de si mesmo.

Já Hegel – ao contrário de toda a tradição existente e de toda a filosofia que se punha no século XVIII – inaugurou o século XIX dizendo que o Estado era a razão. Apresenta assim um horizonte fundamental da compreensão política e social contemporânea, que passa pelo Estado. Essa visão foi um choque que forjou o século XIX desde o início, porque, de modo contrário, até o século XVIII a filosofia burguesa da Europa cuspia no Estado, fundando a razão, antes, no indivíduo. Os grandes filósofos do século XVIII tinham horror ao Estado. Basta recordarmos a história: a burguesia moderna estava fora do poder do Estado, que era absolutista. Um monarca, um soberano, mandava de acordo com a própria vontade. Ninguém controlava o rei ou tinha mais poder do que ele. A justificativa desse mando absolutista, inclusive, era de que o poder do rei vinha de Deus, portanto podia imperar como quisesse.

A burguesia era contra isso. Nos séculos XVII e XVIII, afirmava que o Estado não era a razão, não era a justiça. Tal classe, então insurgente, punha-se em oposição ao rei, à nobreza, ao absolutismo e aos privilégios. Dizia que existia uma razão que estava muito distante do Estado, uma razão individual, e que todos sabiam o que era justiça, se pensassem em princípios universais, firmados sempre para todos. Basicamente, os princípios eram a defesa da propriedade privada, a liberdade de contrato, a autonomia da vontade e a igualdade – mas uma igualdade somente perante a lei, a isonomia. Esse era o horizonte da burguesia.

O melhor representante dessa filosofia do século XVIII é Immanuel Kant. Nele, a razão não está no Estado, mas no sujeito, nas possibilidades do sujeito por meio de uma ferramenta do juízo, um imperativo categórico, que o leve a pensar racionalmente e chegar ao mesmo resultado que aqueles que usarem a mesma ferramenta.

No entanto, mais adiante, a burguesia tomou o poder dos Estados – o marco exemplar dessa transição é a Revolução Francesa – e deixou de lado a própria filosofia que vinha afirmando. A partir desse momento, defendeu que o que se determinasse pelo Estado era a razão. Começa o juspositivismo. Claro, para isso, houve uma desculpa filosófica, muito esfarrapada, de que a razão individual seria transplantada para o Estado, que se tornaria racional.

Foi nesse ponto que surgiu Hegel, o primeiro grande filósofo político de tal período da burguesia no poder, fazendo com que Kant fosse o último filósofo da burguesia fora do Estado. De Kant para Hegel, a burguesia passa a

16 | Curso livre Marx-Engels: A criação destruidora

ser a governante do Estado. E então Hegel, em *Princípios da filosofia do direito*, afirma que o Estado é a razão em si e para si. De todo o livro de Hegel, essa é a parte politicamente mais importante[1]: o Estado é a razão em si e para todos.

Enquanto isso, o jovem Marx estava nas décadas iniciais do pós-Revolução Francesa, nos tempos em que a Europa fervilhava em seu mundo burguês e a Prússia ainda não tinha dado passos para frente. Esse era o contexto do início do século XIX, no qual Marx aprendeu que o Estado era a razão. E, então, vem *Crítica da filosofia do direito de Hegel*, quando um rapaz de 25 anos se dedica a pegar o livro de Hegel nas mãos e dizer que os pontos apresentados ali estavam errados.

Importante dizer que o livro de Hegel tem formato muito insigne, porque não tem texto dissertativo corrido, mas é dividido por parágrafos. Cada item é fracionado em relação aos demais e tem um tema, que muitas vezes se esgota em si próprio. Pois Marx fez o mesmo em sua obra: acompanhou a ordem dos parágrafos, rebatendo-os com seu texto. No entanto, esse texto não foi preservado integralmente. Era um rascunho e, quando foi descoberto ou quando surgiu a intenção de publicá-lo, já não havia as páginas do início. Marx provavelmente começou a redação de sua obra a partir de um ponto próximo do parágrafo 258, que é a parte mais importante do livro de Hegel, mas as primeiras páginas desse caderno sumiram, então não se tem a integralidade do texto. O fato é que Marx rebate Hegel tópico a tópico e afirma que o Estado não é a razão. Ou melhor, ele pode ser a razão, mas a razão da burguesia. Não se trata da razão de todos, que se apresentaria como absoluto do nosso tempo.

Algo que é interessante pontuar é que Hegel já apresenta um texto difícil; Marx, em sua leitura, faz outro texto também difícil, inclusive muito chato em certas passagens. No entanto, depois de escrevê-lo, Marx se casa e vai para a lua de mel. Lá, resolve produzir uma introdução à obra, que acaba sendo o último item escrito desse livro. É por isso que, até hoje, a introdução dessa obra sempre vem publicada, peculiarmente, ao final. É nela, pela primeira vez, que Marx mostra ter asas próprias. Ele não rebate mais Hegel. É como se a introdução fosse outro livro. O que um tem de chato, lento para se entender, o outro tem de poético. E, nesse pequeno texto, Marx começa a refletir sobre o que é a sociedade capitalista, percebendo que o problema do mundo não está no Estado. Depois da lua de mel, de forma bastante emocionada e amorosa, ele dirá que o problema do mundo não é Hegel. E que também não devia ficar atrás de Hegel. O problema do mundo é o capitalismo: o mundo está dividido em classes sociais.

---

[1] Georg W. F. Hegel, *Princípios da filosofia do direito* (São Paulo, Martins, 2003), §258.

Surge, assim, esse grande conceito que identifica um dos fundamentos do próprio marxismo. Há classes sociais. O problema do mundo é que ele se divide por elas. A questão não é o partido, o Estado, o governo, os poderes legislativos, executivos ou judiciários, a democracia ou a eleição. Essas divisões que estão na órbita do Estado, para nós, guardam problemas e não alcançam o fundamental. Ficar refém de seus termos não ajuda a explicar a sociedade de um modo melhor. A chave para a compreensão é entender que o mundo é capitalista e está fraturado em classes sociais. Com isso, começa a florescer o próprio marxismo como nós o conhecemos.

É assim que o jovem Marx toma partido de uma visão de mundo radical, de que até hoje boa parte das pessoas discorda, muitas vezes com raiva. Mas por que muitos ficam revoltados quando o marxismo vem ensinar que o mundo está cindido em classes? Porque a sociedade capitalista nos estrutura e nos ensina, ao contrário, que cada um é um. Marx, no entanto, aponta para os indivíduos em classes sociais. A verdade do mundo é a verdade das classes. Contudo, até hoje não se aceita tal leitura de classe. O formalismo jurídico individualista nos chama a todos de iguais, sem permitir ver as divisões de classe que nos estruturam.

Na introdução da obra, Marx anuncia que quando compreendermos as classes sociais entenderemos inclusive os movimentos da política. E a política não é um acaso, mas suas mudanças se explicam a partir e através das classes, que revelam o capitalismo. Então, Marx se volta para outros questionamentos. Por que existem classes? Como elas se formam? Como elas se alteram? Que classe comanda a outra? Por meio de que categorias a burguesia comanda? É a arma na mão que torna a burguesia dominante? Ou é só porque ela tem o capital na mão? Essa reflexão segue em contínuo avanço, até chegar ao livro que fundamenta plenamente a compreensão da sociabilidade capitalista, *O capital*. Mas o caminho começou ali, na crítica a Hegel, à medida que, com essas pedradas, Marx passou a construir o próprio edifício.

A "Crítica da filosofia do direito de Hegel – Introdução" é um texto necessário para qualquer um que queira conhecer o marxismo. São poucas e belíssimas páginas, que, inclusive, são marcantes, com frases que repetimos a todo momento sem saber de onde vêm, como "A religião é o *ópio* do povo", que é só o fim desta reflexão: "A miséria *religiosa* constitui ao mesmo tempo a *expressão* da miséria real e o *protesto* contra a miséria real. A religião é o suspiro da criatura oprimida, o ânimo de um mundo sem coração e a alma de situações sem alma".

Pois Marx afirma que o Estado não é a razão e que a religião também não é o melhor sentimento do mundo, embora seja o ópio do povo, uma espécie de paliativo. No entanto, esse remédio não cura a doença, é um esparadrapo que se coloca sobre a ferida, e é útil, porque a ferida está sangrando. Desse modo, Marx está não só fazendo uma crítica à religião, mas dizendo que, em uma sociedade de desgraça, a religião é lenitiva. Só que não cura a ferida. O Estado também não. O vetor da cura é a luta de classes. Portanto, eis aqui o primeiro Marx.

Em seguida, chegamos a um segundo momento desta minha exposição. Depois de muito tempo da *Crítica da filosofia do direito de Hegel*, tendo já desenvolvido suas ideias e escrito várias outras obras, Marx se pôs a analisar um fato insólito, muito peculiar, que se deu justamente na entrada da década de 1850, na França. Tal análise deu origem a seu livro *O 18 de brumário de Luís Bonaparte*. Mas, em primeiro lugar, o que é 18 de brumário? No calendário da Revolução Francesa, que alterou os meses do ano para constar conforme a própria narrativa, brumário era a nomenclatura de um mês, e, no dia 18 desse referido mês, Napoleão deu um golpe na França. Marx, ironicamente, usou a velha data como referência a um novo golpe, dado agora por Luís Bonaparte.

Logo vem também a pergunta sobre quem foi Luís Bonaparte, porque o sobrenome Bonaparte conhecemos de Napoleão. Bem, décadas depois de Napoleão, houve um golpe na França, e um sujeito, que muitos consideram um dos mais esdrúxulos da história política francesa, o tal Luís Bonaparte, sobrinho de Napoleão, que era então presidente, tomou ditatorialmente o poder da França, acabando com o regime presidencialista local. Ele se declarou imperador do país, autoproclamando-se Napoleão III – dado que seu tio fora o primeiro e, naquele passado, nomeara seu irmão imperador para os domínios franceses em outras plagas da Europa, o que o tornaria então o segundo. Contudo, nesse quadro, os franceses gostaram do golpe! Especialmente os ricos e a classe média, que eram muito ordeiros e esperavam um golpe salvador para manter a ordem constante.

Diante disso, muitos analisaram o golpe pela base do espanto. Victor Hugo, grande literário francês, escreveu um livro exatamente no momento do golpe, acidamente contra Napoleão III – que chamava de Napoleão, o Pequeno –, dizendo não ser possível que, em pleno tempo normal e cristalino, com a Segunda República dada, com as instituições já assentadas, a França, que cultivava o gosto democrático, tenha caído em um golpe de um autoproclamado imperador. Só por conta do seguinte absurdo: o homem era tão idiota que ninguém deu valor aos problemas que representava, com uma maioria que inclusive o apreciava.

Como isso foi possível? Muitos afirmavam que os franceses estavam desatentos ou que Luís Bonaparte teve sorte, mas Marx rejeitou tudo isso.

Escreveu seu livro, que, de início, era composto de artigos para um jornal, com comentários sobre o fato. E, nesse ponto, deu um passo fundamental em termos de análise política. Afinal, qualquer um que queira entender a política de nossos tempos passa por esse livro e encontra um dos monumentos da reflexão política.

O que Marx analisa, então, é como Luís Bonaparte deu um golpe contra a burguesia, porque ela administrava a França desde o começo da Revolução Francesa – tirando o episódio de Robespierre e do povo no poder, o resto era sempre a burguesia no poder, mesmo com os monarcas em algumas fases posteriores. E, em um Estado já burguês, como a burguesia sofreu um golpe? Diz Marx que precisamos entender o que vem a ser o Estado, e que a burguesia é uma classe econômica. De fato, os sujeitos dessa classe são unidos por certos interesses, mas são agentes em concorrência.

Por exemplo, quando falamos da burguesia comercial ou industrial, nos lembramos dos burgueses de portes variados e em disputa, e pensamos: o que eles querem quando o assunto é o salário do trabalhador? Querem um salário diminuto, porque aí lucram e têm a possibilidade de explorar o trabalho em um nível maior. Isso os unifica. Há uma estratégia geral. Mas, se nós pensarmos que eles são também concorrentes entre si, eventualmente certo comerciante não quer que o outro seja o presidente da República. E por quê? Muitas vezes são razões mesquinhas, relacionadas com concorrência, inveja etc.

Assim, por conta dessas diferenças, Marx afirma também que a burguesia pode ter momentos de não conseguir fazer o que precisa para afirmar sua dominação geral de classe sobre a sociedade. Nessas horas, disfuncionais, quando a administração do capitalismo não consegue mais ser feita pela própria burguesia, porque seus setores se digladiam, vem o golpe, conforme identificou Marx. No entanto, no momento em que a força externa impõe outra ordem, ela acaba também sendo burguesa, porque não se tirou a propriedade nem a indústria nem o comércio da burguesia. Ela opera no seio de suas formas. Ou seja, por vezes, quando a classe burguesa não consegue administrar a sociedade em benefício do capital, como foi o caso da França de Luís Bonaparte, há um golpe contra a burguesia para salvar o capitalismo.

Marx diz que a classe que controla o Estado não necessariamente lhe dá o talhe estrutural nem o muda. Mais que isso: que a classe burguesa estrutura uma sociedade burguesa não porque controla o Estado. O Estado poderia estar nas mãos de outros e, mesmo assim, a sociedade continuaria burguesa. Muitos dizem que, se o pobre pegar o Estado na mão, então o Estado será a favor do pobre, ou, se os trabalhadores dominarem o Estado, então a sociedade será em prol dos trabalhadores. Mas o que Marx ensina é que a sociedade continuaria a mesma, nós só mudaríamos seu administrador.

Por exemplo, pensando em uma fazenda, cujo proprietário é o fazendeiro. Quando mora ali, o fazendeiro também administra diretamente a própria fazenda. Mas, em certa ocasião, enfastiado quando percebe que não dá mais conta de matar insetos, cobras e ratos, muda-se para a cidade. E quem administra a fazenda? Um trabalhador dele. Podemos dizer, então, que a fazenda ficou para os trabalhadores? Não, continua sendo do fazendeiro e tudo o que o trabalhador fizer será em favor do fazendeiro.

É isso o que diz *O 18 de brumário de Luís Bonaparte*. Luís Bonaparte não era um burguês típico, não queria lucrar com aquilo que estava fazendo como imperador. Queria que as pessoas fizessem vassalagem para ele, respeitassem sua coroa, beijassem sua mão. Tinha um interesse de firmar-se como de tradição nobre. No entanto, tirou a burguesia do Estado para que a sociedade continuasse burguesa. Se a burguesia continuasse no poder do Estado, diria Marx, os trabalhadores, que já haviam organizado uma revolta de Paris na Primavera dos Povos, em 1848, estruturar-se-iam de modo ainda melhor e tomariam o poder. Assim, veio um louco e tomou o poder pela burguesia, apeou a burguesia do poder, para o mundo ser burguês.

A conclusão de Marx é que o Estado tem algo em si mesmo que não é só a administração do dia a dia. Pode-se trocar o administrador que o Estado continuará o mesmo. Isso nos ensina que a transformação da sociedade não se faz somente mediante a tomada de poder do Estado, pois isso não muda a ordem social. Marx entende, então, que não foi o Estado que criou a sociedade, e sim que ele é resultante de determinada estrutura social. Foi o capitalismo, na verdade, que estruturou essa forma política específica. Portanto, se alguém domina o Estado, domina o produto, não o produtor. Diferente disso é o fim das próprias relações capitalistas, que são as mais difíceis de serem dominadas e transformadas.

É interessante notar que, até hoje, a maior parte do mundo da esquerda ainda insiste no contrário, de que a luta é por tomar o Estado e o administrar de forma diferente. Mas o que Marx diz é que o coração da sociedade capitalista não é o Estado, são as relações de produção capitalista. Essas são as difíceis de serem tomadas. Por isso, há muitos casos no mundo de trabalhadores que tomaram o poder político e não mudaram a sociedade capitalista. Reformaram, melhoraram e tentaram resistência, mas não mudaram. Salvador Allende, no Chile, é um exemplo disso.

Inclusive, essa é a explicação *ipsis litteris* do Brasil de 1964. Já que a burguesia se digladiava e uma parte da população estava a favor do presidente João Goulart, uma vez que o quadro se reputava pelos conservadores como uma balbúrdia, tirou-se a burguesia do poder e vieram os militares para ocupar esse posto. Os militares, na verdade, não são burgueses. Tanto é assim que, até hoje, muitas vezes se pergunta como é possível que um policial militar bata em um professor de escola pública. Esse policial militar não ganha o mesmo salário que o professor? O mesmo se deu no caso do golpe militar de 1964, que foi em proveito civil, burguês. O que acontece é que as estruturas do Estado podem ser dominadas até pelo militar que ganha um salário baixíssimo, só que ele opera em uma máquina que está em favor do capital. Há uma estrutura política capitalista, na qual quase sempre a burguesia domina o poder nos Estados. Mas, nas poucas vezes em que estão em tal posto militares, figuras incidentais como Luís Bonaparte ou trabalhadores, também não conseguem mudar muito o cenário, para o lado que for, porque o Estado é uma forma necessária do capitalismo. Sobre esse tema, aliás, debruço-me no livro *Estado e forma política*, em que digo que o Estado está amarrado a uma âncora, uma forma política terceira aos agentes da produção que é espelho da forma-mercadoria – forma de relações sociais da qual não depende simplesmente uma vontade para dominá-la e modificá-la.

Além disso, em *O 18 de brumário* Marx analisa, ainda, o que acontece depois que a burguesia deixa o poder. Afirma, inclusive, que ela se fortalece. Porque volta recuperada, pode explorar melhor seus trabalhadores. Foi o que se passou na França: quando a burguesia retornou, havia aprendido como fazer para não perder mais o posto. Mais ainda: todos os franceses riam de Luís Bonaparte, fora e dentro do poder, dizendo se tratar de um idiota, um louco, uma excepcionalidade. Alguns até afirmavam, preconceituosamente, que ele não era sobrinho de Napoleão, porque sua mãe seria uma prostituta e não se sabia quem era o pai. Contudo, para Marx, nada disso era importante; a questão central era como as contradições sociais permitiram que um louco tomasse o poder.

Nesse longo trajeto ele avança em sua análise, até chegar ao apogeu, que é *O capital*, belíssimo livro que é uma obra de arte da compreensão da sociedade capitalista. Em suas páginas, Marx estabelece os alicerces para entendermos como funciona essa própria sociabilidade de nossos tempos. Nela, tudo tem a forma social de mercadoria, tudo está moldado para ser vendido – educação, estética, roupa, comida, saúde e, principalmente, o trabalho, o trabalhador. O trabalhador não ganha pela dignidade de si, pois, ao se vender, ganha o que o mercado está disposto a pagar por ele. Isto é o fundamental: as pessoas recebem um valor de mercado, são exploradas economicamente. É o que diz *O capital*, que representa algo como o cume de uma montanha em relação a essa compreensão teórica sobre a sociedade.

Logo após esse momento, quando da morte de Marx, as lutas dos trabalhadores na Europa tiveram tanto avanços quanto retrocessos. Mais adiante, o companheiro intelectual de Marx, Engels, junto com Kautsky – que somente mais tarde tornou-se um renegado –, escreve *O socialismo jurídico*. Esse livro é um dos mais especiais textos de toda a obra marxista, falando sobre o que podemos fazer do direito e da política na atualidade. O livro reafirma o que Marx e Engels defenderam a vida inteira: a ideia de que, na sociabilidade capitalista, o Estado é capitalista. Não basta tomar o Estado. Pelo contrário, é preciso destruí-lo, porque o Estado não é um aparato técnico, externo ao capital, e sim um produto dele. Ora, quando se destrói o produtor está se destruindo também o produto. Isso é revolução, isso é o socialismo.

É preciso dizer ainda que, naquele tempo, Engels e Kautsky defrontavam-se com a parcela da esquerda que afirmava que as péssimas condições de trabalho haviam ficado para trás. Elas seriam típicas da época de Marx, o que explicaria seu radicalismo e o confinaria a um período histórico específico, pois, no tempo de Marx, o trabalhador estava na indústria de carvão, trabalhando dezoito horas por dia; as crianças de cinco anos trabalhavam vinte horas diárias; as mulheres não tinham sábado, domingo nem feriado. Além disso, os juristas – essa classe quase sempre conservadora – defendiam, no fim do século XIX, que o marxismo havia acabado porque o povo trabalhava então "apenas" treze horas por dia; crianças, só depois dos doze anos, com direito a um descanso de domingo, como se já tivesse melhorado a situação. O mundo, segundo essa gente, já estava bom, as pessoas já não morriam tanto de fome – elas aguentavam alguns meses a mais de vida, provavelmente, porque comiam algo pelo caminho.

Enfim, esse discurso e essa estratégia começaram a se espalhar pela Europa. E a esquerda passou a lutar por alguns direitos, como o descanso aos domingos, que não fosse permitido que criança menor de doze anos trabalhasse, ou que houvesse a possibilidade de um salário mínimo etc. O direito passa a ser a arma das lutas. No entanto, contrastando com esse otimismo jurídico, todo o fundamento do marxismo afirma que não basta dominar o Estado ou as normas jurídicas, é preciso acabar com a estrutura que gera o Estado e todo esse conjunto de normas.

Diante desse quadro de capitulação da esquerda, Engels ficou espantado. Como era possível que, depois de Marx, depois de *O capital* e da luta dos trabalhadores na Europa, ainda houvesse pessoas de esquerda que defendessem apenas incrementos reformistas? E muitas dessas pessoas eram os socialistas da área jurídica, que acreditavam que seria por meio do direito que o mundo ficaria um pouco melhor. Engels, por fim, ficou tão revoltado com isso que se juntou a Kautsky para escrever um texto contra esses juristas socialistas. Decidiram não citar, no título da obra, o nome daqueles que defendiam essas ideias, como era o caso do austríaco Anton Menger. O texto, que Engels e Kautsky nem fizeram questão de publicar com seus nomes como autores, para não prestigiar Menger, denominou-se então *O socialismo jurídico*, ou socialismo de juristas.

Menger dizia que a luta política não deveria ser orientada no sentido da revolução. No mesmo solo da estrutura capitalista, era preciso ganhar o Estado para obter alguns benefícios, alguns direitos. Pois o que Engels afirmará, em contraposição, é que esse socialismo dos juristas (a ideia de uma transição para o socialismo por meio de alguns ganhos) é impossível, porque esses ganhos jamais existiriam na radicalidade capaz de levar à superação do capitalismo.

Apesar disso, o socialismo jurídico é bem presente, mesmo passado mais de um século da escrita e da publicação desse livro especial. Um exemplo é o que se vê na Europa, que, desde o pós-Segunda Guerra, adotou exatamente o caminho que Menger dizia. Aumentou o salário mínimo do trabalhador europeu, deu-lhe condições um pouco melhores, forneceu moradia, esgoto, água etc. Por cerca de cinquenta anos, a Europa viveu nesse mundo encantado do bem-estar social dentro do capitalismo. Mas o capitalismo continuou explorando, contrabalanceado apenas com a concessão de algumas benesses aos explorados. Resultado: a Europa do bem-estar social ruiu. E os Estados Unidos, com o pouco que tinham de bem-estar social, com trinta anos já de neoliberalismo, também estão em franca ruína dos direitos sociais.

À luz disso, o que Engels afirma é que é possível lutar por direitos e conquistar alguns deles, mas isso é pontual; o problema é gozar com essas poucas conquistas. O capital segue com o controle do poder, suas formas balizam a sociabilidade, a estrutura da exploração é capitalista, então, o que eventualmente se venha a ganhar na estrutura do bem-estar social reformista rapidamente também se perde. Engels e Kautsky ensinaram que a reforma é confortável, não causa tanto desgaste, mas nada garante que o mundo reformado seja constante. A exploração continua a mesma, inclusive. Decorre daí a separação dos marxistas e dos reformistas. A esquerda *lato sensu* é reformista, ao passo que o marxismo é revolucionário.

Engels afirma que não se chegaria ao socialismo por meio de reformas jurídicas. Pode-se pensar pelo título do livro, inclusive, que essa ideia é possível. Mas o título é uma ironia. Não existe socialismo jurídico. Quem disser que se chegará ao socialismo por meio do direito não entendeu o que é o socialismo e nem o que é o direito, porque a forma do direito, espelho da mercadoria, não permite algo nesse sentido.

Com essa trajetória aqui exposta, desde o primeiro texto citado, *Crítica da filosofia do direito de Hegel*, passando por *O 18 de brumário de Luís Bonaparte* e chegando até Engels e Kautsky em *O socialismo jurídico*, é preciso que entendamos que o Estado não é uma peça isolada, sem lastro estrutural com a realidade, que poderíamos tomar nas mãos e conferir os aspectos que quiséssemos. Marx ensina que na política o fundamental, o estrutural, são as formas da sociabilidade capitalista – a mercadoria, o valor de troca, a lógica que faz com que todos os trabalhadores do mundo sejam pessoas que se vendem à exploração do capital, a separação, portanto, do capital em relação aos trabalhadores. Tudo isso é o fundamental do capitalismo, e o Estado, em geral, administra esses aspectos todos, mas não no sentido de ter rédeas gerais da determinação social: está talhado estruturalmente para funcionar conforme o capital.

É nisso, inclusive, que insisto no livro *Estado e forma política*. O Estado não é ocasionalmente capitalista, e sim necessariamente capitalista. Com o exemplo banal de que na Idade Média, que era feudal, não havia Estado, mas senhor feudal, percebemos que não há um tipo de Estado para cada modo de produção. O Estado existe somente na lógica do capitalismo. Outros modos de produção têm outros modos de organização política, mas não são estatais. É verdade que as questões a respeito de como se estrutura historicamente o Estado não estão desenvolvidas nos três livros de Marx e Engels de que trato aqui. Marx trabalha com o Estado em uma referência ao que ele era naquele momento, sem fazer uma investigação mais detalhada sobre o Estado na história. Contudo, o marxismo necessariamente compreende uma relação interna entre forma estatal – terceira aos agentes econômicos – e o capital. Só o capitalismo tem Estado porque o feudalismo não tem forma política apartada, tem um senhor feudal que manda diretamente. O político e o econômico estão unidos nas mãos do senhor feudal, assim como acontecia na sociedade escravista do passado: o senhor de escravos também dava a sorte do escravo, no plano econômico e no plano político. Portanto, o Estado, em termos estritos, é capitalista. No máximo se pode dizer que há várias formas de organização política em toda a história. Há políticas no plural na história, mas o Estado é uma política específica do capitalismo.

Olhando não para o passado, mas para o futuro, Marx e Engels insistem em dizer que o termômetro do socialismo não será quando o Estado passar a dominar tudo. O termômetro se revelará quando o capitalismo, em sua base produtiva, em suas relações de produção, estiver perecendo, junto com o perecimento do próprio Estado como seu correlato. Por isso, por exemplo, a União Soviética, nos tempos de auge do stalinismo, não gostava muito de uma leitura fina de Marx, porque Stalin precisava fortalecer o Estado soviético no meio de um concerto de outros Estados capitalistas do mundo. E o índice do socialismo não é um Estado socialista forte, nem 5, nem 14, nem 27 Estados socialistas no globo terrestre, mas o fim das relações de produção capitalistas e, por decorrência, o fim do Estado e do direito tal como o conhecemos. A União Soviética, ao invés de um sólido Estado socialista – cuja existência estável é virtualmente uma impossibilidade –, foi apenas uma variante do capitalismo de Estado.

Dessa crítica decorre apontar um horizonte mais belo: uma sociedade sem domínio, na qual os trabalhadores possam inclusive fazer valer sua vontade, o que até hoje é chocante. Por isso pouca gente é marxista. E, em um mundo que é altamente explorado, quando perguntamos às pessoas se elas acham possível que o mundo exista sem exploração ou sem opressão política, as pessoas dizem que não. E, daí, se indagarmos qual a opinião a respeito dos passos estruturais para o mundo ser melhor, dirão as opiniões mais abalizadas: pegar o Estado na mão. Esse é o horizonte político imediato das pessoas e da maioria das lutas: controlar o Estado. Mas o campo material da superação é muito mais que isso. É a transformação das relações de produção capitalistas.

Tais reflexões, dos livros de Marx, Engels e do marxismo, permitem vislumbrar passos e estratégias. As lutas sociais existem. São condicionadas e dependem das formas, da ordem, das circunstâncias, das estruturas e das relações que este mundo apresenta. Volto a dizer que o Estado e a política são elementos fundamentais para a manutenção da ordem e da exploração existentes. Nossa luta, então, não é por jogar melhor nas formas políticas já existentes: é por transformar as formas da sociabilidade capitalista. O socialismo não é um arranjo melhor nesse campo. É outro campo.

Neste trajeto até aqui, tratei de um longo caminho de Marx, Engels e Kautsky. Numa velha tradição de origem hegeliana – inspirada na dialética como rosa na cruz –, simbolizaram o socialismo como uma mão com uma rosa. Assim, todos os que lutam contra o capitalismo lutam contra a exploração para não ser mortos, lutam para que o mundo seja outro. Nessa luta e nesse sangue, uma rosa na mão. E essa rosa na mão é a grande esperança de que, a partir da crítica do nosso tempo, levante-se um tempo melhor.

Marx e o ensino jurídico

A propósito do que disse dos livros políticos e jurídicos de Marx, quero dizer que, em minha trajetória intelectual, tive a felicidade de me tornar professor ainda bastante jovem em duas faculdades de direito: a da USP, que é a minha casa, e a do Mackenzie. Quando eu comecei a dar aula, dizia-se que não havia marxismo no direito, só nas ciências humanas de modo geral – ciências sociais, filosofia, história e geografia. E, conforme os anos foram passando, percebi que não existe no direito e existe cada vez menos nas ciências humanas. Essa ausência – aquilo que era uma exclusividade jurídica – passou a ser uma base comum. Cada vez menos se veem intelectuais marxistas nas nossas universidades e relativamente menos alunos com uma visualização de esquerda.

Hoje, existem massas que se reputam a si próprias de direita. Odeiam de direitos sociais a comunismo. De outro lado, as pessoas têm gosto em dizer que cada um tem a própria verdade, cada um tem o próprio horizonte de mundo. Eis as peculiaridades da formação conservadora de nosso tempo. Mas, justamente por isso, os marxistas que se forjam hoje serão resistentes, porque no passado havia quem fosse marxista somente porque muitos o eram. A moda tornava a pessoa frágil. Hoje, se fará sendo uma minoria, portanto, mais resiliente.

Retomando o exemplo de minha trajetória, antigamente me perguntavam por que o direito não tinha leitura crítica. Mas a pergunta não vale só para o direito, vale para todo o mundo universitário estabelecido. Como abrir para pessoas da universidade – alunos, docentes e aqueles que estão vinculados ao mundo acadêmico – o interesse por uma perspectiva crítica de mundo? A questão é que nosso tempo tem uma estrutura ideológica de fabricação das subjetividades. Temos constituições de horizonte de mundo que nos forjam a todos: televisão, jornais, internet etc. Um desses pontos da ideologia, que para os que são da universidade é praticamente nocivo, é dizer que não há verdade. Pois justamente o marxismo é um dos baluartes da luta pela verdade, pela ciência, não é apenas mais uma interpretação de mundo, ele se pretende buscar efetivamente a descoberta da realidade concreta da sociedade capitalista e de sua sociabilidade. Portanto, temos um horizonte para o qual não estamos fazendo esboços da realidade; estamos agindo objetivamente na concretude do mundo.

Desse modo, quando eu quero entender o que é uma classe social, não é para fazer dissertação de mestrado, é para lutar por uma sociedade transformada, na qual não haja mais classe exploradora e classe explorada. Para o marxismo, o conhecimento teórico não se basta na teoria simplesmente, carrega em si uma implicação prática. Ocorre que o mundo de hoje é bem assentado. E a pessoa acaba por ser somente teórica porque é mais confortável, não dá tanto trabalho, não há erro nem culpa por tudo o que acontece.

Então a grande questão é: como animamos uma nova geração para o pensamento crítico? A dificuldade fundamental é que a universidade é de classe média, tem as esperanças e as tragédias da classe média. Algumas vezes visita o pobre, chora com o pobre, mas volta para casa. É um mundo peculiar.

Mas a grande questão do marxismo e de sua crítica de mundo é a transformação das estruturas sociais, das formas da sociabilidade do capitalismo. Para tanto, como estabelecer uma luta dos explorados do mundo que se dê tanto no avanço do plano teórico, de uma ciência rigorosa da sociedade, quanto no plano prático? Como estabelecer essa junção de teoria e prática? Como sensibilizar as pessoas e mobilizar classes, grupos e multidões? Caso haja espaços de abertura às ideias, o caminho é mostrar a crítica.

Para que a sociedade de exploração capitalista possa, em algum momento, ultrapassar o limite de sua própria indigência interpretativo-ideológica, é preciso combater esse horizonte estruturalmente criado pelas grandes máquinas da ideologia. Elas são, por sua vez, materialidades da reprodução capitalista, de sua própria forma de sociabilidade.

Rumos para o futuro

Na realidade da vida contemporânea, no caso do Brasil e do mundo, há geografias sociais e tempos históricos praticamente gerais, mas sempre com muitos desgastes, sofrimentos, sonhos e lutas, bem como variantes pessoais, de grupos e classes. Nos dizeres de Ernst Bloch – sobre quem escrevi minha tese de livre-docência na USP, posteriormente publicada em livro –, o capitalismo constitui um tempo histórico, mas dentro dele desdobram-se outros, com variadas demandas e histórias. Há esferas. Como é problemático, sensível e ao mesmo tempo bonito o fato de entendermos que estamos todos sendo explorados por formas e movimentos estruturais na sociedade capitalista, mas cada grupo ou classe sente essa exploração de um modo próprio e a explica por uma razão insigne.

28 | Curso livre Marx-Engels: A criação destruidora

O que leva as pessoas a lutarem por um mundo transformado e justo? Tantos por cento das pessoas o fazem por causa da religião. Outros chegam à transformação pelo humanitarismo, devido ao incômodo de que nós somos todos irmãos na teoria, mas, na prática do mundo, não. Nesse sentido, a grande trajetória do humanitarismo não é apenas cristã. Essa contraditória e peculiar energia esteve presente em muitos setores e momentos da história. O primeiro grande filósofo que falou da família universal é Platão, que, aliás, foi preso. Porque é assim: toda pessoa que falar que o mundo deve ter outro padrão de justiça será presa. Mas, claro, mesmo com a beleza da sensibilidade religiosa, humanista, revela a tragédia de mundo de estarmos ainda no primitivismo de explicação teológica, social e teórica. Não saímos do lenitivo e do ópio do povo.

O marxismo é mais rigoroso, exigente e difícil. Luta contra estruturas e formas de sociabilidade. Mas, ao mesmo tempo, quero insistir no fato de que nós não falamos o absurdo, o absurdo é o que o mundo fala. O absurdo é 1% serem donos de 70% da riqueza. E para que toda esta máquina absurda do mundo exista temos Estado, direito, jurista, militar, policial, estados, relações internacionais, intelectuais etc.

Então, volto a dizer: nossa luta é bonita e histórica. Se nós achamos que todos hão de comer do mesmo pão e hão de se albergar sob o mesmo teto, nossa mensagem é a melhor! É a mais simples, inclusive. De nossa parte, hoje, é sabermos chegar ao mundo e passar essa mensagem, para engendrar a luta – como se tudo estivesse encharcado de álcool e pudéssemos riscar o fósforo. Tragédia e beleza! Não foi assim com a Primavera Árabe de poucos anos atrás? Quarenta anos de ditadura que caíram em uma semana. Derrubaram líderes do Estado. Mas, um dia, derrubaremos o próprio Estado, porque derrubaremos a sociedade capitalista. Este é nosso sonho, esta é nossa luta!

Bibliografia

ENGELS, Friedrich; KAUTSKY, Karl. *O socialismo jurídico*. Trad. Livia Cotrim e Márcio Bilharinho Naves, São Paulo, Boitempo, 2012. (Coleção Marx-Engels.)

HEGEL, Georg W. F. *Princípios da filosofia do direito*. São Paulo, Martins, 2003.

MARX, Karl. *O 18 de brumário de Luís Bonaparte*. Trad. Nélio Schneider, São Paulo, Boitempo, 2011. (Coleção Marx-Engels.)

_____. *O capital*: crítica da economia política, Livro I: *O processo de produção do capital*. Trad. Rubens Enderle, São Paulo, Boitempo, 2013. (Coleção Marx-Engels.)

_____. *O capital:* crítica da economia política, Livro II: *O processo de circulação do capital.* Trad. Rubens Enderle, São Paulo, Boitempo, 2014. (Coleção Marx-Engels.)
_____. *Crítica da filosofia do direito de Hegel.* Trad. Rubens Enderle e Leonardo de Deus, São Paulo, Boitempo, 2005. (Coleção Marx-Engels.)
MASCARO, Alysson Leandro *Estado e forma política.* São Paulo, Boitempo, 2013.
PLATÃO. *As leis.* São Paulo, Edipro, 2010.
_____. *A República.* São Paulo, Martin Claret, 2000. (Coleção Obra-Prima de Cada Autor.)

Página manuscrita de *O capital*.

2. A crítica ao idealismo: política e ideologia

Antonio Rago Filho

Marx nasceu em Trier, em 5 de maio de 1818, e Engels nasceu em Barmen, na Renânia, dois anos depois. Quando Hegel morreu, em 1831, Marx tinha treze anos. Então, não é verdade quando dizem que Marx foi aluno de Hegel. Afinal, ainda era menor de idade. Mas, obviamente, esse Marx quer ser professor e pesquisador. Em Bonn e Berlim ele cursou direito (como Lenin e outros fizeram), mas seu percurso seria se voltar à filosofia e à história. Marx, por exemplo, se torna um estudioso da Revolução Francesa, país ao qual está colado pelas fronteiras.

Claro que Marx teve um peso da história, da filosofia, do conhecimento jurídico e, particularmente, da cultura hegeliana e pós-Hegel, que são aquelas correntes neo-hegelianas, dos jovens hegelianos que se dividiam em de esquerda e de direita. Marx está com Engels à esquerda, ainda que eles não se encontrassem para conversar naquele período. No entanto, foi uma época muito rica porque Marx era um turbilhão, um gigante, segundo Engels – e eles usavam sempre a expressão dos antigos de que é bom subir nos ombros de gigantes para ter uma visão mais ampla.

32 | Curso livre Marx-Engels: A criação destruidora

Fato é que o período no qual estamos trabalhando – 1842, os anos que vêm antes da Revolução de 1848 e da edição do *Manifesto Comunista* – é formativo para Marx, mas de uma produção intensa. Se pensarmos que ele não tinha tecnologia e escrevia folhas e folhas diariamente, é assustador o volume que produz. O mesmo vale para Engels.

Marx escreve sua tese de doutorado *A diferença entre a filosofia da natureza de Demócrito e Epicuro*, em 1841, e posteriormente retoma o texto, criticando Stirner e incorporando algumas modificações em sua visão. Contudo, depois disso, não pode realizar seu sonho de ser professor, filósofo, pesquisador e acadêmico. Isso acontece porque Marx era ligado a Bauer, que faz críticas aos Estados prussiano e russo – às quais Marx coopera. Diante disso, Marx perde a chance de lecionar, apesar de ser aprovado para tal, assim como Bauer é proibido de dar aulas na Universidade de Bonn em outubro de 1841.

O único emprego que Marx obtém, em 1842, é na *Gazeta Renana*, um jornal da burguesia liberal que já tinha certa importância na história alemã e que convida vários jovens hegelianos para trabalharem ali. Por seu talento, em pouco tempo Marx se transforma em diretor do jornal, posto que, no entanto, vai colocá-lo diante de certos problemas, porque cada editorial que escreve é censurado. Marx é obrigado, então, a driblar a censura, escrevendo dez laudas para ter meia aprovada[1], ainda que estivesse em um jornal liberal e nem defendesse uma posição comunista, sendo, naquele momento, um radical em sua posição democrática.

Marx passa a viver também o episódio de mutação capitalista em alguns territórios da Alemanha. É importante dizer que, em 1800, a Alemanha tinha mais de 260 pequenos Estados, não configurados como uma unidade nacional. Assim, a burguesia se desenvolve em pequenas regiões, na Colônia e na própria Berlim, mas não em uma totalidade nacional. Portanto, não desenvolve uma consciência de classe, tampouco é democrática, uma categoria social revolucionária, mas nasce mesquinha, vil e covarde, como Marx descreveria, no sentido de não levar as lutas democráticas até o fim.

De maio a julho de 1841, essa classe propõe ao Parlamento – chamado de VI Dieta Renana – uma lei que proibisse o camponês de colher, em uma

---

[1] Sobre a interdição da *Gazeta Renana* exigida pelo czar, em virtude de um violento artigo contra o absolutismo russo, Marx escreveu a Ruge, criticando a censura: "Cansei da hipocrisia, da estupidez, da autoridade brutal, e também de minhas reverências obsequiosas, de andar com rodeios, das contorções e dos verbalismos", Karl Marx, citado em Rubel Maximilien, *Crônica de Marx: vida e obra* (São Paulo, Ensaio, 1991), p. 23-4.

floresta ou em terras alheias, gravetos e pedaços de madeira para fazer sua fogueira e buscar sua alimentação e seu aquecimento. Quando Marx toma ciência de que, a partir daquele momento, apanhar lenha nas florestas, um direito costumeiro e secular, será considerado crime, escreve um editorial, sem dúvida nenhuma em assumir o lado dos camponeses e dos pobres – como ele diz, da humanidade sofredora.

Marx fica intrigado porque está preso ao universo dos jovens hegelianos, que depositavam no Estado a figura de demiurgo da sociabilidade. Ainda estava alinhado ao idealismo ativo, que concebia a forma estatal em sua universalidade, racionalidade e espaço de liberdade, diante das contradições sociais que surgiam no solo prussiano. Para ele, o Estado teria de ser uma universalização da razão e de uma consciência que se expandisse nas direções da liberdade humana. Diante disso, Marx escreve um artigo na *Gazeta Renana* defendendo que cada cidadão está atado ao Estado por mil fios, e que esses fios estavam rompidos por um aspecto, pois a propriedade privada passava a se imiscuir no Estado. O fato é que, antes disso, Marx entendia o Estado francês, da revolução de 1789, como um modelo que, de certa forma, reinaria na Alemanha. Mas, naquele momento, já tinha certa consciência de que o Estado alemão estava se decompondo. Depois, em meados de 1843, o jornal foi fechado, e Marx se sentiu obrigado a fazer *a crítica do Estado sob a forma de uma crítica da filosofia hegeliana do direito*, porque considerava Hegel o maior padrão filosófico daquele momento histórico acerca dessas questões.

Marx estava, então, atado a um idealismo ativo e a uma crença de que uma filosofia da autoconsciência e de que o desenvolvimento da história se projetava porque nós desenvolvíamos historicamente uma autoconsciência de nós mesmos[2]. Mas, nesse desenvolvimento que estruturou, ele via também uma falha, o que muitos intelectuais às vezes não enxergam – Marx, contudo, tinha muita isenção moral e se permitia rever integralmente, buscando revisar seus princípios.

---

[2] O maior expoente dessa corrente, "Hegel faz do homem o *homem da autoconsciência*, em vez de fazer da autoconsciência a *autoconsciência do homem*, do homem real, e que, portanto, vive também em um mundo real, objetivo, e se acha condicionado por ele. Ele vira o mundo de *ponta-cabeça*, o que lhe permite dissolver também *na cabeça* todos os limites, e isto os faz, naturalmente, manter-se de pé *para a má sensoriedade*, para o homem *real*. Além do mais, para ele vale como limite tudo o que denuncia a *limitação da autoconsciência geral*, toda a sensoriedade, a realidade e a individualidade do homem e de seu mundo. A 'Fenomenologia' inteira quer provar que a *autoconsciência é a única* realidade e *toda a realidade*". Karl Marx e Friedrich Engels, *A sagrada família ou A crítica da Crítica crítica: contra Bruno Bauer e consortes* (trad. Marcelo Backes, São Paulo, Boitempo, 2003), col. Marx-Engels, p. 215.

34 | Curso livre Marx-Engels: A criação destruidora

Nesse processo, ele encontra outro jovem hegeliano que também está dando forma a uma ruptura radical. Trata-se de Ludwig Feuerbach, que se propõe fazer uma crítica do idealismo, colocando, a um conjunto de intelectuais, um problema seríssimo: o fato de estarem submetidos pelo elemento religioso de suas filosofias. Feuerbach faz, então, a crítica mais radical da religião naquele momento, começando por dizer que Deus seria uma criação humana. Defende que nós fazemos uma transferência da plenificação do gênero humano para uma alienação de uma figura ideal. Nós criamos uma criatura, e essa criatura é Deus[3]. E diz ainda que, sem a crítica irreligiosa, nem sequer se poderia pensar em mudar o mundo[4].

É lógico que, quando estudamos a Grécia Antiga, não questionamos se os deuses gregos existiram, mas dizemos que eles eram formas de representação da sociabilidade dos indivíduos. No entanto, Feuerbach vai além: diz que a Alemanha inteira é presidida por um elemento religioso e por uma alienação – não no sentido de trabalho alienado de Marx, mas de que invertemos a ordem e passamos a ser regidos por uma criação nossa. Então, deixamos de realizar efetivamente nosso plano, porque passamos a acreditar que nossos sofrimentos e contradições seriam resolvidos no mundo dos céus, supraterrenal.

Nesse contexto, Feuerbach é o primeiro homem na Alemanha que lê Francis Bacon. Bacon foi chanceler da rainha Elizabeth I, no começo do século XVII. Depois, começou a escrever e passou a constituir um materialismo que Hegel chamava de empírico banal. Fato é que Bacon trata da deformação

---

[3] "A religião é a reflexão, o espelhamento da essência humana em si própria. [...] Deus é o conceito do gênero como um indivíduo, o conceito ou a essência do gênero que – como gênero, como essência universal, como *complexo de todas as perfeições*, de todas as propriedades ou realidades purificadas dos limites que ocorrem na consciência e sentimento do indivíduo – é simultaneamente de novo um ser individual, pessoal", Ludwig Feuerbach, citado em José Barata-Moura, "Esclarecer significa fundamentar. Alienação e alteridade em Das Wesen des Christentums de Ludwig Feuerbach", em *Pensar Feuerbach. Colóquio comemorativo dos 150 anos da publicação de A essência do cristianismo (1841-1991)* (Lisboa, Colibri, 1993), p. 91.

[4] "É este o fundamento da crítica irreligiosa: *o homem faz a religião;* a religião não faz o homem. E a religião é de fato a autoconsciência e o sentimento de si do homem, que ou não se encontrou ainda ou voltou a perder-se. Mas o *homem* não é um ser abstrato, acocorado fora do mundo. O homem é o *mundo do homem,* o Estado, a sociedade. Este Estado e esta sociedade produzem a religião, uma *consciência invertida do mundo,* porque eles são um *mundo invertido.* [...] Consequentemente, a *tarefa da história,* depois que o *outro mundo da verdade* se desvaneceu, é estabelecer a *verdade deste mundo.* A imediata *tarefa da filosofia,* que está a serviço da história, é desmascarar a autoalienação humana nas suas *formas não sagradas,* agora que ela foi desmascarada na sua *forma sagrada*", Karl Marx, *Crítica da filosofia do direito de Hegel* (trad. Rubens Enderle e Leonardo de Deus, São Paulo, Boitempo, 2005), col. Marx-Engels, p. 145.

que decorre de nossa posição social com relação às ideias que temos, quase criando o conceito de ideologia, e é também assim que dá origem à teoria dos ídolos. Mas, mais do que isso, Bacon quer compreender a natureza dos elementos materiais para transfigurá-los em objetos úteis para a humanidade – nesse contexto, surge sua célebre frase "Saber é poder" –, que nada tem a ver com a concepção de Foucault, para quem o saber que busca o poder normatiza nossa vida na politicidade. Com isso, Bacon defende que conquistar a natureza e transformá-la é ampliar nosso gênero e nossa humanidade – sendo, por fim, a conquista de nossa humanidade.

Pois Marx tinha uma admiração enorme por esse teórico. Inclusive, quando Marx perde um filho, escreve para Lassalle, dizendo que gostaria muito de ser como Francis Bacon, porque não aguentava o sofrimento da perda, mas não era um homem que amasse a natureza e os seres humanos, como Bacon era[5]. Ou seja, há uma ruptura em marcha em Marx, e ele busca em Feuerbach elementos de crítica ao idealismo, bem como uma nova concepção de Estado. Dessa forma, ele vai se diferenciando de Feuerbach, porque aceita que o idealismo atua de modo especulativo, já que deposita no movimento da ideia em si, externa aos humanos, nossa própria criação.

De volta a Feuerbach, outro questionamento que ele levanta é: como o movimento das ideias gera por si uma referência para a produção de objetos, como no caso da religião, e como é possível que o ser imaterial crie o ser material? Indaga, ainda, o que vai embora depois que o corpo morre e se há um mundo das almas. E, sobre isso, defende que levamos a consciência conosco quando deixamos o corpo, acreditando que o ser imaterial é o criador da materialidade. Também vai além, dizendo que a filosofia de Hegel é religiosa, não parte da objetividade das coisas para compreendê-las. Assim, para Feuerbach, a filosofia hegeliana se apresentava como o último refúgio da teologia. Era uma forma de alienação, pois considerava o pensamento simultaneamente um sujeito e seu predicado.

As formulações de Feuerbach agradam, mas ele não avança, nem trabalha com o elemento da historicidade. Deposita sua crença no fato de que nós contemplamos ou contemos um gênero, e que essa generidade muda, incluída

---

[5] Marx escreve a Lassalle, em 28 de julho de 1855: "Bacon diz que os homens verdadeiramente importantes têm relações tão diversas com a natureza e com o mundo, tantos objetos prendem seu interesse, que lhes é fácil esquecer a dor de qualquer perda. Eu não sou desses homens importantes. A morte de meu filho abalou profundamente meu coração e meu cérebro, e sinto a perda com a mesma intensidade do primeiro dia. Minha mulher também está completamente destroçada", Karl Marx, citado em Rubel Maximilien, *Crônica de Marx*, cit., p. 60-1.

nas individualidades. Pois Marx parte de Feuerbach contra o especulativismo, consciente de que a ideia não é geradora do ser, mas que o pensamento é predicado do próprio ser, pelos sentidos. Chega, afinal, a essa formulação do gênero humano. "Feuerbach foi o único dos neo-hegelianos, segundo Marx, a acertar contas com a dialética hegeliana e a substituir embriaguez especulativa por pensamento sensato."[6]

No entanto, a partir desse ponto, Marx rapidamente deu um salto. Em 1843, casa-se com Jenny, com quem vai até Salzwedel, a cidade natal dela, e depois migra para Paris, porque havia um projeto de Arnold Ruge de criar uma revista na capital francesa com os emigrados alemães, a fim de aglutinar os indivíduos que viviam ali. Contudo, no meio do caminho, Ruge e Marx se afastariam, porque Ruge não era comunista, e Marx começava justamente a se interessar por esse conhecimento. Ou seja, inicialmente, era um idealista, depois se aproximou do materialismo feuerbachiano e passou a reconhecer um complexo de intelectuais que sofriam com uma humanidade sofredora. E, desse grupo, surgiria um processo novo na história, porque, na Alemanha, não se podia contar com a burguesia – afinal, aquilo que a burguesia fora na Revolução Francesa não ocorreria naquele país.

Marx buscava um dispositivo de intelectuais sofredores, mas ainda não tinha surgido com a palavra proletariado, o que só aconteceu quando foi a Paris, em outubro de 1843, no momento em que estava alinhavada a *Crítica da filosofia do direito de Hegel*. Depois, publicou a "Crítica da filosofia do direito de Hegel – Introdução" em uma revista, que, infelizmente, só lançou um número. Nesse trabalho, inseriu várias formulações marcantes, a começar pela primeira, em que dizia que a crítica da religião já estava feita porque Feuerbach cumprira o que devia. Assim, com elementos teológicos, idealistas ou que pressupõem uma abstração externa, como é possível compreender o mundo na sua imanência histórica? É isso que Marx se propõe. No entanto, em pouco tempo, vai alçar a função do trabalho, que já aparece ali em seu elemento negativo. Por outro lado, em Hegel, o trabalho é visto com uma afirmação positiva[7] – e é

---

[6] José Chasin, *Marx: estatuto ontológico e resolução metodológica* (São Paulo, Boitempo, 2009), p. 41. O próprio Feuerbach salienta: "Em Hegel, *o pensamento é o ser; o pensamento é o sujeito*; o *ser* é o *predicado*. A lógica é o pensamento no elemento do pensamento, ou o pensamento que pensa a si mesmo: o pensamento como *sujeito sem predicado*, ou o pensamento que é *ao mesmo tempo sujeito e predicado de si mesmo*. Hegel só pensou os objetos como *predicados* do pensamento que pensa a si mesmo", Ludwig Feuerbach, citado em José Chasin, *Marx: estatuto ontológico e resolução metodológica*, cit.

[7] "Hegel se coloca no ponto de vista dos modernos economistas nacionais. Ele aprende o

muito interessante quando descreve um moinho que está a girar suas pás com a água de um rio, observado de longe pelos trabalhadores que o construíram; porém, Hegel afirma se tratar de um engano, pois o moinho é uma produção do espírito, um trabalho da atividade ideal, histórico, que não foi executado apenas naquele momento.

Marx destaca essa ideia, compreende sua lógica e avança, porque diz que o trabalho tem um aspecto positivo e um negativo. O positivo é o fato de ser engendrador da riqueza genérica humana. Marx expõe, dessa maneira, a natureza do trabalho alienado e estranhado da sociedade regida pelo capital, a relação social de produção, na qual o trabalho morto se apodera do trabalho vivo. Trata-se da expressão objetiva da alienação, a separação dos produtores diretos com relação à natureza, a atividade vital, a riqueza genérica e sua própria humanidade, é a exploração do homem sobre o homem, a luta de classes. Nos *Manuscritos econômico-filosóficos*, de 1844, transparecem essas novas conquistas[8]. Assim, qualquer produção de qualquer trabalhador – manual, intelectual etc. – é a extensão de nós mesmos, nossas capacidades subjetivas estendidas para o mundo, exteriorizadas, que potencializam na sua ação a hora que eu a recomponho em mim. Marx e Engels, como Hegel, têm a capacidade de reconhecer que o trabalho é criação e potência humana. Contudo, Hegel não vê seu aspecto negativo.

Esse aspecto está nas obras de Marx. Em 1844, nós temos a publicação de *Sobre a questão judaica* e o encontro entre Engels e Marx, que se dedica, então, ao estudo da economia política. Os dois se reúnem em um café na França e, a partir daí, escrevem um para o outro: "Nós somos sócios da vida". Trata-se de uma amizade a ser reconhecida como exemplar – nunca Engels deixou de contribuir e facilitar as coisas para Marx, inclusive quando Marx é expulso

---

trabalho como a *essência*, como a essência do homem que se confirma; ele vê somente o lado positivo do trabalho, não seu [lado] negativo. O trabalho é o *vir-a-ser para si* (*Fürsichwerden*) *do homem* no interior da *exteriorização* ou como homem *exteriorizado*. O trabalho que Hegel unicamente conhece e reconhece é o *abstratamente espiritual*. O que forma, assim, a *essência* da filosofia em geral, a *exteriorização do homem que se sabe* (*wissender Mensch*), ou a ciência *exteriorizada que se pensa*, isto Hegel toma como sua essência, e por isso pode, frente à filosofia precedente, reunir seus momentos isolados, e apresentar sua filosofia como *a filosofia*", Karl Marx, *Manuscritos econômico-filosóficos* (trad. Jesus Ranieri, São Paulo, Boitempo, 2004), col. Marx-Engels, p. 124.

[8] "O engendrar prático de um *mundo objetivo*, a *elaboração* da natureza inorgânica é a prova do homem enquanto um ser genérico consciente, isto é, um ser que se relaciona com o gênero enquanto sua própria essência ou [se relaciona] consigo enquanto ser genérico", ibidem, p. 85.

38 | Curso livre Marx-Engels: A criação destruidora

de Paris, em 1844, quando os *Anais Franco-Alemães* são apreendidos e Engels faz uma banca para colher arrecadações e auxiliar o amigo[9].

Ainda nesses anos de 1844, Marx e Engels escrevem em parceria *A sagrada família ou A crítica da Crítica crítica: contra Bruno Bauer e consortes*, reconhecendo que é também para lidar com a própria consciência, como um ajuste de contas. Engels dizia a Marx, naquele momento, que ele escrevia muito, mas que os representantes da recente filosofia e do socialismo alemão eram pobres de espírito e não mereciam tantas páginas. Contudo, Marx defendia que, enquanto houvesse influência e certos pensamentos entrassem em determinados espaços, os dois tinham a obrigação de polemizar e responder politicamente.

Já em 1847, escrevendo em parceria *A ideologia alemã*, Marx e Engels apresentam sua concepção materialista da história. Marx também escreverá uma nota afirmando a existência de uma única ciência – *a ciência da história* –, que se dividiria em dois ramos: ciência da natureza e ciência da história humana:

> Conhecemos uma única ciência, a ciência da história. A história pode ser examinada de dois lados, dividida em história da natureza e história dos homens. Os dois lados não podem, no entanto, ser separados; enquanto existirem homens, história da natureza e história dos homens se condicionarão reciprocamente.[10]

Aí, diferentemente de Feuerbach, Marx coloca o ser social no centro, capaz de distinguir porque contém atividade prática sensível, porque é ativo e vivo – Marx sempre se refere a indivíduos vivos e atuantes. O ponto de partida jamais é dado por um apriorismo da consciência[11]. O centro é o ser social.

---

[9] Sob pressão do governo da Prússia, Guizot, ministro do Interior da França, ordenou a expulsão dos principais colaboradores do jornal. Ao saber da expulsão de Marx, Engels organiza uma subscrição em auxílio ao amigo, "a fim de repartir entre nós todos, à maneira comunista, todas as despesas extraordinárias que isso te ocasionará. É preciso impedir que estes cães tenham a satisfação de te submeter, mediante sua infâmia, a dificuldades financeiras", Friedrich Engels, citado em Rubel Maximilien, *Crônica de Marx*, cit., p. 29.

[10] Karl Marx e Friedrich Engels, *A ideologia alemã. crítica da mais recente filosofia alemã em seus representantes Feuerbach, B. Bauer e Stirner, e do socialismo alemão em seus diferentes profetas* (trad. Luciano Cavani Martorano, Nélio Schneider e Rubens Enderle, São Paulo, Boitempo, 2007), col. Marx-Engels, p. 86-7.

[11] "Os pressupostos de que partimos não são pressupostos arbitrários, dogmas, mas pressupostos reais, de que só se pode abstrair na imaginação. São os indivíduos reais, sua ação e suas condições materiais de vida, tanto aquelas por eles já encontradas, como as produzidas por sua própria ação. Esses pressupostos são, portanto, constatáveis por via puramente empírica", ibidem, p. 86-7.

Além disso, Marx nunca partiu de uma abstração, mas de uma atividade concreta e objetiva. Trata-se de uma diferença com relação a Feuerbach, que vê o mundo como apreendido pela consciência passiva dos homens e mulheres e também pelos sentidos. Lógico que compreendemos se a água está gelada ou quente pelos sentidos, porém ele entende que nossa apreensão de mundo também se dá pela paixão, pelo desejo, pelo querer, pela arte e por várias outras formas. Há uma multiplicidade de captura do mundo, além do próprio saber. Afinal, aquilo que foi reduzido em Hegel como produto do espírito e do saber absoluto da história aparece em Marx como um dos elementos da vida, decisivo porque surge no mundo do trabalho, que produz a nós mesmos – somos, portanto, seres sociais autoproducentes.

Assim, quando Marx chega a esses conceitos, já em 1844, cristaliza-os em suas obras definindo-os, então, como produtos históricos. Ainda diz que a própria natureza não pode separar o ser de sua essência, como defendia Feuerbach, que deposita uma essencialidade ligada ao ser. À luz disso, há uma passagem em *A ideologia alemã* que diz:

> A "essência" do peixe é o seu "ser", a água – para tomar apenas uma de suas proposições [de Feuerbach]. A "essência" do peixe de rio é a água de um rio. Mas esta última deixa de ser a "essência" do peixe quando deixa de ser um meio de existência adequado ao peixe, tão logo o rio seja usado para servir à indústria, tão logo seja poluído por corantes e outros detritos e seja navegado por navios a vapor, ou tão logo suas águas sejam desviadas para canais onde simples drenagens podem privar o peixe de seu meio de existência.[12]

No entanto, se para Feuerbach tudo é natureza, para Marx tudo é história – ele passa, assim, a perceber a historicidade do mundo societário. E ilustra isso com a passagem da cerejeira, dizendo que, se a vemos como Feuerbach, destacaremos sua beleza ou o que podemos fazer com suas cerejas – colocar em um bolo, fazer uma geleia, por exemplo. Mas Marx levanta o aspecto histórico, em um trecho brilhante de *A ideologia alemã*:

> Como se sabe, a cerejeira, como quase todas as árvores frutíferas, foi transplantada para nossa região pelo comércio, há apenas alguns séculos e, portanto, foi dada à "certeza sensível" de Feuerbach apenas *mediante* essa ação de uma sociedade determinada numa determinada época.[13]

---

[12] Ibidem, p. 46-7.

[13] Ibidem, p. 31.

40 | Curso livre Marx-Engels: A criação destruidora

Desse modo, Feuerbach não atinge o ponto em que a atividade prática é sensível e objetiva, porque nós somos também seres naturais. E, como seres naturais, somos objetivos e carentes, padecemos e precisamos ter um intercâmbio permanente, o que significa que temos de criar a nós mesmos[14]. Quer dizer, essa criação tem de ultrapassar a necessidade natural para uma necessidade cultural. Para fazer um contraste: quando Feuerbach fala do materialismo, não compreende a história; e quando fala da história, é idealista. Insere-se no mesmo jargão dos jovens hegelianos, porque defende o Estado como realização humana suprema. Afinal, são todos não religiosos, mas depositam no chefe de Estado, nessa ideia centrada no indivíduo, a realização do Estado.

Entretanto, Marx dá um salto. E, para entendê-lo, é importante contextualizar a posição kantiana e hegeliana da história, porque Marx promoveu a revolução do historiador. Inclusive, há um historiador francês, Paul Mantoux, autor do livro *A Revolução Industrial no século XVIII*, de 1905, que diz que o primeiro a criar o termo Revolução Industrial foi Engels. Também defende que Marx falha "quando quer extirpar do mundo o capital e o Estado", mas reconhece que ele é um tremendo historiador [cf. nota em Engels].

Enfim, é bom que haja o reconhecimento, porque Marx é um homem de combate teórico radical, que nunca mudou sua convicção pessoal. E a convicção e a produção são necessárias na medida em que se disseminam, porque a teoria organiza as massas. No entanto, a arma da crítica da teoria, não substitui a arma e a revolução efetiva, porque as coisas materiais não se modificam pelas ideias, como os jovens hegelianos pensavam. Como diz Marx:

> É certo que a arma da crítica não pode substituir a crítica das armas, que o poder material tem de ser derrubado pelo poder material, mas a teoria converte-se em força material quando penetra nas massas. A teoria é capaz de se apossar das massas ao demonstrar *ad hominem*, e demonstra-se *ad hominem* logo que se torna radical. Ser radical é agarrar as coisas pela raiz. Mas, para o homem, a raiz é o próprio homem.[15]

Ou seja, posso escrever cem livros sobre as favelas e o crime organizado, mas, se não entendo e não modifico a história e a realidade das relações

---

[14] "Ser (*sein*) *sensível*, isto é, ser efetivo, é ser objeto do sentido, ser objeto *sensível*, e, portanto, ter objetos sensíveis fora de si, ter objetos de sua sensibilidade. Ser sensível é ser *padecente*. [...] Mas o homem não é apenas ser natural, mas ser natural *humano*, isto é, ser existente para si mesmo (*für sich selbst seiendes Wesen*), por isso, *ser genérico*, que, enquanto tal, tem de atuar e confirmar-se tanto em seu ser quanto em seu saber", Karl Marx, *Manuscritos econômico-filosóficos*, cit., p. 128.

[15] Karl Marx, *Crítica da filosofia do direito de Hegel*, cit., p. 151.

histórico-sociais que produzem essas individualidades, não compreendo a lógica histórica. Essa ideia, todavia, de que a teoria se torna força material, é necessária quando se apodera das massas.

Então, nesse ponto, Marx já tem clareza de que o ser social tem uma missão que lhe cabe cumprir. Porque o trabalhador não pode repor os pilares da escravidão do capital, e Marx descreve o capital e as relações sociais como formas de taras e males sociais. Afirma também que vivemos a escravidão do trabalho assalariado, alienado e estranhado, vendido como qualquer mercadoria, que engendra uma riqueza desefetivadora dos trabalhadores. Afinal, quanto mais se cria riqueza e quanto mais a produção se expande, mais o trabalhador se desefetiva, por não ter o controle social do universo produtivo[16].

Kant: a história universal e o propósito da natureza

Tratarei, então, brevemente sobre a filosofia da história de Kant, que é a primeira da história alemã. Pois, em 1784, ele escreve um pequeno texto, chamado *Ideia de uma história universal de um ponto de vista cosmopolita*, em que condensa seu pensamento. Para o idealismo subjetivo de Kant, é a humanidade que deve ser reconhecida, não o indivíduo, porque este tem uma finitude, uma limitação cotidiana e temporal, que o impede de cumprir sua plenitude. Assim, quem se realiza ao largo da história é a humanidade. Contudo, ela é composta de duas porções: o mundo sensível e o mundo inteligível.

O mundo sensível é o cotidiano de nossas individualidades, com inclinações egoístas. É com essa ideia que Kant será um dos fundadores do liberalismo em terras germânicas, porque parte do pressuposto falso de que temos biologicamente um egoísmo a-histórico – um pressuposto falso no pensamento burguês. Essa inclinação, de acordo com Kant, faz com que tenhamos três grandes preocupações: queremos mais poder do que o outro, mais riqueza e privilégios, honrarias, títulos. É por isso que, fechados na mesma natureza, os homens vão à guerra. Trata-se do *bellum omnium contra omnes* hobbesiano, essa lógica traduzida para a necessidade de um soberano e de um Estado.

---

[16] "O trabalhador se torna mais pobre quanto mais riqueza produz, quanto mais a sua produção aumenta em poder e extensão. O trabalhador se torna uma mercadoria tão mais barata quanto mais mercadorias cria. Com a *valorização* do mundo das coisas (*Sachenwelt*) aumenta em proporção direta a *desvalorização* do mundo dos homens (*Menschenwelt*). O trabalho não produz somente mercadorias; ele produz a si mesmo e ao trabalhador como uma *mercadoria*, e isto na medida em que produz, de fato, mercadorias em geral", Karl Marx, *Manuscritos econômico-filosóficos*, cit., p. 80.

42 | Curso livre Marx-Engels: A criação destruidora

Naquele momento, vale lembrar que a Prússia, que surgira como reino em 1701, dita a ordem de indexações por um largo período. Não à toa decreta uma guerra contra a França, a Guerra Franco-Prussiana, e vence. Assim, vai se agigantando reacionariamente, acoplando a burguesia que se desenvolve, em plano secundário, com créditos do Estado *Junker*. É à luz disso que Kant, nascido em Königsberg, a montanha em que os reis passeavam, tem a clareza desse egoísmo básico, defendendo que a natureza cria um dispositivo de realização das coisas, que chama de reino teleológico da natureza – *telos*, em grego, quer dizer finalidade. Dessa forma, para ele, a natureza tem um reino de fins que deixa as coisas crescerem até os limites de suas possibilidades. Esse ponto, para a história humana, é o ponto de realização.

Entretanto, há outra porção que nos diz que o homem segrega, pela sua racionalidade pura, uma componente moral, imperativos categóricos. Do tipo:

> Ages de tal modo que por sua ação, seu agir moral, a humanidade seja contemplada. Age de tal maneira que uses a humanidade, tanto na tua pessoa como na pessoa de qualquer outro, sempre e simultaneamente como fim e nunca // simplesmente como meio.[17]

Ou seja, se ajo no sentido de todos, tenho a moralidade posta. Mas o curioso é que a moralidade não nasce do terreno prático, mas de uma razão pura. Há aí o idealismo: a própria faculdade da razão prática cria sua legislação moral, sem base na história, sem base na moralidade concreta.

Isso faz com que Kant anteveja que a possibilidade humana está em um impulso competitivo, em uma concorrência necessária criadora da cultura. Assim, chama esse traço de uma "insociável sociabilidade", afirmando que tal sociabilidade contém um elemento de não sociabilidade[18]. Mas esse é o ser humano para Kant. Daí a necessidade de um Estado que seja coercitivo – mais uma componente do liberalismo. Desse modo, a liberdade é

---

[17] Immanuel Kant, *Ideia de uma história universal de um ponto de vista cosmopolita* (São Paulo, Martins Fontes, 2004), p. 59.

[18] "Eu entendo aqui por antagonismo a insociável sociabilidade dos homens, ou seja, sua tendência a entrar em sociedade que está ligada a uma oposição geral que ameaça constantemente dissolver essa sociedade. Esta disposição é evidente na natureza humana. O homem tem uma inclinação para associar-se porque se sente mais como homem num tal estado, pelo desenvolvimento de suas disposições naturais. Mas ele também tem uma forte tendência a separar-se (isolar-se), porque encontra em si ao mesmo tempo uma qualidade insociável que o leva a querer conduzir tudo simplesmente em seu proveito, esperando oposição de todos os lados, do mesmo modo que sabe que está inclinado a, de sua parte, fazer oposição aos outros", Immanuel Kant, *Começo conjectural da história humana* (São Paulo, Unesp, 2010), p. 8.

sempre parcializadora, não pode se realizar plenamente, porque os indivíduos necessitam de um Estado regulador por legislação que controle a vida societária – insocial – permanentemente, de forma que haja progresso moral na estrutura jurídico-política.

Enfim, o Estado contém uma jurisdição que permite garantir a cada qual, no seu tempo histórico, ser garantidor de uma possibilidade de desenvolvimento em várias direções. Contudo, por ser cosmopolita, propõe isso a uma federação de nações, para depois apontar a paz perpétua. Daí a solução kantiana ao propor – a partir desse propósito da natureza – que somente na história do gênero, dada a finitude dos indivíduos, poderíamos alcançar uma *constituição política perfeita*, capaz de assegurar a *cidadania universal*, uma liberdade consubstanciada em princípios político-jurídicos e os direitos universais, mas que apenas poderiam viger sob uma forma coercitiva, uma liberdade constrangida sob leis exteriores, atuantes no sentido de disciplinar os limites das liberdades alheias.

Hegel e a divinização da história

Um dos grandes temas do idealismo alemão foi a cisão da vida nas sociedades modernas. Hegel se preocupa com essa temática ao elaborar seu "A dialética do senhor e do servo", ou do escravo, e muito se diz que Marx inverteu Hegel quanto a essa questão. No entanto, pessoalmente acredito que não houve inversão de Marx nesse sentido. Afinal, se há a compreensão do movimento da dialética, sabe-se que é realizado em torno da consciência.

Um exemplo é o caso de Robinson Crusoé e "seu índio", Sexta-Feira, que ele escraviza em um primeiro momento. Na sua consciência, Sexta-Feira reconhece Robinson como dominador, pelo fato de que o náufrago preservara sua vida. Contudo, em um momento do relacionamento, há a percepção de que, na relação entre senhor e escravo, o escravo é quem presta serviços – a quem se recorrerá quando se precisa de alguém para costurar, plantar, comer etc. Ora, Hegel diz que esse escravo, na medida em que faz a mediação direta com a natureza e produz os elementos, ganha um domínio que o senhor não possui, porque o senhor se torna inteiramente dependente do escravo. Então, reconhece que a situação se inverte. O escravo, inclusive, tem uma liberdade que o senhor não possui, pelo domínio das forças da natureza. Mas, por outro lado, o senhor é o escravo do escravo – passa para um elemento de negação.

Enfim, trata-se de um reconhecimento que permitirá a ambos ver o valor da liberdade. Quer dizer, não se conclui em uma situação resolutiva, que

44 | Curso livre Marx-Engels: A criação destruidora

não é da contrariedade kantiana, porque, em Kant, as antinomias estão sempre presentes sem resolução. Já em Hegel, a resolução da liberdade é o grande móvel do espírito, que caminha na direção de realizar a razão, por sua vez, contentor em si do móvel da liberdade. Mas a ideia da liberdade que se universaliza encarna no Estado, e o Estado armazena, no conceito, as finitudes não realizadas. Ou seja, a resolução se dá no espírito conceitual. Em Hegel há a superação do dualismo kantiano, do *homo fenomenon* (mundo sensível) e do *homo noumenon* (mundo inteligível, moral)[19]; para ele, as contradições nascem do processo vital dos indivíduos concretos. Porém, em seu idealismo objetivo, não vamos encontrar uma só *abertura radical da história*, e sim uma odisseia do espírito, uma divinização do processo histórico. Segundo Hegel:

> A filosofia diz respeito ao esplendor da ideia que se reflete na história universal. Na realidade, ela tem de se abster dos movimentos tediosos das paixões. Seu interesse é conhecer o processo de desenvolvimento da verdadeira ideia, ou seja, da ideia da liberdade que é somente a consciência da liberdade.[20]

Há, inclusive, uma passagem brilhante de István Mészáros no capítulo em que contrasta as concepções de história de Kant, Hegel e Marx, analisando as posições reacionárias e racistas de Hegel ante o povo africano[21].

Marx e a abertura radical da história

Marx propunha uma história aberta. Os indivíduos vivos e atuantes como seres autoproducentes em seu processo real de vida. E a visão idealista não

---

[19] "Kant opera com dois conceitos do gênero humano: o *homo noumenon* (a ideia da humanidade, a humanidade *tal como deveria ser*) e o *homo phaenomenon* (o conceito de humanidade existente, com as possibilidades inerentes à existência da humanidade)..[...] O *homo phaenomenon* existe no *tempo*, tem portanto uma *história*; é *cognoscível* porque é um fato da experiência. O *homo noumenon*, ao contrário, é a *ideia*, por aquilo que não se pode aplicar a visão da própria época; é assim mesmo *incognoscível*", Agnes Heller, *Crítica de la ilustración. las antinomias morales de la razón* (Barcelona, Ediciones Península, 1984), p. 26.

[20] Georg W. F. Hegel, *Filosofia da história* (Brasília, Universidade de Brasília, 1995), p. 373. "A história universal é o processo desse desenvolvimento e do devir real do espírito no palco mutável de seus acontecimentos – eis aí a verdadeira teodiceia, a justificação de Deus na história. Só a percepção disso pode reconciliar a história universal com a realidade: a certeza de que aquilo que aconteceu, e que acontece todos os dias, não apenas não se faz sem Deus, mas é essencialmente a Sua obra", idem.

[21] István Mészáros, *Filosofia, ideologia e ciência social. Ensaios de negação e afirmação* (trad. Ester Vaisman, São Paulo, Boitempo, 2008).

compreendia que o Estado tinha sua geração nos antagonismos sociais, tampouco que Estado e propriedade privada formavam um anel autoperpetuador.

> Somente a *superstição política* ainda pode ser capaz de imaginar que nos dias de hoje a vida burguesa deve ser mantida em coesão pelo Estado, quando na realidade o que ocorre é o contrário, ou seja, é o Estado quem se acha mantido em coesão pela vida burguesa.[22]

Sobre isso, István Mészáros, em um ensaio primoroso, ao estudar as filosofias da história de Kant e de Hegel e a *abertura radical da história* em Marx, afirma que:

> Apesar do grande avanço de Hegel em relação a Kant, ele é incapaz de conceituar a *abertura radical* da história, uma vez que as determinações ideológicas de sua posição estipulam a necessidade de uma reconciliação com o presente e, daí, o fechamento arbitrário da dinâmica histórica na estrutura do Estado moderno. [...] Assim, a teleologia "teológica", característica da sociedade civil em sua reciprocidade circular com o Estado burguês, se afirma como o plano de referência reconciliatório por excelência – e "ponto de apoio" do construto hegeliano.[23]

Marx, ao dispor sua concepção de história, recusa rigorosamente qualquer *teleologia* no processo, ao analisar as causas do golpe de estado de 2 de dezembro de 1851 desferido por Luís Bonaparte. Na obra *O 18 de brumário de Luís Bonaparte*, esclarece:

> Hegel comenta que todos os grandes fatos e todos os grandes personagens da história mundial são encenados, por assim dizer, duas vezes. Ele se esqueceu de acrescentar: a primeira vez como tragédia, a segunda como farsa. [...] *Os homens fazem a sua própria história, contudo, não a fazem de livre e espontânea vontade, pois não são eles quem escolhem as circunstâncias sob as quais ela é feita, mas estas lhes foram transmitidas assim como se encontram.* A tradição de todas as gerações passadas é como um pesadelo que comprime o cérebro dos vivos.[24]

Engels também alertou para a ausência de teleologia no processo histórico:

> a *História* não faz *nada*, "não possui *nenhuma* riqueza imensa", "não luta *nenhum* tipo de luta"! Quem faz tudo isso, quem possui e luta é, muito antes, *o homem*, o

---

22 Karl Marx e Friedrich Engels, *A sagrada família*, cit., p. 139.

23 István Mészáros, *Filosofia, ideologia e ciência social*, cit., p. 129.

24 Karl Marx, *O 18 de brumário de Luís Bonaparte* (trad. Nélio Schneider, São Paulo, Boitempo, 2011), col. Marx-Engels, p. 25.

homem real, que vive; não é, por certo, a "História", que utiliza o homem como meio para alcançar *seus* fins – como se se tratasse de uma pessoa à parte –, pois a História *não é senão* a atividade do homem que persegue seus objetivos.[25]

Marx e Engels também falaram da luta de classes e de sua articulação com a divisão social do trabalho. Afinal, em várias sociedades, os indivíduos se tornam cada vez mais desiguais pela posse e propriedade que têm das coisas – inclusive de outros indivíduos. No entanto, o caminho de Marx foi outro: estudar o mundo burguês emergente. Assim, encaminha-se para conhecer a movimentação do real, e não é por força de desvirar a dialética hegeliana que chega a um resultado, mas partindo das contradições vivas; impõe-se examinar isso.

Tanto é assim que Marx e Engels viajam para Londres e passam um grande período analisando a situação. Na verdade, em *A situação da classe trabalhadora na Inglaterra*, um dos primeiros trabalhos de Engels, ele se dedica a compreender onde o trabalhador mora, o que faz, o que come, como chega ao trabalho, como é sua condição de moradia etc. – e tudo isso faz parte do aspecto negativo do trabalho que Hegel não enxerga.

Desse modo, quando desvenda o mundo como um modo de produção[26] e de reprodução social, tudo fica claro – não é por meio de um pensamento que se desdobra em uma afirmação ou negação, e em uma negação da negação. Contudo, a negação da negação é um atributo de consciência. Ora, isso não significa uma revolução social pela qual se combate a apropriação privada dos meios de produção e a carência que temos do controle societário de nós mesmos.

Não se trata de partir de conceitos, fantasias ou receitas filosóficas, mas da atividade prática sensível dos indivíduos. O modo de produção se reduz à reprodução biológica ou sexual. Trata-se de uma maneira determinada de existência social. Os indivíduos são *o que* fazem e *como* fazem, num metabolismo constante entre eles e a natureza. O humanismo radical de Marx ainda ressoa para exigir a plenificação das necessidades genuinamente humanas no

---

[25] Karl Marx e Friedrich Engels, *A sagrada família*, cit., p. 111.

[26] "Ao produzir seus meios de vida, os homens produzem, indiretamente, sua própria vida material. [...] Esse modo de produção não deve ser considerado meramente sob o aspecto de ser a reprodução da existência física dos indivíduos. Ele é, muito mais, uma forma determinada de sua atividade, uma forma determinada de exteriorizar sua vida, um determinado *modo de vida* desses indivíduos. Tal como os indivíduos exteriorizam sua vida, assim são eles. O que eles são coincide, pois, com sua produção, tanto com *o que* produzem como também com *o modo como* produzem. O que os indivíduos são, portanto, depende das condições materiais de sua produção", Karl Marx e Friedrich Engels, *A ideologia alemã*, cit., p. 87.

processo social de individuação: "Se o homem é formado pelas circunstâncias, será necessário formar as circunstâncias humanamente"[27].

Ideologia como consciência ontoprática dos interesses de classe

Não podemos considerar o que Marx diria se estivesse vivo, o que é de uma arrogância e mau-caratismo atroz, mas podemos nos concentrar sobre o que ele afirmou ao longo de sua obra.

A tese de Lukács, segundo a qual *não existem ideologias inocentes* porque elas desempenham funções no interior das lutas de classes, adverte para o seguinte fato:

> [as ideologias em contextos mais amplos] não devem ser entendidas no enganoso uso atual da palavra (como uma consciência antecipadamente falsa da realidade), mas, assim como Marx as determinou no prefácio de *Para a crítica da economia política*, como formas "nas quais os seres humanos se conscientizam desse conflito" (isto é, daquele que emerge dos fundamentos do ser social) "e o combatem".[28]

No âmbito da sociedade classista, a classe que controla os meios de produção material também controla os meios espirituais. Assim, as ideias dominantes são a expressão ideal da dominação burguesa. O Estado dos proprietários se apresenta, então, como *comunidade* ilusória, que necessita das representações ideológicas para impor às maiorias seus interesses particulares como "universalidade".

Fato é que qualquer indivíduo age por interesses pessoais. Todavia, se estou condicionado e determinado por uma classe, meus limites vão até certo ponto. Já quando tenho dada burguesia contraditando outra, tenho interesses burgueses em luta. As frações burguesas, às vezes, lutam para ter o controle e a regência do Estado. No entanto, quando a classe trabalhadora se une, não têm dúvidas: as tropas, os golpes e as ditaduras se impõem.

Em *O 18 de brumário de Luís Bonaparte*, Marx faz essa mediação com os interesses que opõem burguesia contra burguesia, pequena-burguesia contra campesinato, mas que também une, como era o caso do Partido Democrata de Marx, de 1848, que junta trabalhadores, camponeses e uma pequena-burguesia.

---

[27] Karl Marx e Friedrich Engels, *A sagrada família*, cit., p. 150.

[28] György Lukács, *Prolegômenos para uma ontologia do ser social: questões de princípios para uma ontologia hoje tornada possível* (trad. Lya Luft e Rodnei Antônio do Nascimento, São Paulo, Boitempo, 2010), p. 38.

Renascimento do marxismo e pesquisa histórica

O departamento do qual faço parte não aceita a categoria ideologia, os conceitos de classe ou pelo menos um setor hegemônico dele. Outros setores também não. Mas houve um historiador britânico, E. P. Thompson, morto há vinte anos, que afirmava que a consciência de classe se põe historicamente no seu fazer-se, no seu construir-se, nas suas lutas sociais e nos intercâmbios culturais com a vida dos dominantes etc. O caminho do marxismo britânico e daqueles que aqui se renovam pela crítica sinalizam para o renascimento do marxismo com pesquisa histórica concreta. No entanto, não se deve confundir o estudo da classe com a consciência que o partido tem da classe. Thompson criticou, assim, a "novíssima sagrada família" do partido stalinista.

Trata-se de um historiador brilhante, que renovou a historiografia precisamente porque trouxe a história cotidiana dos trabalhadores, com fatos reveladores, como os motins das mulheres, que lutavam, por exemplo, porque percebiam que o pão era adulterado durante o preparo.

Então, na historiografia, há um momento em que entra o Foucault e começa a haver um confronto. Quer dizer, há um pós-estruturalismo, um grupo que nega o sujeito na história, prega a morte do homem e a representação como imaginário. De repente, Thompson, que falava da subjetividade dos sujeitos protagonistas na história, é descartado. Aliás, o Foucault também está sendo descartado.

No entanto, acho que a historiografia vinga quando fazemos estudos concretos. Tem muita gente boa entre os historiadores marxistas; os thompsianos, por exemplo, são brilhantes. Há o Marcelo Badaró Mattos, no Rio, com trabalhos sobre a classe operária[29], o Murilo Leal[30], um trotskista que está em São Paulo, e o Teixeira, lá da Unicamp. Eles são notáveis e fazem histórias cotidianas maravilhosas. O trabalho da Emilia Viotti da Costa, sobre a Rebelião de Demerara[31], em 1823, é simplesmente soberbo. A partir de depoimentos do Parlamento, de jornais, rabiscos, cartas e imagens, reconstruiu a história de uma categoria escrava que não tinha nenhum registro. Teve de refazer todo

---

[29] Marcelo E. P. Badaró Mattos, *Thompson e a tradição de crítica ativa do materialismo histórico* (Rio de Janeiro, Editora da Universidade Federal Fluminense, 2012).

[30] Murilo Leal, *A reinvenção da classe trabalhadora (1953-1964)* (Campinas, Editora da Unicamp, 2011).

[31] Emilia Viotti da Costa, *Coroas de glória, lágrimas de sangue: a rebelião dos escravos de Demerara em 1823* (São Paulo, Companhia das Letras, 1998).

Antonio Rago Filho | 49

um tracejado – isso é história concreta, é o que Marx nos pedia. Os protagonistas da história, aí, são indivíduos vivos e atuantes.

Por exemplo, em Demerara, quando chegava um religioso para educar os
escravos, vinha com determinada posição. Obviamente, quando os escravos começaram a aprender a ler e chegavam notícias de Londres, a contradição estava
posta. Ou seja, não é só a vida que é contraditória, mas as contradições aparecem
no mundo – e é isso que Marx fala da Alemanha. Às vezes, naquele país, os
pensadores tentam resolver um problema que está na Inglaterra ou na França,
ou seja, na mundialização. Contudo, a Alemanha sofre um desenvolvimento
desigual, e aí as estruturas do mundo se chocam com a realidade.

Para além do capital e do Estado: por um novo controle sociometabólico

Não acredito que tenha havido comunismo até hoje[32]. Aceito a tese de István Mészáros e de José Chasin, aqui do Brasil, nos anos 1980. O filósofo Chasin
dizia que havia uma forma social imprevista no Leste Europeu, nas sociedades
que tentaram a transição, e que, pelo baixo nível das suas forças produtivas, engendraram monstros, sociedades estatizadas, como diz o Mészáros[33], para além
do capital. Ultrapassaram o capital privado das sociedades pós-revolucionárias,
mas não o estatal, o capital coletivo não apropriado socialmente, como diz Chasin, repondo, naquele mundo, outras formas do capital[34].

---

[32] "O comunismo distingue-se de todos os movimentos anteriores porque revoluciona os
fundamentos de todas as relações de produção e de intercâmbio precedentes e porque pela
primeira vez aborda conscientemente todos os pressupostos naturais como criação dos homens
que existiram anteriormente, despojando-os de seu caráter natural e submetendo-os ao poder
dos indivíduos associados", Karl Marx e Friedrich Engels, *A ideologia alemã*, cit., p. 67.

[33] "Este é o momento em que devemos salientar a importância das considerações de Marx
sobre a relação entre indivíduo e classe, já que, na ausência de uma adequada compreensão
desta relação, a transformação da forma política transitória em uma ditadura exercida também
contra o proletariado (apesar da intenção democrática original) permanece profundamente
envolvida em mistério. Istvàn Mészáros, "Poder político e dissidência nas sociedades pós-
-revolucionárias", *Ensaio*, São Paulo, Ensaio, n. 14, 1985, p. 39. "O capital mantém o seu – de
forma alguma restrito – domínio nas sociedades pós-revolucionárias", ibidem, p. 45.

[34] "Nesta acumulação pós-capitalista, que é formação e incremento do capital industrial,
interditadas as formas *privada* e *social* da propriedade do capital, emerge uma 'apropriação' *co-
letiva/ não social*, que tem seu ponto de inflexão, arranque e reiteração numa *gestão* igualmente
coletiva/não social. Sui generis, essa gestão/ 'apropriação' *coletiva/ não social* tem por corpo um
complexo dispositivo *partidário/ estatal/ administrativo*, que *funcionalmente* mantém e reitera
nesta formação pós-capitalista a *regência do capital*", José Chasin, "Da razão do mundo ao mundo sem razão", *Ensaio*, São Paulo, Escrita, ano V, n. 11-12; *Marx Hoje*, São Paulo, 1983, p. 24-5.

50 | Curso livre Marx-Engels: A criação destruidora

Uma das figuras que considero mais extraordinárias, e que captou alguns pontos importantes antes de todos, é Trotski. Nos anos 1930, quando ele estava no exílio, na Turquia, escreveu que "uma guerra se divisava tendo a Alemanha como centro, e que os judeus seriam exterminados"[35]. Aliás, um trotskista maravilhoso é o professor Osvaldo Coggiola, com quem aprendo muito sobre o assunto. Trotski também produziu um livro, em 1936, que se chamava *Para onde vai a Rússia*, mas se tornou *A revolução traída* depois. Ali, tenta avaliar o que era a União Soviética, e afirma que um dos problemas é que, quando há salário, há extração de mais-valor. Ou seja, havia, ali, espoliação da classe trabalhadora, o lado negativo do trabalho – a "vampirização", como dizia Marx. Desse modo, o capital vampiriza o sangue do trabalho, por sua vez, o trabalho é a exteriorização das capacidades genéricas que se objetivam nas coisas, e as coisas nos potencializam. Mas esses seres que fazem a exteriorização são desefetivados, porque não têm o controle social de suas vidas.

Fato é que nós temos uma luta contínua na classe trabalhadora. O comunismo não é uma idealização. Contudo, Marx nunca fez previsões sobre o futuro, sempre afirmou que os indivíduos concretos iriam construí-lo. Desse futuro, apenas sabia que são os obstáculos que impedem os indivíduos de se tornarem livres.

Sobre isso, Mészáros cita, em um trabalho publicado há muitos anos na revista *Ensaio*[36], com tradução de José Paulo Netto, o seguinte: "Os proletários, caso venham a se impor como indivíduos, terão de abolir a condição da existência que tem prevalecido até o momento, especificamente trabalho alienado estranhado". É o que Marx fala em *A ideologia alemã*: "Assim, eles se encontram diretamente opostos à forma na qual até hoje os indivíduos nos quais consiste a sociedade se deram expressão coletiva, isto é, o Estado. Portanto,

---

[35] "Trotski foi a primeira liderança mundial a alertar os riscos do ascenso nazista, a possibilidade de nova guerra mundial e o extermínio físico dos judeus. O histórico bolchevique propõe a necessidade de novos partidos e orgânica internacional contra a sociabilidade do capital e uma segunda revolução contra o absolutismo burocrático", Osvaldo Coggiola, "1938-2008: Setenta anos da fundação da IV Internacional. Em defesa de Leon Trotski", *Projeto História*, São Paulo, n. 36, jun. 2008, p. 159-97.

[36] István Mészáros, "Poder político e dissidência nas sociedades pós-revolucionárias", em *Ensaio. Filosofia/Política/Ciência da História*, n. 14, São Paulo, 1985, versão publicada da intervenção feita no Convegno del Manifesto sobre "Poder e Oposição nas Sociedades Pós-Revolucionárias", Veneza, 11-13 nov. 1977, trad. e rev. da versão inicial de Pedro Wilson Leitão e José Paulo Netto, rev. Ester Vaisman a partir da versão ampliada fornecida pelo autor.

para que se imponham como indivíduos, eles devem pôr abaixo o Estado"[37]. No entanto, isso não ocorreu, ao contrário: as formas sociais imprevistas, regidas pelo capital coletivo e não apropriadas socialmente, engendraram uma forma de Estado tão perversa como qualquer outra, porque, para Marx, Estado é ditadura de classe, é opressão, usurpação das energias sociais.

Desse modo, se isso é verdadeiro, não há forma de conquista pela luta dos trabalhadores. A Revolução Russa foi maravilhosa, a Revolução Cubana também, quando se vê engendrada pelo movimento social. Contudo, muito diferente é construir um *gulag*, fazer milhões e milhões de trabalhadores escravos para construir pontes, ruas e hidrelétricas, como fez o general Francisco Franco. O franquismo, aliás, pegou seus prisioneiros e construiu as belas pontes que estão em Córdoba e em Toledo. E o mesmo aconteceu na União Soviética: milhões de pessoas foram mortas e despejadas. Há cartas de Stalin, inclusive, pedindo para exterminar determinado trabalhador porque ele não estava cumprindo seu dever.

Enfim, não se trata de idealização[38], mas da concretude de um modo perverso de outra forma estatal. Seguindo a linha de Marx, o que visualizamos é uma forma real e concreta, mas em que o Estado vem abaixo. Algo que, para o próprio Marx, havia se resolvido na Comuna de Paris, que teria o modelo de transição. Afinal, ali, o Estado fora desmontado da seguinte forma: primeiro, com um decreto que punha fim ao Exército; segundo, acabando com a polícia; terceiro, com a burocracia; quarto, fazendo com que o clero saísse do poder – porque até aquele momento recebia dinheiro para se reproduzir. Diz, ainda:

---

[37] "Quais são as estruturas de dominação sobre cuja base se ergue a nova forma política que deve ser descartada, sob o risco de tornar-se obstáculo permanente para a realização do socialismo? Nas discussões da crítica do Estado de Marx [...] a seguinte citação é bastante clara: 'Os proletários, caso venham a se impor como *indivíduos*, terão que abolir a condição de existência que tem prevalecido até o momento (que tem sido, ademais, a das sociedades conhecidas) especificamente o *trabalho*. Assim, eles se encontram diretamente opostos à forma na qual, até hoje, os indivíduos, nos quais consiste a sociedade, se deram *expressão coletiva*, isto é, o Estado. Portanto, para que *se imponham como indivíduos*, eles devem pôr abaixo o Estado'", ibidem, p. 40.

[38] "O comunismo não é para nós um estado de coisas [*Zustand*] que deve ser instaurado, um *Ideal* para o qual a realidade deverá se direcionar. Chamamos de comunismo o movimento real que supera o estado de coisas atual. As condições desse movimento [devem ser julgadas segundo a própria realidade efetiva. (suprimido do manuscrito)] resultam dos pressupostos atualmente existentes. [anotação de Marx] ", Karl Marx e Friedrich Engels, *A ideologia alemã*, cit., p. 38.

52 | Curso livre Marx-Engels: A criação destruidora

E a revolução política deveria necessariamente conter de modo imanente a revolução social. [...] A Comuna foi uma *revolução contra o Estado*, ponto seguidamente reafirmado por Marx. Destruiu os órgãos que constituíam a máquina estatal. Marx considerava o Estado uma excrescência parasitária, uma usurpação das energias sociais.[39]

Marx, então, vê a Comuna como um meio orgânico de ação, não como uma forma a ser instaurada. Trata-se da forma da criação destruidora, nosso tema nestes textos. A revolução, no fim, proporciona uma criação de indivíduos, vivos e concretos, mundialmente articulados. E o traço essencial da Comuna como forma política da emancipação social indica que ela não supera a luta de classes, "mas fornece o meio racional em que essa luta de classe pode percorrer suas diferentes fases de maneira mais racional e humana possível"[40].

Esse é o problema, porque fazemos greves, por exemplo, em setores, não em classes. No entanto, temos de entender a lógica e as possibilidades concretas, nunca como idealização. Marx escreveu: "O comunismo não é um ideal. O comunismo é a transformação efetiva criadora, e a política os seus elementos negativos". Afinal, ele tem de desfazer algo que está dado. Mas é curioso, porque as produções humanas, sejam espirituais, sejam materiais, estão mundializadas. Portanto, o próprio capital cria elementos da realidade para a mundialização do trabalho.

Bibliografia

BADARÓ MATTOS, Marcelo *E. P. Thompson e a tradição de crítica ativa do materialismo histórico*. Rio de Janeiro, Editora UFF, 2012.
BARATA-MOURA, José. Esclarecer significa fundamentar. Alienação e alteridade em Das Wesen des Christentums de Ludwig Feuerbach. In: *Pensar*

---

[39] Por isso, "o proletariado não pode, como o fizeram as classes dominantes e suas diferentes frações rivais nos sucessivos momentos de seu triunfo, simplesmente se apossar desse corpo estatal existente e empregar esse aparato para seu próprio objetivo. A primeira condição para a manutenção do poder político é transformar [a] maquinaria estatal e destruí-la – um instrumento de domínio de classe", Karl Marx, *A guerra civil na França* (trad. Nélio Schneider, São Paulo, Boitempo, 2011), col. Marx-Engels, p. 169.

[40] "Ela inaugura a *emancipação do trabalho* – seu grande objetivo – por um lado, ao remover a obra improdutiva e danosa dos parasitas estatais, cortando a fonte que sacrifica uma imensa porção da produção nacional para alimentar o monstro estatal, e, por outro lado, ao realizar o verdadeiro trabalho de administração, local e nacional, por salários de operários. Ela dá início, portanto, a uma imensa economia, a uma reforma econômica, assim como a uma transformação política". ibidem, p. 131.

Feuerbach. Colóquio Comemorativo dos 150 anos da Publicação de A Essência do Cristianismo (1841-1991). Lisboa, Colibri, 1993.

CHASIN, José. Da razão do mundo ao mundo sem razão. *Ensaio*. São Paulo, Escrita, ano V, n. 11/12; *Marx Hoje*. 1983.

_____. *Marx:* estatuto ontológico e resolução metodológica. São Paulo, Boitempo, 2009.

COGGIOLA, Osvaldo. 1938-2008: Setenta anos da fundação da IV Internacional. Em defesa de Leon Trotski. *Projeto História*, São Paulo, n. 36, jun. 2008, p. 159-197.

COSTA, Emilia Viotti da. *Coroas de glória, lágrimas de sangue* – A rebelião dos escravos de Demerara em 1823. São Paulo, Companhia das Letras, 1998.

ENGELS, Friedrich. *A situação da classe trabalhadora na Inglaterra:* segundo as observações do autor e fontes autênticas. Trad. B. A. Schumann, São Paulo, Boitempo, 2008. (Coleção Marx-Engels.)

HEGEL, Georg W. F. *Filosofia da história*. Brasília, Editoria Universidade de Brasília, 1995.

HELLER, Agnes. *Crítica de la Ilustración*. Las Antinomias Morales de la Razón. Barcelona, Península, 1984.

KANT, Immanuel. *Começo conjectural da história humana*. São Paulo, Unesp, 2010.

_____. *Ideia de uma história universal de um ponto de vista cosmopolita*. São Paulo, Martins Fontes, 2004.

LEAL, Murilo. *A reinvenção da classe trabalhadora (1953-1964)*. Campinas, Editora da Unicamp, 2011.

LUKÁCS, György. *Prolegômenos para uma ontologia do ser social:* questões de princípios para uma ontologia hoje tornada possível. Trad. Lya Luft e Rodnei Antônio do Nascimento, São Paulo, Boitempo, 2010.

MANTOUX, Paul. *A Revolução Industrial no século XVIII*. São Paulo, Unesp/Hucitec, 1988.

MARX, Karl.*O 18 de brumário de Luís Bonaparte*. Trad. Nélio Schneider, São Paulo, Boitempo, 2011. (Coleção Marx-Engels.)

_____. *Crítica da filosofia do direito de Hegel*. Trad. Rubens Enderle e Leonardo de Deus, São Paulo, Boitempo, 2005. (Coleção Marx-Engels.)

_____. *A guerra civil na França*. Trad. Nélio Schneider, São Paulo, Boitempo, 2011. (Coleção Marx-Engels.)

_____. *Manuscritos econômico-filosóficos*. Trad. Jesus Ranieri, São Paulo, Boitempo, 2004. (Coleção Marx-Engels.)

54 | Curso livre Marx-Engels: A criação destruidora

_____. *Sobre a questão judaica*. Trad. Nélio Schneider, São Paulo, Boitempo, 2010. (Coleção Marx-Engels.)

MARX, Karl; ENGELS, Friedrich. *A ideologia alemã*: crítica da mais recente filosofia alemã em seus representantes Feuerbach, B. Bauer e Stirner, e do socialismo alemão em seus diferentes profetas. Trad. Luciano Cavini Martorano, Nélio Schneider e Rubens Enderle, São Paulo, Boitempo, 2007. (Coleção Marx-Engels.)

_____. *Manifesto Comunista*. Trad. Álvaro Pina, São Paulo, Boitempo, 1998. (Coleção Marx-Engels.)

_____. *A sagrada família ou A crítica da Crítica crítica:* contra Bruno Bauer e consortes. Trad. Marcelo Backers, São Paulo, Boitempo, 2003. (Coleção Marx-Engels.)

MAXIMILIEN, Rubel. *Crônica de Marx*: vida e obra. São Paulo, Ensaio, 1991.

MÉSZÁROS, István. *Filosofia, ideologia e ciência social*: ensaios de negação e afirmação. Trad. Ester Vaisman, São Paulo, Boitempo, 2008.

_____. Poder político e dissidência nas sociedades pós-revolucionárias. *Ensaio*, n. 14, São Paulo, 1985.

TROTSKI, Leon. *A revolução traída*. São Paulo, Centauro, 2008.

3. O *Manifesto Comunista*: limites e grandeza teórico-política

José Paulo Netto

O objeto da minha intervenção é um documento que, do ponto de vista teórico e político, mudou a face do mundo, empolgando a consciência e a ação de milhões de homens e mulheres: trata-se do *Manifesto do Partido Comunista*, originalmente um panfleto de não mais que 23 páginas.

As breves reflexões que partilharei aqui são apenas uns poucos elementos para, subsidiando a leitura sempre proveitosa do *Manifesto Comunista*, indicar de algum modo sua relevância e atualidade.

O pano de fundo histórico

Na manhã de um dia da última semana de fevereiro de 1848, na pequena tipografia de J. E. Burghard, situada na rua Liverpool, n. 46, no centro de Londres, concluiu-se a impressão de 3 mil exemplares de um panfleto, redigido em alemão, intitulado *Manifesto do Partido Comunista*. A publicação não identificava seus autores, porém sua apresentação revelava tratar-se de documento elaborado por um grupo político formado por comunistas de várias nacionalidades (logo depois conhecido como *Liga dos Comunistas*). Coinci-

56 | Curso livre Marx-Engels: A criação destruidora

dentemente, quando aqueles 3 mil exemplares começavam a ser embalados para distribuição, a Revolução de 1848 explodia em Paris – coincidência à que voltarei adiante. Mas cabe, antes, uma vista d'olhos sobre o pano de fundo que envolve esses dois eventos, a publicação do *Manifesto*... e a insurreição parisiense.

O ciclo da Revolução Burguesa constituiu um processo multissecular, em que se deu a crise das instituições feudais e a emergência das instituições da sociedade capitalista. Iniciado na Europa ocidental por volta dos séculos XIV e XV, ele ganha uma fisionomia relativamente clara no século XVI, acelera--se no século XVII e, na transição do século XVIII ao XIX, aprofunda-se e toma forma inequívoca naquela parte do mundo, começando a estender-se para além dela (América do Norte).

Esse processo, instaurando os elementos fundamentais do mundo burguês, foi a resultante da ação revolucionária da burguesia, que à época se mostrou capaz de reunir em torno de si o conjunto das classes subalternas e exploradas da ordem feudal – camponeses, artesãos e o nascente proletariado. Lembremos que a Revolução Industrial, emergindo inicialmente na Inglaterra, no último terço do século XVIII, e logo alcançando a Bélgica, é componente indescartável do ciclo da Revolução Burguesa.

Quando se pensa em Revolução Burguesa, a evocação imediata quase sempre são as revoluções inglesas (1640-1688), a Revolução Americana (1776) e, especialmente, a Revolução Francesa (com o seu emblemático 14 de julho de 1789). No entanto, esses são apenas os marcos políticos de um processo muito mais amplo e abrangente, que começou quando grupos de mercadores enriqueceram com as expedições comerciais ao Oriente (Médio e Extremo) – iniciado, de fato, com as Cruzadas, que, a partir do século XI, fizeram nascer o comércio na bacia mediterrânea, e, ulteriormente, reforçado pela sua expansão, com a chamada descoberta do Novo Mundo e a exploração de áreas da África e da Ásia. Em tal processo, configurou-se a consolidação econômica dos grupos mercantis, que favoreceram – em seu benefício – o surgimento de Estados nacionais e fomentaram o Absolutismo.

Essa consolidação marca a emergência da burguesia como nova classe social, que passa a se mobilizar a fim de empalmar o poder político, para o que é também condição a conquista da hegemonia cultural. Esta é alcançada ao longo dos séculos XVII e XVIII, e uma de suas expressões mais notáveis é a *Ilustração* (o "Século das Luzes", que muitos autores designam por *Iluminismo*). Assim, ao assumir posições decisivas na economia e avançar na construção de sua hegemonia cultural, a burguesia pode aglutinar em torno de si todo o chamado *Terceiro Estado* (o "povo") e, enfim, liderar o assalto ao poder político feudal, dando os passos necessários à instauração do Estado burguês.

A partir da segunda metade do século XVIII, a todo esse complexo processo – mobilizado por *lutas de classes*, como o verificaram, bem antes de Marx, os historiadores românticos da Revolução Francesa – subjaz a dinâmica engendrada pela Revolução Industrial, responsável por deflagrar mecanismos e dispositivos que ultrapassam largamente os limites de uma revolução apenas tecnológica (seja em sua primeira fase, que se abre no fim do século XVIII e se prolonga até as sexta/sétima décadas do século XIX, seja em sua segunda fase, aberta por volta de 1870/1880). À base do fenômeno industrial consolidado, estabelecem-se os traços fundamentais da nova sociedade, a sociedade burguesa, assentada no que Marx chamou de *modo de produção capitalista*.

Entrementes, na Inglaterra e na Bélgica, no primeiro terço do século XIX, as atividades econômicas decisivas já se processam no marco do modo de produção capitalista. Especialmente na Inglaterra, o desenvolvimento industrial engendra uma nova classe social – o moderno proletariado. Na França, as relações capitalistas se expandem mais lentamente e, na Alemanha (que ainda não se constituíra como Estado nacional), o seu evolver é ainda mais vagaroso. Já então se observa que o desenvolvimento capitalista é desigual – mas é fato que, naquele espaço geopolítico, a Europa ocidental (e, com menos evidência, na América do Norte), a sociedade humana ingressava em um novo patamar de sua história, produto da ação revolucionária da burguesia.

Nunca será demais apontar o conteúdo emancipador da Revolução Burguesa *em relação à ordem feudal*. Boa parcela dos direitos democráticos que permeiam a modernidade (por exemplo, os direitos de ir e vir e de livre expressão do pensamento) foi erguida no processo de liquidação do sistema feudal – por um lado, porque eram requisitos para a dinâmica da economia capitalista; por outro, pela pressão de segmentos do "povo" que a burguesia articulou para levar a cabo sua revolução. Mesmo que o reconhecimento de direitos democráticos, sob a direção da burguesia, tenha sido geralmente formal ("todos são iguais *perante a lei*"), é inegável sua importância para transformá-los efetivamente em direitos reais.

De qualquer modo, as transformações operadas na constituição da sociedade burguesa custaram muito às camadas sociais exploradas. Entre 1780 e 1830, sabe-se que a construção do regime burguês na Europa ocidental penalizou duramente os trabalhadores da cidade e do campo – camponeses, artesãos e a nascente classe operária (o proletariado). O maior indicador desse custo foi o *pauperismo*, como se registrou na abundante literatura produzida

58 | Curso livre Marx-Engels: A criação destruidora

nos primeiros decênios do século XIX, seja por ideólogos reacionários e/ou conservadores, seja por pensadores movidos pela vontade de ir mais além da sociedade burguesa (exemplo clássico dessa literatura é a obra do jovem Engels, publicada em 1845, pouco antes de ele completar 25 anos: *A situação da classe trabalhadora na Inglaterra*).

Com efeito, o desenvolvimento das relações capitalistas e a emergência da sociedade burguesa despertaram o *protesto dos operários*, e a primeira metade do século XIX assistiu a várias insurreições desta nova classe social. Compreensivelmente, a Inglaterra foi o cenário principal dessas insurgências, dada a expansão das relações capitalistas em seu espaço nacional. No entanto, o movimento dos trabalhadores logo se fez sentir no continente, especialmente na França, onde a memória da revolução de 1789 estava viva e o associacionismo operário não tinha proteção legal – se desde a década de 1820, na Inglaterra, os operários já tinham conquistado o direito de formar associações (as *trade unions*), na França a união sindical era proibida e, por isso, operários e artesãos organizavam-se segundo a tradição das ligas clandestinas e das sociedades secretas.

Inspirados nessa tradição francesa, artesãos alemães que viviam no exílio (em busca de trabalho e melhores condições de vida ou fugidos da Alemanha por razões políticas) criaram, em 1839, uma associação secreta – a *Liga dos Proscritos* –, voltada para atividades conspirativas e para a autoproteção de seus membros. A associação tinha um caráter de seita e, como toda seita, não tardou a experimentar cisões: já em 1843, um pequeno grupo a abandona para criar a *Liga dos Justos*. Esta, embora igualmente sectária, consegue ramificar-se pela Inglaterra, Bélgica e França, começando a penetrar na Alemanha – e, ainda que registre crescimento nos seus primeiros anos, a Liga dos Justos vê-se obrigada a transformar-se em 1846-1847.

Paris, 1844: dois intelectuais na cena da luta proletária

No momento em que foi criada a Liga dos Justos, um jovem de 25 anos, que se doutorara em filosofia dois anos antes e então se propunha a pensar a problemática da política, escrevia que a *ideia comunista*, divulgada especialmente na França, era uma "abstração dogmática". O jovem chamava-se Karl Marx e se posicionava como um democrata radical.

O projeto pessoal desse jovem era tornar-se professor universitário. Inviabilizado o projeto pelas condições políticas subsequentes à chegada de Frederico Guilherme IV ao trono da Prússia, para ganhar a vida ele se torna um dos redatores da *Gazeta Renana*, periódico editado em Colônia por liberais burgueses. Nessa experiência jornalística (1842-1843), Marx toma consciência de que a sua formação não o qualifica para enfrentar as questões políticas; abandona o jornal e inicia, então, uma acurada leitura dos autores clássicos (Maquiavel, Hobbes, Locke, Rousseau), dedica-se a analisar a filosofia política de Hegel e mergulha no estudo da Revolução Francesa, ao mesmo tempo em que se transfere para Kreuznach (onde, em 19 de junho de 1843, casa-se com aquela que seria sua companheira de toda a vida, Jenny von Westphalen). Também aí amadurece o projeto de editar fora da Alemanha, isto é: sem as travas e repressões da censura imperial, um periódico que promovesse a articulação da filosofia alemã com o pensamento social francês. É já com vistas a esse periódico que, no segundo semestre de 1843, ele esboça um texto sobre as concepções políticas de Hegel (inconcluso e que permaneceu inédito por mais de cinquenta anos, conhecido como *Crítica da filosofia do direito de Hegel* ou, ainda, *Manuscrito de Kreuznach*) e redige um ensaio (*Sobre a questão judaica*) que ficará célebre pela importante distinção que estabelece entre "emancipação política" e "emancipação humana".

O projeto do periódico, Marx o formula em associação com Arnold Ruge, um liberal democrata que igualmente se opunha ao *status quo* alemão. Para implementá-lo, ambos se transferem para Paris – cidade a que Marx chega em fins de outubro/inícios de novembro de 1843. Ali, em fevereiro/março de 1844, o periódico – os *Anais Franco-Alemães* – terá um único número: as posições políticas de Marx, um democrata radical que logo se deslocará para a esquerda, colidem com as de Ruge, e a associação entre eles logo se interrompe. Mas é nos *Anais Franco-Alemães* que Marx publica *Sobre a questão judaica* e o ensaio, redigido já em Paris, "Crítica da filosofia do direito de Hegel – Introdução" (é nesse texto de Marx que, pela primeira vez, surgem explicitamente o tema da *revolução* e a figura do *proletariado*).

É no curso de 1844 que o Karl Marx democrata radical evoluirá para a esquerda mais radical e consequente – tornar-se-á *comunista* (deixando para trás, definitivamente, a ideia do "comunismo" como "abstração dogmática"). O movimento de sua reflexão teórica será dinamizado pelo que podemos designar como os *três encontros*, quase simultâneos e, na verdade, estreitamente conectados, que Paris lhe proporcionará. Em dois deles, será decisiva a intervenção de outro jovem alemão, dois anos mais moço que Marx: Friedrich Engels.

O primeiro desses *encontros* será o de Marx com a economia política. Engels, com quem Marx tivera um frio contato pessoal na redação da *Gazeta*

60 | Curso livre Marx-Engels: A criação destruidora

Renana, no qual se acertara a colaboração daquele (que então se dirigia à Inglaterra) para o jornal, enviou de Manchester, para os *Anais Franco-Alemães*, um ensaio intitulado *Esboço de uma crítica da economia política*. O texto impactou profundamente a Marx: tratava-se de uma análise – aliás, a primeira – dos fundamentos da economia política clássica inglesa à luz de uma concepção dialética – vinte e tantos anos depois de sua leitura, Marx ainda considerava o *Esboço...* um escrito "genial". Foi estimulado por esse trabalho de Engels que Marx dedicou-se, até o fim de sua vida, à tematização da economia política (não se esqueça o título de sua obra maior, *O capital: crítica da economia política*).

O segundo *encontro* foi com a *classe operária*. Marx vivera, até seu período parisiense, em um ambiente puramente acadêmico e intelectual – uma Alemanha em que o desenvolvimento capitalista, retardatário em relação à Inglaterra, à Bélgica e à França, ainda não engendrara um expressivo contingente dos modernos proletários. É em Paris que Marx inicia o seu contato com o *movimento operário*: frequenta suas reuniões, acompanha seus debates, conhece sua natureza classista e internacionalista e apreende as diferenças entre suas diversas tendências.

Já então o movimento operário era diferenciado: alguns segmentos desejavam reduzir, amenizar os males, as sequelas e os aspectos deletérios da sociedade capitalista por meio de reformas e da "organização do trabalho"; outros pretendiam ultrapassar tais características da sociedade burguesa mediante uma radical transformação socioeconômica – essa tendência, que se proclamava *comunista*, era legatária dos jacobinos e do pensamento de Rousseau, conectada a ambos pela tradição herdada da "Conjuração dos Iguais", que Babeuf liderara em 1797. É a essa tendência que Marx adere, embora tenha continuado a dialogar e aprender com o conjunto do movimento operário. Na verdade, ao se vincular ao mundo dos trabalhadores, o que Marx descobre é uma outra e nova *sociabilidade* – numa carta a L. Feuerbach, de março de 1844, escreve: "O senhor tinha de assistir à reunião desses homens exauridos pelo trabalho e veria que esses 'bárbaros' estão se constituindo naqueles que vão salvar a nossa civilização".

A descoberta que a relação com o movimento operário propicia a Marx, somada a seus estudos de economia política, levam-no a assumir a posição comunista – opção explicitada nos importantes escritos que elabora no primeiro semestre de 1844, os *Manuscritos econômico-filosóficos de Paris* (inéditos até 1932).

Por fim, o *terceiro encontro* realiza-se entre o final de agosto e princípios de setembro de 1844: retornando da Inglaterra para a Alemanha, Engels passa alguns dias em Paris e em conversações com Marx. A trajetória de ambos era muito diferente. Engels, filho de um rico industrial têxtil, frequentara a universidade de Berlim, mas não concluíra nenhum curso; seu pai pretendia fazer dele seu sucessor nos negócios e, por isso, mandara-o a Manchester a fim de trabalhar em outra empresa familiar. Contudo, já convertido ao "comunismo filosófico" de M. Hess, ali o jovem envolveu-se com o movimento operário inglês (o *cartismo*).

O contato pessoal em Paris, porém, revelou a ambos que, por caminhos diversos, chegavam ao mesmo tempo a um terreno comum: a luta pela emancipação do proletariado. Iniciaram, então, uma fecunda colaboração intelectual de que logo derivou uma sólida e exemplar amizade, exercitada até a morte de Marx (aos 65 anos, em 1883), colaboração cujo primeiro fruto seria o livro *A sagrada família: crítica da Crítica crítica*, publicado em 1845, e o segundo, mais importante, *A ideologia alemã* (inédito até 1932). Por cerca de quatro décadas, os dois intelectuais estariam juntos na trincheira do combate pela emancipação dos trabalhadores.

A Liga dos Comunistas, o *Manifesto do Partido Comunista* e a Revolução de 1848

Mesmo antes de seu encontro pessoal em Paris, tanto Marx quanto Engels sabiam da existência da Liga dos Justos e já tinham sido contatados por alguns de seus membros – mas não aceitaram aderir a ela, porque discordavam de suas concepções sectárias e de sua clandestinidade. No entanto, à medida que explicitam sua posição em defesa dos trabalhadores, participando de debates socialistas em 1845 (ano em que Marx é expulso da França, por pressão do governo prussiano, transferindo-se para Bruxelas) e em 1846, a Liga retoma o contato com eles, reiterando os convites para a adesão de ambos.

Tais contatos ganham mais frequência em 1846, quando a Liga experimenta uma crise orgânica. Em 1847, para solucioná-la, dispõe-se a um grande debate interno: convoca um congresso para auscultar seus membros, renovar sua direção e seu programa de ação. Marx e Engels participam ativamente desse processo congressual, que culmina em uma reunião em Londres que dura de 28 de novembro a 10 de dezembro. O congresso decide pela adoção de um novo programa e, ao mesmo tempo, pela significativa mudança do nome da organização, que passa a se chamar Liga dos Comunistas.

Mandatados pela nova direção, de que fazem parte, Marx e Engels dedicam-se, em seu regresso a Bruxelas, à redação do programa partidário – e eis que vem à luz, como se viu, em fevereiro de 1848, o documento que entraria para a história com o título de *Manifesto do Partido Comunista* – título simplificado, a partir de 1872, para *Manifesto Comunista*. É interessante pontuar que a publicação não tinha indicação de autoria, e que os nomes de Marx e Engels só apareceram em 1850, quando o dirigente cartista G. J. Harney apresentou a tradução inglesa do texto.

Já se assinalou também que, na mesma semana em que o *Manifesto...* veio à luz, explodiu em Paris a revolução que fez tremer a Europa continental – a *Revolução de 1848*, que F. Claudín, seu atento estudioso, qualificou como "a mais europeia de todas as revoluções". Por cerca de dezoito meses, o processo que eclodiu em Paris alastrou-se pelo continente e ameaçou os tronos da Europa – a reivindicação da "república social", sinalizada pelo estandarte vermelho e formulada em Paris pela pequena burguesia radicalizada, pelos trabalhadores e artesãos, tomou formas diversificadas nos vários países que experimentaram processos insurreicionais e pareceu inaugurar a "Primavera dos Povos".

Ao fim e ao cabo, o movimento revolucionário é sufocado e derrotado – inclusive na Alemanha, para onde se deslocaram Marx e Engels, ativos militantes do processo ali desencadeado. Segue-se uma duríssima repressão, que leva à morte, à cadeia ou ao exílio os revolucionários, destacadamente os dirigentes da Liga dos Comunistas – com o que a organização se torna objeto de calúnias, entra em crise e acaba por ser dissolvida em 1852 por Marx e Engels (já no seu exílio inglês).

É evidente que não há uma conexão causal entre o *Manifesto...* e a Revolução de 1848. A relação entre ambos é de outra natureza: o documento preparado por Marx e Engels e o processo revolucionário efetivamente desencadeado expressam, em níveis distintos (o primeiro, no plano teórico-ideológico; o segundo, no plano prático-político), a emergência de um novo sujeito político – o proletariado moderno. A Revolução de 1848 provou, em nível histórico-universal, o potencial protagonismo revolucionário do proletariado, com suas vanguardas descortinando seus interesses de classe específicos.

Para utilizar a indicação formulada por Marx um ano antes (em sua obra *Miséria da filosofia*, em polêmica contra Proudhon), a Revolução de 1848 revelou que o proletariado transitava da condição de *classe em si* à condição de *classe para si*, ou seja: constituía-se em classe autoconsciente. Em suma: o processo de 1848-1849 colocou o proletariado, objetivamente, como o sujeito revolucionário capaz de promover a superação da sociedade burguesa – exatamente a posição que lhe é atribuída no *Manifesto...*

O *Manifesto do Partido Comunista*: articulação de tradição e inovação

Cuidemos, agora, do próprio *Manifesto*... As pouco mais de vinte páginas originais articulam uma argumentação que se desenvolve de modo linear. Em sua abertura, os autores esclarecem que a razão de ser do panfleto é expor abertamente as concepções e os objetivos assumidos pelos comunistas. Seu primeiro capítulo apresenta uma notável síntese histórica do papel revolucionário da burguesia na construção de um novo mundo; depois de sumariar a grandiosidade do protagonismo burguês, Marx e Engels assinalam as contradições da ordem social por ele constituída e a necessidade de sua superação, postas as novas lutas de classes que nela emergem. No segundo capítulo, abordam a relação dos comunistas com a força social que opera no sentido dessa superação, a classe operária (esboça-se aí uma *teoria do partido*, que situa comunistas não como um segmento à parte de outros partidos operários, e sim como a fração mais decidida deles); fazem a crítica das instituições da sociedade burguesa e apontam como alternativa a revolução do proletariado, que concretiza "a conquista da democracia pela luta" – e aí formulam, em dez tópicos, as medidas que configuram o programa econômico-social dos comunistas. O terceiro capítulo discute e critica as tendências que, à época, incidiam no movimento operário. O último capítulo trata da relação dos comunistas com os outros partidos e agrupamentos políticos de oposição ao *status quo*.

Uma apreciação cuidadosa do *Manifesto*... deixa claro que ele se inscreve em uma tradição histórica e política de que é legatário – a própria forma *manifesto* não era original em 1848. Se, no plano político, ele não aparece como um raio em céu sereno – de fato, o movimento operário já realizara grandes mobilizações (na Inglaterra, das ações *ludistas* às greves organizadas pelos cartistas, a insurreição dos trabalhadores da seda em Lyon, em 1831, e a rebelião dos tecelões da Silésia, em 1844) –, no plano programático recolhe reivindicações que já estavam generalizadas entre os operários (por exemplo, a demanda por educação pública e gratuita). Por outro lado, muitas das críticas à sociedade burguesa apresentadas no *Manifesto*... já tinham sido avançadas por representantes do chamado *socialismo utópico* (por exemplo, Charles Fourier).

O *Manifesto*..., todavia, conjuga a sua vinculação à tradição do movimento dos trabalhadores e dos precursores do socialismo com dimensões e características realmente inéditas – ele é, em realidade, tanto um coroamento e uma continuidade daquela tradição quanto uma ruptura em relação a ela. Porém, são essas dimensões/características que, subordinando os componentes

64 | Curso livre Marx-Engels: A criação destruidora

de continuidade, fazem dele um documento – teórico e político – objetivamente revolucionário.

A primeira inovação do *Manifesto*..., a meu juízo, é a *consideração das lutas de classes como força-motriz da dinâmica sociopolítica da sociedade capitalista*. Se os historiadores românticos da Revolução Francesa já a haviam interpretado à luz do confronto entre classes, é no *Manifesto*... que elas são tomadas como *centrais* nos processos de transformação social. E mais: o documento de 1848 foi o *primeiro texto* elaborado a partir da perspectiva de classe do proletariado como dinamizadora da ação política vocacionada para promover transformações estruturais.

A segunda inovação introduzida é que, pela primeira vez, o programa anticapitalista da classe revolucionária é proposto não como a expressão de vontades e desejos generosos e, menos ainda, como um receiturário formulado por visionários ou profetas. O programa da Liga dos Comunistas, resumido nos dez pontos apresentados no *Manifesto*..., vem embasado nas tendências de desenvolvimento inferíveis da realidade da sociedade burguesa: é da análise dessa sociedade que Marx e Engels extraem a viabilidade do programa que propõem. Não há em sua proposição o lastro voluntarista/subjetivista que até então marcava as propostas dos grandes reformadores sociais; a inspiração e o espírito utópicos são deslocados pela investigação teórica de tendências reais e pela prospecção das alternativas concretas nelas contidas – muitos anos depois, Engels observará que esse deslocamento corresponde ao trânsito do "socialismo utópico ao socialismo científico". Aliás, já antes de redigir o *Manifesto*..., nos *Manuscritos econômico-filosóficos*, Marx afirmara que:

> O comunismo é [...] o momento *efetivo* necessário da emancipação e da recuperação humanas para o próximo desenvolvimento histórico. O comunismo [...] não é, como tal, o termo do desenvolvimento humano – a figura da sociedade humana.[1]

Depois, nas anotações ao manuscrito de *A ideologia alemã*, pontuou:

> O comunismo não é para nós um *estado de coisas* [*Zustand*] que deve ser instaurado, um *Ideal* para o qual a realidade deverá se direcionar. Chamamos de comunismo o movimento real que supera o estado de coisas atual. As condições desse movimento [...] resultam dos pressupostos atualmente existentes. [...][2]

---

[1] Karl Marx, *Manuscritos econômico-filosóficos* (trad. Jesus Ranieri, São Paulo, Boitempo, 2004), col. Marx-Engels, p. 114.

[2] Karl Marx e Friedrich Engels, *A ideologia alemã* (trad. Rubens Enderle et al., São Paulo, Boitempo, 2007), col. Marx-Engels, p. 38, nota a.

José Paulo Netto | 65

Tais ideias são inequivocamente retomadas no *Manifesto*...:

As proposições teóricas dos comunistas não se baseiam, de modo algum, em ideias ou princípios inventados ou descobertos por este ou aquele reformador do mundo. São apenas a expressão geral das condições efetivas de uma luta de classes que existe, de um movimento histórico que se desenvolve diante dos olhos.[3]

De fato, até seus últimos anos de vida, Marx e Engels recusaram claramente qualquer veleidade utópica – dando-se a *utopia* o sentido comum de devaneio, fantasia, sonho ou projeção subjetiva, sem suporte em tendências operantes na realidade; se, todavia, pensarmos a *utopia* tal como ela foi reconceptualizada pelo marxista Ernst Bloch (isto é: como algo que *ainda não é*, que *ainda não chegou a ser*, como algo que se constitui em uma *possibilidade concreta*), então o profundo *senso de realidade* de Marx e Engels aparece fecundado pelo ativo papel da subjetividade dos sujeitos sociais concretos.

Estreitamente vinculada a esse *realismo* político próprio do pensamento de Marx e Engels – realismo que contempla *o papel ativo e criador dos sujeitos sociais concretos* – está uma terceira inovação que faz do *Manifesto...* um texto verdadeiramente revolucionário. Antes do documento de 1848, os reformadores sociais e os revolucionários procuravam sustentar suas propostas em um *determinismo histórico* que imaginava que a humanidade marchava inexoravelmente rumo ao *progresso* ou em uma concepção *voluntarista* que supunha que a vontade dos homens atuaria livremente, sem quaisquer limites objetivos.

Marx e Engels superaram esses dois pontos de partida tradicionais. De um lado, rechaçaram o "determinismo do progresso": recusaram nitidamente a ideia de que a revolução proletária e/ou a nova sociedade (comunista) seriam necessariamente vitoriosas – basta ler o que, logo nos primeiros parágrafos do capítulo I do *Manifesto...*, ambos escreveram: as lutas de classes terminaram sempre *"ou por uma transformação revolucionária da sociedade inteira, ou* pela destruição das duas classes em conflito"[4] (atenção para os itálicos, introduzidos por mim). Mais claro, impossível: a resultante das lutas de classes *pode* ser um avanço social, mas igualmente *pode* redundar na mútua destruição dos antagonistas.

---

[3]   Idem, *Manifesto Comunista* (trad. Álvaro Pina, São Paulo, Boitempo, 1998), col. Marx-Engels, p. 51-2.

[4]   Ibidem, p. 40.

66 | Curso livre Marx-Engels: A criação destruidora

De outro lado, também abandonaram qualquer concepção apoiada na ideia da onipotência da vontade humana – é visível no texto de 1848, especialmente no seu capítulo primeiro, que o movimento operário e sua fração revolucionária atuam a partir do desenvolvimento objetivo do modo de produção capitalista (o nível alcançado pelas forças produtivas, a constituição do mercado mundial etc.). A *vontade revolucionária* se constitui nos marcos e limites *reais* postos pelas *condições vigentes* na sociedade capitalista (seus coveiros são também produto da burguesia), mas a vontade *organizada* dos trabalhadores, conhecendo aqueles marcos e limites, pode conceber um factível projeto de transformação social radical e estrutural. Alguns anos depois da publicação do *Manifesto*..., em um texto de 1852, Marx sintetizou em fórmula célebre as ideias subjacentes a essa concepção da relação entre os limites e as possibilidades dos sujeitos políticos:

> Os homens fazem a sua própria história; contudo, não a fazem de livre e espontânea vontade, pois não são eles quem escolhem as circunstâncias sob as quais ela é feita, mas estas lhes foram transmitidas assim como se encontram.[5]

Assim, a peculiar relação que o *Manifesto*... atribui aos homens e suas circunstâncias (a sua posição de autores/atores) tem direta conexão com o caráter do documento: simultaneamente, é expressão teórica do movimento operário e convocação para sua organização (no caso específico, via Liga dos Comunistas) – é tanto construção de natureza cognitiva quanto apelo à ação revolucionária.

Enfim, cumpre destacar outro traço pertinente e definidor do *Manifesto*...: a concepção *internacionalista* que satura sua teoria revolucionária. Com Marx e Engels, a demanda da revolução transcende os espaços nacionais – emerge das contradições postas na sociedade burguesa pelo modo de produção capitalista em macroescala. É evidente que tal concepção não desonera os revolucionários de suas tarefas nacionais; no documento, lê-se que "é natural que o proletariado de cada país deva, antes de tudo, liquidar a sua própria burguesia"[6]. Entretanto, a própria dinâmica capitalista promove o desaparecimento "[d]os isolamentos e [d]as oposições nacionais dos povos" e "o domínio do proletariado fá-los-á desaparecer ainda mais depressa", porque, mediante a revolução que liquidará o antagonismo das classes no interior das nações, desaparecerá a hostilidade entre elas. Por isso, o *Manifesto*... insiste em que

---

[5] Karl Marx, *O 18 de brumário de Luís Bonaparte* (trad. Nélio Schneider, São Paulo, Boitempo, 2011), col. Marx-Engels, p. 25.

[6] Karl Marx e Friedrich Engels, *Manifesto Comunista*, cit., p. 50.

José Paulo Netto | 67

"a ação comum do proletariado, pelo menos nos países civilizados, é uma das primeiras condições para sua emancipação"[7].

Limites e grandeza teórico-política do *Manifesto do Partido Comunista*

Escrito por dois pensadores que ainda estavam longe de seu inteiro desenvolvimento e de sua plena maturidade intelectual – Marx ainda não completara 30 anos e Engels tinha menos de 28 –, o *Manifesto...* apresenta formulações que seus autores haveriam de retificar e/ou revisar ulteriormente. Indiquemos, ilustrativamente, duas delas.

A primeira diz respeito a uma tese muito importante que aparece explícita no documento de 1848: segundo seus autores, a situação operária, sob o modo de produção capitalista, tende necessariamente a *piorar*, aprisionando o proletário na rede da degradação de suas condições de trabalho e de vida – leiam-se frases do penúltimo parágrafo do capítulo I do *Manifesto...*, onde se afirma que o "operário moderno", com o desenvolvimento da indústria, "longe de se elevar", "desce cada vez mais abaixo das condições de sua própria classe", passando a "indigente"[8]. Essa tese, assumida por Marx um pouco antes (na *Miséria da filosofia*, de 1847) e conforme a qual o proletário estaria submetido a um inevitável processo de *pauperização absoluta*, apoia-se em uma teoria dos salários que não é consistente – ora, como o mesmo Marx mostrou posteriormente, a *pauperização absoluta* não é uma tendência irrecorrível do desenvolvimento do modo de produção capitalista. Marx revisa e retifica essa concepção da pauperização absoluta no Livro I d'*O capital* (1867), operando com uma teoria dos salários mais adequada e elaborada e introduzindo a ideia de *pauperização relativa*.

A segunda relaciona-se à determinação da própria classe proletária – no *Manifesto...*, essa determinação não se concretiza com uma clara concepção da *essência exploradora da relação entre capital e trabalho*; embora seja mencionada a posição do proletariado como classe explorada, ele aparece sobretudo como classe *oprimida*. Marx, ainda sem extrair da teoria do valor que recentemente acolhera (ele a incorporara, expressamente, na já citada *Miséria da filosofia*) as suas implicações basilares, não tem condições de precisar e determinar com rigor a natureza da *exploração* capitalista – faltam-lhe os instrumentos analíti-

---

[7] Ibidem, p. 56.
[8] Ibidem, p. 50.

cos e a suficiente crítica da economia política para compreender uma categoria nuclear, a categoria de *mais-valor*. Só depois, especialmente a partir de 1857--1858, qualifica-se para operar com essa categoria, que n'*O capital* comparece plenamente apropriada por ele.

Questões de outro tipo podem se colocar no que tange ao programa econômico-social dos comunistas proposto no documento de 1848. É certo que sua formulação/aplicação prática é evidentemente conjuntural. É isso, aliás, que Marx e Engels já reconhecem e admitem mal passados 25 anos da publicação do *Manifesto*...: com efeito, para a sua reedição alemã de 1872, os dois escreveram um prefácio no qual afirmam que aquela parte do final do capítulo II deveria ser "redigida de modo diferente", justificando da seguinte maneira:

> Por mais que tenham mudado as condições nos últimos 25 anos, os princípios gerais expressados nesse Manifesto conservam, em seu conjunto, toda a sua exatidão. Em algumas partes certos detalhes devem ser melhorados. [...] não se deve atribuir importância demasiada às medidas revolucionárias propostas no final da seção II. Hoje em dia, esse trecho seria redigido de maneira diferente [...].

Em suma: Marx e Engels não pensavam que suas proposições prático--políticas fossem independentes do desenvolvimento das forças produtivas e dos avanços do movimento operário. O fato – por eles consignado no prefácio aqui referido – de considerarem que os "princípios gerais" do *Manifesto*... se conservavam válidos também não deve ser visto como indicador de que devem ser tomados como intocáveis: na verdade, *e isto não diz respeito somente ao documento de 1848*, Marx e Engels sempre estiveram abertos e sensíveis a críticas e nunca patrocinaram a sacralização de suas concepções, teses e formulações – qualquer leitura que se fizesse delas com espírito talmúdico ou fundamentalista lhes era estranha (mormente em sua correspondência dos anos 1880-1890, são inúmeras as passagens em que Engels insiste em que a sua – de Marx e dele – teoria não pode ser tomada "de um modo dogmático, como uma doutrina", como um "credo", mas deve ser pensada como um "guia de estudo").

Em qualquer caso, contudo, Marx e Engels estiveram dispostos a revisar concepções e teses sempre que o aprofundamento de sua teoria, a prática social, os fenômenos e processos emergentes, bem como novas análises e pesquisas o exigissem. Inclusive, esse *revisionismo*, tal como certeiramente o compreendeu o marxista peruano José Carlos Mariátegui (isto é, como revisionismo *científico e revolucionário*, nas antípodas daquele inaugurado no final do século XIX por Eduard Bernstein e atualmente muito em voga), foi exercitado por Marx e Engels.

Precisamente uma tal atitude parece-me dever ser a do leitor contemporâneo do *Manifesto...*, que se aproxima do documento de 1848 quase 170 anos depois de sua redação. Ao longo de mais de um século e meio, a sociedade burguesa experimentou grandes transformações – sobre as quais o movimento operário, em suas várias vertentes, incidiu ponderavelmente. Algumas delas evidenciam que o *Manifesto...* apresenta, em face da contemporaneidade, limites e insuficiências.

Vejamos, apenas para sinalizá-los, duas ordens de fenômenos. Primeiro: o desenvolvimento capitalista desses quase 170 anos operou uma profunda diferenciação no universo do sujeito revolucionário considerado no *Manifesto...* Assim, embora Marx e Engels, quer no documento de 1848, quer em suas obras posteriores, nunca tenham suposto aquele sujeito como algo homogêneo, tudo indica que subestimaram a sua heterogeneidade; ora, certamente que a diferenciação hoje existente no interior do proletariado acarreta substantivas implicações em seu comportamento sociopolítico; torna-se necessário, pois, conhecer a estrutura do proletariado contemporâneo para determinar com alguma precisão o seu potencial revolucionário (está fora de questão, aqui, a enganosa retórica do "fim do trabalho", do "fim da classe operária" etc.). Segundo: de acordo com o *Manifesto...*, como se lê no capítulo I, "a nossa época, a época da burguesia, caracteriza-se [...] por ter simplificado os antagonismos de classe". Enfim, é fato que a sociedade, como os autores afirmam em seguida, está polarizada por dois campos hostis (burguesia/proletariado), mas a prática social contemporânea indica que os "antagonismos de classe" não se verificam como "simplificados" – ao contrário, têm se tornado muito mais complexos e pluridimensionais.

No entanto, não só essas duas alusões sinalizam que o *Manifesto...* tem limites e insuficiências. Pense-se, por exemplo, que se o *Manifesto...* antecipa, premonitoriamente, a explosão revolucionária de 1848, não menciona, em absoluto, a possibilidade de seu fracasso. Aliás, a expectativa da revolução a curto prazo marca os escritos de Marx e Engels daquele tempo – só na *Contribuição à crítica da economia política*, de 1859, Marx compreenderia as razões pelas quais a revolução social cobre o espaço de toda uma "época histórica". Ou, também, esta outra indicação: o *Manifesto...* dá como que por suposto o *internacionalismo* do proletariado, e já tivemos suficientes provas de que a constituição de uma consciência política capaz de superar as limitações e os efeitos deletérios das ideologias nacionalistas é, ainda hoje, mais um projeto que um processo.

Decisivo, porém, na apreciação do *Manifesto*..., é algo que vai muito além da listagem de seus limites e eventuais anacronismos: *é a verificação de que ele, em sua substancialidade, resistiu vigorosamente às provas da história e do tempo.*

Assim, é verdadeiramente assombrosa a atualidade desse documento, inteiramente perceptível em sua primorosa descrição, com precisão cirúrgica, dos principais traços pertinentes à sociedade burguesa *madura, nossa contemporânea*, que Marx e Engels oferecem ao leitor no capítulo I do livro. Atente--se: nessas páginas, escritas entre dezembro de 1847 e janeiro de 1848, *não* está a descrição da sociedade burguesa da época, mas a configuração que ela haveria de possuir mais de um século depois. Portanto, a palavra "descrição" não é a mais adequada para denotar a extraordinária (ante)visão de Marx e Engels sobre a sociedade burguesa tardia; com efeito, vacinados desde jovens contra o empirismo rasteiro e o positivismo medíocre, os dois autores não se restringem a "fotografar" a realidade burguesa – seu método de pesquisa, que, em 1848, ainda não estava suficientemente elaborado, apreende e detecta *tendências estruturais*, donde a capacidade de antecipar, no plano teórico, elementos que a realidade imediata estava longe de evidenciar. Insista-se: em 1848, a caracterização que Marx e Engels fazem da sociedade burguesa aparece como um exercício de ficção científica – mas, um século e tanto depois, refigura admiravelmente *nosso* mundo.

Que a apreensão da realidade profunda da *dinâmica* da sociedade burguesa já é patente no *Manifesto*..., demonstram-no cabalmente as notações referentes ao movimento da economia capitalista (também expressas no seu capítulo I). Ainda que sem o embasamento de um pleno domínio da crítica da economia política – que Marx só adquiriria a partir da segunda metade dos anos 1850 –, tais notações – relativas à constituição do mercado mundial, à centralização dos meios de produção e à concentração da propriedade, assim como ao revolucionário acúmulo das forças produtivas com a incorporação das ciências e à recorrência das crises – desvelam/revelam processos que permanecem ativamente operantes na sociedade contemporânea.

A densidade e a solidez teóricas do *Manifesto*... são, ainda que os desenvolvimentos posteriores da pesquisa de Marx e Engels viessem a oferecer-lhes novos fundamentos e revisar outros, elementos que respondem pela resistente atualidade do documento. Também se deve creditar a elas sua *atual* relevância política, expressa, por exemplo, em uma questão absolutamente crucial: a da concentração/centralização do poder. E ela não se restringe tão somente à concepção de Estado que o *Manifesto*... formula – segundo a qual o Executivo do Estado moderno opera como "um comitê para administrar os négocios coletivos de toda a classe burguesa" –, mas se complementa com a indicação de que a dinâmica capitalista conduz à *centralização política* – ora, a função *atual* dos chamados "organismos/agências multilaterais" exercita precisamente o que o documento de 1848 antecipa brilhantemente. A referida relevância mostra-se, inclusive, como imprescindível *orientadora* para o posicionamento e a ação políticos na quadra contemporânea, em que, na sequência da crise terminal do "socialismo real", amplos setores (outrora) comunistas se dizem "perplexos" – leiam-se, para verificar a clareza e a contundência dessa orientação, os três parágrafos que precedem imediatamente o último do *Manifesto*...

Enfim, a relevância *atual* do documento de 1848 contém-se inclusive nas problemáticas que, sem resolvê-las, ele levanta – talvez a mais importante delas seja a do caráter *democrático* dos desdobramentos da revolução que, para o *Manifesto*..., é obra de um "movimento autônomo da imensa maioria em proveito da imensa maioria"; o problema subjacente é o de como articular as necessárias (para a revolução) "intervenções despóticas no direito de propriedade e nas relações de produção burguesas"[9] à democracia, que se deverá erguer com "a passagem do proletariado a classe dominante". Além disso, em termos que não os do *Manifesto*..., aqui aflora *o problema de como sincronizar a socialização da economia com a socialização do poder político.* Desse modo, o documento tem o mérito de instigar à pesquisa do problema, mas não o soluciona (e as experiências pós-revolucionárias do século XX também não o fizeram).

Haveria muito mais a analisar, explorar e questionar no documento de 1848; entretanto, como a presente exposição tem limites bem determinados, é hora de encerrá-la[10]. E devo fazê-lo enfatizando o que me parece essencial em uma avaliação sumária do *Manifesto*...: sem subestimar seus limites e eventuais anacronismos, sua grandeza fez dele o documento teórico-político mais importante do pensamento social moderno. Trata-se de peça basilar para a compreensão do *mundo em que vivemos hoje* e, por isso, para todos os que pretendem transformar este mundo, o seu conhecimento é *necessário e indispensável* – mas não é *suficiente*. *É preciso partir dele para ir além dele.*

Se este meu último comentário expressa o núcleo de minha avaliação do *Manifesto*..., devo dizer-lhes que não tematizei, nesta intervenção, uma di-

---

[9]   Ibidem, p. 50 e 58.

[10]   Para um exame detalhado do *Manifesto*, de seu contexto sócio-histórico a suas características essenciais, cf. meu ensaio "Para ler o *Manifesto Comunista*", inserido no livro *Marxismo impenitente. Contribuição à história das ideias marxistas* (São Paulo, Cortez, 2004).

72 | Curso livre Marx-Engels: A criação destruidora

mensão que percorre todo o documento, nem sempre com evidência, e que, na verdade, é o fio vermelho que enlaça *toda* a elaboração teórico-política de Marx e Engels: a *paixão humanista*. Deixei intencionalmente de lado o humanismo dos dois pensadores, que faz com que a alternativa comunista, para ambos, seja a possibilidade de concretizar a *liberdade*. No entanto, não se pode finalizar um tratamento do *Manifesto*..., mesmo sumário como o que apresentei aqui, sem registrar que o objetivo da Revolução Comunista é, conforme o documento de 1848, suprimir a "velha sociedade burguesa, com as suas classes e antagonismos de classes", para substituí-la por "uma associação na qual o livre desenvolvimento de cada um é a condição para o livre desenvolvimento de todos"[11].

Bibliografia

BABEUF, Gracchus. "Manifesto dos iguais". Disponível em: <https://www.marxists.org/portugues/babeuf/1796/mes/manifesto.htm#tn1>.
ENGELS, Friedrich. *A situação da classe trabalhadora na Inglaterra*: segundo as observações do autor e fontes autênticas. Trad. B. A. Schumann, São Paulo, Boitempo, 2008. (Coleção Marx-Engels.)
KONDER, Leandro. *Fourier, o socialismo do prazer*. Rio de Janeiro, Civilização Brasileira, 1998.
MARX, Karl. *O capital*: crítica da economia política, Livro I: *O processo de produção do capital*. Trad. Rubens Enderle, São Paulo, Boitempo, 2003. (Coleção Marx-Engels.)
_____. *Contribuição à crítica da economia política*. São Paulo, Expressão Popular, 2010.
_____. *Crítica da filosofia do direito de Hegel*. Trad. Rubens Enderle e Leonardo de Deus, São Paulo, Boitempo, 2005. (Coleção Marx-Engels.)
_____. *Crítica do Programa de Gotha*. Trad. Rubens Enderle, São Paulo, Boitempo, 2012. (Coleção Marx-Engels.)
_____. *Miséria da filosofia*. São Paulo, Ícone, 2004. (Coleção Fundamentos de Filosofia.)
_____. *Sobre a questão judaica*. Trad. Nélio Schneider, São Paulo, Boitempo, 2010. (Coleção Marx-Engels.)
MARX, Karl; ENGELS, Friedrich. *Manifesto Comunista*. Trad. Álvaro Pina, São Paulo, Boitempo, 1998. (Coleção Marx-Engels.)

---

[11] Karl Marx e Friedrich Engels, *Manifesto Comunista*, cit., p. 59.

4. Análises concretas da luta de classes

Osvaldo Coggiola

As lutas de classe na França, A guerra civil na França, Lutas de classe na Alemanha: foi a partir desses textos de Marx e Engels que foi definido aquilo que se chama de marxismo, como corrente política. Há muitas maneiras de abordar esse conjunto de obras, mas vou tentar situá-las dentro da história geral do tempo em que foram produzidas. Duas delas – *As lutas de classes na França de 1848 a 1850* e *Lutas de classes na Alemanha* – correspondem às revoluções de 1848, respectivamente, na França e na Alemanha. São artigos que foram publicados durante a revolução e nos anos imediatamente sucessivos. Já *A guerra civil na França* foi publicada em junho de 1871, vinte anos depois, imediatamente após a queda da Comuna de Paris. Vou me referir especialmente ao livro *A guerra civil na França*, que se tornou bem conhecido durante a vida de Marx. Os outros textos não tiveram o mesmo desempenho. Afinal, Marx não foi um autor muito bem-sucedido em vida, nem sequer *O capital* teve grandes vendas.

Nosso título, "Análises concretas da luta de classes", sugere que baixemos do alto mundo da teoria para o mundo da prática, da política cotidiana, do mundo real, com todas as suas contradições e com todos os seus problemas

74 | Curso livre Marx-Engels: A criação destruidora

e personagens patéticos, ridículos, heroicos etc. E geralmente se pergunta: por que esses textos tiveram essa importância? E qual é a dificuldade de abordagem? Lanço uma pergunta: o que é mais fácil de se ler, *O capital*, *As lutas de classes na França* ou *O 18 de brumário de Luís Bonaparte*? Tradicionalmente, responde-se que *O capital* é um livro difícil de ser lido, porque é longo e ninguém tem paciência para ler todos os seus desenvolvimentos teóricos. No entanto, de modo geral, é mais fácil de ser lido do que esses outros dois livros, na minha opinião, porque nele tudo tem uma lógica rigorosa. Marx não o escreveu para os meses seguintes ou para impactar na realidade imediata, mas com uma visão histórica, estratégica, de longo prazo. Ele o chamou, inclusive, de míssil dirigido à cabeça da burguesia, através do qual ficaria absolutamente claro o caráter histórico das contradições da sociedade burguesa e do modo de produção capitalista – e, quando se fala de caráter histórico, entende-se o caráter perecível da sociedade capitalista.

Em vida, Marx publicou só um dos três volumes que conhecemos dessa obra – os outros dois foram lançados por Engels, depois da morte de Marx. E, no único volume que publicou, chegou a uma conclusão, depois de analisar e expor as contradições da sociedade capitalista: "Chegou a hora da expropriação dos expropriadores". Mostra que o capitalismo teve sua origem não em uma lógica natural da sociedade humana, mas em uma expropriação dos produtores, que é chamada de acumulação capitalista primitiva, realizada por meio da força do Estado, quando se desenvolveu um modo de produção permeado de contradições que colocam em questão, cada vez mais, própria existência.

Como se pode ver, há um objetivo histórico e, logicamente, uma extraordinária atualidade nessa obra, notável pela atual crise da sociedade capitalista, objeto de debates até o presente. Já as outras, *As lutas de classes na França* e *A guerra civil na França*, são, como se costuma dizer, análises de conjuntura, mas que lançam toda uma série de conceitos capazes de constituir, posteriormente, o perfil político através do qual o marxismo foi conhecido – assim como a teoria marxista, os partidos marxistas e, principalmente, a corrente política que se denomina marxista.

As ideias de ditadura do proletariado e de constituição do proletariado como classe dominante, bem como de Estado-Comuna, extinção do Estado e "revolução permanente", estão todas nesses textos. E são exatamente os conceitos mais polêmicos. Num artigo de Delfim Netto, que não pode ser suspeito de ser uma pessoa de esquerda ou marxista, faz-se um elogio a *O capital*, que, segundo esse economista, mostra como a tendência para a concentração da propriedade capitalista presente no livro verifica-se em grandiosa escala na sociedade atual. Outras pessoas de perfil político semelhante ao dele, em outros países e de outras nacionalidades, tiram a mesma lição com relação a Marx. Falam que a teoria da alienação de Marx é muito interessante, assim como a teoria da concentração capitalista, enfim, que são perfeitamente admissíveis, subsídios para se compreender a sociedade atual.

Já quando se fala que Marx constatava que a única saída para as contradições da sociedade classista era a ditadura do proletariado, não há tanta concordância – na verdade, não há nenhuma. Nenhum Delfim Netto admitiria a ditadura do proletariado – nem mesmo um Lula. É como se Marx fosse cortado em fatias: existe o Marx aceitável – o Marx de *O capital* –, mas não o da ditadura do proletariado, do comunismo. Ele, supostamente, fez um trabalho científico em *O capital*. Em seus textos histórico-políticos, ao contrário, seria um panfletista, que afirma que as coisas têm um determinado rumo prefixado, teleológico, quase como uma espécie de fé revelada.

Afirmar isso não é novo, é muito antigo. O escritor jesuíta Jean-Yves Calvez afirmava que, quando Marx confiava ao proletariado a missão histórica de conduzir a sociedade de uma situação de opressão de classes para uma sociedade sem classes, estava confiando ao proletariado o mesmo papel que a religião judaico-cristã confiava ao Messias e que, no fundo, Marx nunca tinha saído do universo judaico original, porque era de fato de origem judia. A classe social oprimida pelo capital viria ao mundo para redimir a humanidade de todos os seus pecados.

No entanto, tal operação de dividir o Marx científico e objetivo e o Marx político e não científico não foi feita somente por pessoas de direita, conservadoras ou alheias ao marxismo, mas também pela esquerda. Até o historiador Eric Hobsbawm, que é considerado o principal historiador marxista do século XX, afirmou que não havia nada que justificasse cientificamente a missão que Marx atribuía ao proletariado, que se tratava de uma aposta, uma profissão de fé, no sentido pascaliano. Só que, em vez de ser uma aposta em Deus, era uma aposta no proletariado, com uma diferença óbvia: Deus é, no máximo, uma hipótese. Ninguém viu Deus. Já o proletariado pode ser visto todos os dias, não é inexistente.

Então vamos tentar situar essas obras, anteriores à redação de *O capital*. Em 1842, Marx defendeu sua tese de doutorado em filosofia na Universidade de Jena, chamada *Diferença entre as filosofias da natureza em Demócrito e Epicuro*. Não se tratava de uma tese muito ortodoxa, mas também não era totalmente heterodoxa com relação à academia da época, e acabou sendo aprovada. É muito interessante, pelas considerações que faz sobre natureza e tempo,

76 | Curso livre Marx-Engels: A criação destruidora

sobre as relações entre filosofia social e filosofia da natureza, e é também uma obra de juventude. Quando a defendeu, Marx tinha apenas 23 anos.

Em 1843, em contato com um amigo seu, um pensador radical alemão chamado Arnold Ruge, então exilado na França, Marx publicou dois textos decisivos em uma revista que teve apenas dois números, chamada *Anais Franco-Alemães*. A publicação saía na França porque nenhuma revista radical podia ser publicada em Estado alemão. Alguns locais eram mais liberais, outros mais conservadores, mas, em geral, era muito difícil que materiais politicamente radicais fossem publicados na Alemanha.

A França, ao contrário, era a terra da liberdade, embora estivesse governada ainda por uma monarquia, derrubada em 1848. Mas a tradição do radicalismo francês, que vinha da Revolução Francesa, não havia desaparecido: na própria Paris existia um espaço para a liberdade de pensamento e de imprensa que não existia na Alemanha. A maioria dos escritores radicais europeus, quando queria dar livre vazão a suas ideias, criar publicações, ia para Paris e publicava em alemão, em francês, na língua que fosse, participando também da vida política e intelectual de Paris – que era, como dizia Walter Benjamin, não apenas a capital da França, mas do século XIX, do mundo, intelectual e politicamente falando, embora a capital econômica fosse, nessa altura, Londres.

Assim, Marx publicou dois textos. Um deles foi *Sobre a questão judaica*, um debate com a esquerda hegeliana, a corrente filosófica à qual Marx tinha pertencido até então. O fato é que, na época, os judeus já haviam obtido sua emancipação política na França, ou seja, podiam exercer qualquer tipo de cargo público sem abjurar sua confissão religiosa, ao passo que, na Alemanha, ainda era vedado a eles o exercício da função pública.

Diante disso, o pai de Marx se converteu do judaísmo ao protestantismo, o que, segundo teorias, para mim completamente estapafúrdias, marcou Marx de modo inconsciente, daí a visão messiânica que tinha do proletariado, surgida de uma espécie de rejeição frustrada diante da suposta covardia do pai ao converter-se à religião oficial do Estado. Mas, na verdade, era algo que muitos judeus faziam nessa época. O pai de Marx era um advogado bastante destacado, mas só poderia advogar se não permanecesse judeu; daquela forma, não poderia ascender ao cargo de procurador, de juiz, ou seja, seguir com sua carreira jurídica. Como tinha enormes oportunidades de fazer uma carreira, simplesmente se converteu ao protestantismo, sem abjurar da fé judaica porque não tinha fé religiosa. Era, enfim, um livre-pensador que não praticava nenhum tipo de religião.

Contudo, há um problema com os judeus que vai levar finalmente à conhecida catástrofe do século XX, conforme constatara Edmund Burke na Revolução Francesa, crente de ter resolvido a questão judaica mediante a emancipação política do judeu: quando um cristão deixa de ser cristão, ele se transforma em um ateu, mas quando um judeu deixa de acreditar em Deus, se transforma em... um judeu não crente. Segue sendo judeu, e isso lhe é lembrado por causa da hegemonia da religião cristã, do antissemitismo e do caráter minoritário e perseguido, sobretudo na Idade Média europeia, da religião judaica. Por esse motivo, não tinha importância o fato de o pai e a mãe de Marx serem ateus, pois continuavam sendo judeus, apesar de não acreditarem em Deus. A conversão dos judeus na Alemanha era simplesmente uma maneira de se abrir caminhos profissionais, nada além disso.

Logicamente isso não era tão simples. E, nesse texto, Marx discute justamente a questão da emancipação política dos judeus, que já tinha sido concedida na França com a Revolução Francesa, mas não na Alemanha. A partir daí, Marx faz uma série de discussões muito importantes acerca da natureza do Estado. No mesmo ano, publicou a *Crítica da filosofia do direito de Hegel,* em que se afastou decisivamente da matriz filosófica da qual provinha, do idealismo da dialética hegeliana ou da dialética idealista.

Em 1844, deslocou-se para Paris e, em 1845, publicou, com Engels, com o qual acabava de iniciar uma colaboração, um livro chamado *A sagrada família*, que é uma crítica já não de Hegel, mas da esquerda hegeliana, ou seja, dos discípulos de esquerda de Hegel. No mesmo ano, ambos redigiram outro livro, chamado *A ideologia alemã,* que não publicaram porque, segundo Marx e Engels diziam, era apenas um ajuste de contas com a bagagem filosófica precedente de ambos. Então, abandonaram esse enorme calhamaço depois de o redigirem.

Sucessivamente, em 1847, um personagem muito elogiado em *A ideologia alemã*, um artesão sapateiro francês chamado Pierre-Joseph Proudhon, foi violentamente criticado em um livro que Marx escreveu e publicou em Paris, *Miséria da filosofia*, uma resposta à *Filosofia da miséria* do próprio Proudhon, hoje considerado, por algum motivo bastante enviesado, o pai do anarquismo. O próprio Proudhon ficaria escandalizado, porque não se considerava nada do que hoje se entende por anarquista, mas tinha muita influência em meios operários franceses, a ponto de ter desempenhado um papel importante na Revolução de 1848, na França.

Além disso, a maioria – ou ao menos uma parte significativa dos membros da Comuna de Paris – reivindicaria, vinte anos depois, as ideias de Prou-

78 | Curso livre Marx-Engels: A criação destruidora

dhon. É por isso que Marx criticava suas bases filosóficas, esclarecendo toda uma série de conceitos que depois retomou em *O capital*, como o conceito de acumulação capitalista primitiva.

Finalmente, em fevereiro de 1848, Marx e Engels publicaram o *Manifesto Comunista*, sem assiná-lo. *Miséria da filosofia* e *A sagrada família* foram firmados, mas o *Manifesto Comunista* era um texto de ambos para uma organização que Marx tinha integrado recentemente – Engels já era membro –, a Liga dos Justos, que a partir desse texto-programa passou a se chamar Liga dos Comunistas.

Nesse mesmo ano, os dois mergulharam na revolução e voltaram para a Alemanha, onde Marx dirigiu um jornal chamado *Nova Gazeta Renana*, uma publicação radical de esquerda, mas não comunista. Assim, desempenhou o único trabalho remunerado que teve em vida, como redator e chefe do jornal mais de esquerda da Revolução Alemã de 1848. Nesse contexto, redigiu, ao lado de Engels, toda uma série de artigos, além de terem participado diretamente da revolução. Inclusive, Engels organizou milícias civis na região de sua cidade natal, no vale de Wuppertal, e Marx participou principalmente como jornalista. Esses textos de Marx e Engels, bem como de intervenção política direta na Alemanha, estão reunidos em *Lutas de classes na Alemanha*.

Ao mesmo tempo, seguiam atentamente a situação na França. Havia uma cena revolucionária em toda a Europa, na verdade, e esperava-se, como já tinha acontecido no fim do século XVIII, que a revolução na França abrisse caminho para todas as outras revoluções no continente. Por isso acompanhavam sistematicamente a situação ali, através de artigos jornalísticos. E, quando a revolução entrou em declínio, Marx produziu, no final de 1850, um texto que é justamente *As lutas de classes na França de 1848 a 1850*.

No ano seguinte, houve uma crise política naquele país, pois deviam eleger o presidente – o primeiro tinha sido eleito em finais de 1848, no declínio da revolução –, mas a Constituição não permitia a reeleição de Luís Bonaparte, o eleito de 1848. Esse problema foi resolvido com um golpe de estado, chamado o "Golpe de 18 de Brumário", de acordo com o calendário imposto pela Revolução de 1789. Luís, sobrinho de Napoleão Bonaparte, deu o golpe para se coroar imperador.

Toda essa grave situação política, o declínio da revolução e, ao mesmo tempo, a incapacidade da contrarrevolução de ser levada até as últimas consequências deram lugar a um regime de arbitragem política. E essa arbitragem será exercida por Luís Bonaparte, na forma de um presidente que, através de um golpe, se autoproclamou imperador. Ou seja, ele não decidiu impor uma cláusula para se reeleger indefinidamente, como fez Chávez, nem simplesmente renunciou à reeleição, designando um sucessor, como fez Lula com Dilma, mas foi muito mais longe: coroou-se imperador, chefe do Executivo por tempo indefinido. E, de fato, ficou nesse posto por vinte anos, até setembro de 1870. A crise que deu origem a esse regime "bonapartista" foi analisada e esmiuçada no livro *O 18 de brumário de Luís Bonaparte*.

Essas obras revolucionaram o pensamento político europeu ocidental e, finalmente, mundial, originando aquilo que depois foi chamado de marxismo – e tudo isso foi produzido por Marx e Engels no intervalo de uma década, entre 1842 e 1851. Mas, curiosamente, Marx era bastante lento para escrever e, além disso, nesse mesmo período, envolveu-se com muitas outras atividades: participou de revoluções, foi exilado e expulso pelo governo francês, depois foi expulso pelo governo belga, casou e teve filhos. Surge, dessa forma, uma nova teoria político-filosófica, uma nova compreensão de mundo e, no lapso de dez anos, pela pena de duas pessoas, das quais uma claramente é mais destacada: Karl Marx.

A que atribuir isso? Na verdade, a conjuntura histórica foi importante, o momento. Não foi uma trajetória única a de Marx. Houve outras semelhantes nessa época: Proudhon, Blanc, Hess, Heine etc., e Marx as enxergou com extraordinária atenção – dedicou um livro a Proudhon e, dentre todos, quem mais admirava era Louis Auguste Blanqui, o revolucionário por excelência do século XIX. Sobre ele, produzi um artigo em que o chamei de Che Guevara do século XIX, porque ele permanentemente organizava insurreições. Viveu oitenta anos, dos quais cerca de cinquenta foram passados na prisão, apesar de ser filho de uma família relativamente destacada. Seu irmão, Jerôme Adolphe Blanqui, era um importante economista francês e tudo o que se pode imaginar de um burguês carreirista, mas Louis foi o maior revolucionário francês de todos os tempos, a ponto de passar a maior parte do tempo na prisão. Marx o criticava, porque ele era o que chamaríamos hoje de um vanguardista ou putschista. Era um jacobino que pensava que uma vanguarda revolucionária fortemente coesa e armada devia tomar a iniciativa e depois chamar o povo em seu apoio – e pensou isso até o fim de sua existência, colocando o pensamento em prática também. Foi personagem central da Revolução de 1848 e teve grande importância na Comuna de Paris, em 1871, embora estivesse na prisão.

Assim, Marx foi membro de uma geração – basicamente franco-alemã, mas que também incluiu italianos, como Giuseppe Mazzini, o pai da Itália unida; Lajos Kossuth, o pai da Hungria unida; Adam Mickiewicz, o pai literário da Polônia, e outros personagens históricos – incubadora de ideias e ações revolucionárias que percorreram a Europa na década de 1840. E o fato

80 | Curso livre Marx-Engels: A criação destruidora

de todos esses personagens atingirem o ápice de sua atividade nesse período, inclusive o próprio Marx, não foi devido ao acaso. Acontecia uma conjuntura histórica muito especial, específica, única na história do continente.

Quando comecei lançando a provocação de que é mais difícil ler *As lutas de classes na França*, *A guerra civil na França* e *O 18 de brumário de Luís Bonaparte* do que *O capital*, falei com sinceridade. Porque, como foi dito, *O capital* tem uma sequência lógica rigorosa. Quem começar lendo o primeiro capítulo do livro vai encontrá-lo muito árido e difícil de ser seguido, mas, uma vez os principais conceitos esclarecidos, nota-se uma lógica absolutamente rigorosa, e remete permanentemente a dados, personagens etc., discutindo com os grandes nomes da economia e da filosofia de seu tempo, bem como com aqueles do passado. Ali, Marx se refere, por exemplo, a Thomas Hobbes, o grande filósofo medieval inglês, e menciona inclusive Aristóteles, o grande filósofo do pensamento clássico grego, nas primeiras páginas, referidas à análise da forma-mercadoria.

Em vez disso, em *As lutas de classes na França* e *Lutas de classes na Alemanha*, Marx deixa os gigantes do pensamento universal e lida com os Collor e os PCs Farias de seu tempo, os corruptos e inconsequentes de toda espécie. Já em *A guerra civil na França*, refere-se a um governante francês, Adolphe Thiers, que era o homem providencial da burguesia depois da queda de Luís Bonaparte, como um "anão nojento", podre, corrupto. E afirma que esse homem conseguiu seduzir a burguesia francesa porque dava expressão à completa corrupção dessa classe social. Ele se refere não apenas a Thiers, mas a muitos outros, inclusive homens de esquerda, com adjetivos violentíssimos. Em *As lutas de classes na França*, Marx estava com 32 anos de idade; em *A guerra civil na França*, já tinha mais de cinquenta, e voltou ainda mais violento verbalmente.

O fato é que Marx agia como um político de seu tempo, e é difícil de ser lido porque fala de uma série de conjunturas, detalhes e personagens que exigem permanentes notas de rodapé, porque não se sabe mais quem foram essas pessoas, e os partidos políticos que representavam também já não existem há muito tempo. Só que voltam a existir com outros nomes, de outras maneiras, como tendências políticas de classe, perdurando até hoje.

Essas obras foram reeditadas na década de 1890, com um prefácio significativo de Engels, dizendo algo mais ou menos assim: "Nesses textos, pela primeira vez, Marx faz análises históricas concretas a partir da bagagem do materialismo histórico que tinha sido constituído teoricamente nas obras imediatamente precedentes". Assim, Marx se movimentava efetivamente no terreno da teoria pura até o da política, e se envolvia com tudo nela, com toda sua alma, participando da política europeia desde a década de 1840.

Com Engels foi diferente. Ele se guiava mais pela intuição e teve uma experiência decisiva nessa década – que Marx ainda não havia tido –, que foi o conhecimento da classe operária inglesa, relatado em um livro extraordinário, chamado *A situação da classe trabalhadora na Inglaterra*, escrito em 1844 e publicado em 1845. Vale destacar, inclusive, que esse livro foi redigido graças à mulher de Engels, Mary Burns, uma operária irlandesa analfabeta da empresa em que ele trabalhava como gerente, que foi sua companheira até morrer. O fato é que, sem essa mulher, Engels não teria podido percorrer os bairros de Manchester, fazendo observações e tomando notas que permitiram a produção do livro – considerado, aliás, o primeiro texto da sociologia de classes e até de sociologia urbana. Isso porque, se tivesse ido sozinho nesses bairros de operários ingleses e holandeses, maltrapilhos e malvestidos, permanentemente bêbados aos domingos e extremamente violentos, ainda mais vestido como se vestia, provavelmente não teria saído vivo. E foi graças a ela que Engels conseguiu entrar nos bares, beber com os trabalhadores, conversar com eles e visitar suas casas, sem ser agredido.

Enfim, essa experiência decisiva levou Engels antes ao movimento operário e mais tarde ao movimento dos operários mais radicais, que eram os comunistas. Assim, ele puxou Marx, no início um pouco relutante, porque não via nesses grupos um grande nível teórico – coisa que, de fato, não tinham. Contudo, muitos anos depois, Marx reconheceu isso a Engels: "Eu sempre acompanho seus passos". Já Engels era mais impulsivo, e há vários exemplos, inclusive relativos a *O capital*. Uma primeira versão da "crítica da economia política" fora redigida por Engels, publicada em 1843.

Marx, na época, vinculou-se ao movimento dos trabalhadores, através dos alemães que trabalhavam em outros países. Os da França foram os primeiros a constituir a Liga dos Justos e depois vieram os que também viviam na Inglaterra, muito mais numerosos, que tinham criado igualmente naquele país essa Liga, um movimento operário mais radical e atuante na Europa, o único de caráter e natureza realmente internacionais. Nesse contexto, os operários alemães eram extremamente qualificados, mas a indústria alemã era ainda muito incipiente. Assim, eles eram bem-vindos na indústria francesa e sobretudo na inglesa, a mais desenvolvida da época, em patamares que hoje consideramos os normais do capitalismo.

Por meio disso, Marx mergulhou na política e na análise da dinâmica social de classes, e o resultado foi o *Manifesto Comunista*, de 1848. Ele foi redigido pela necessidade que os comunistas tinham de programa político diante da iminência de uma revolução, que vinha sendo anunciada por uma série de eventos, como a Revolução de 1830 e de 1832, ambas na França, e, principalmente, a revolta dos operários em 1834, em Lyon, e em 1844, em Manchester. Eram acontecimentos que testemunhavam a existência de uma classe operária já atuante tanto na escala histórica quanto na política, capazes de abalar a sociedade a partir de uma ação de classe, e não de uma ação democrática, em conjunto com os outros setores pobres e com as outras classes sociais oprimidas.

Desse modo, Marx entendeu dar a essa classe já atuante um programa político que era, ao mesmo tempo, um programa histórico. O *Manifesto Comunista* deu um fundamento histórico a essa luta de classe e a esses operários que já se organizavam e exprimiam aspirações comunistas, ou seja, a uma sociedade baseada na propriedade social dos meios de produção. O *Manifesto* começa assim: "A história de todas as sociedades até hoje existentes é a história das lutas de classes". Depois aborda como foi o desenvolvimento da classe burguesa, como a luta de classes se transformou, na sociedade capitalista, na luta entre burguesia e proletariado, bem como por que essa luta deve concluir na vitória do proletariado como prelúdio à emancipação social geral.

Essa seria a suposta profissão de fé, que não o é. Todas as outras classes oprimidas protagonizavam, sistematicamente, rebeliões contra o regime existente, mas tendiam a se dispersar socialmente porque o modo de produção capitalista, em seu avanço, tendia a destruir as classes médias e a fazer crescer a classe operária. Foi isto que Antônio Delfim Netto reconheceu recentemente em Marx: a concentração crescente da sociedade capitalista e a eliminação de todos os estratos intermediários entre o assalariado e a grande empresa capitalista.

Por outro lado, muitas vezes se diz que o proletariado tende a desaparecer porque há muitos desempregados, então o que teríamos seriam os "excluídos". Mas deixo essa afirmação de lado porque Marx sempre considerou os excluídos, ou melhor, os desempregados, como parte da classe operária – ele os chamava de exército industrial de reserva, e sabia que existiam flutuações; em dado momento havia mais, especialmente em momentos de crise, e, quando a economia capitalista tomava seu ritmo crescente, esses desempregados eram em grande parte absorvidos pelo aparelho econômico.

Mas Marx dizia que essa classe estava obrigada a se revoltar contra o estado de coisas cada vez mais desumano, em que se realizava a negação de toda a humanidade na classe oprimida – o produto típico do desenvolvimento capitalista –, e que, por esse motivo, ao fazer uma revolução, essa classe seria obrigada não apenas a libertar a si própria, mas a libertar a humanidade de toda a opressão classista.

À luz disso, e com o *Manifesto Comunista* já precariamente publicado, a revolução aconteceu em 1848. Todo mundo sabia, de algum modo, que isso aconteceria. Alexis de Tocqueville fez um discurso parlamentar, em janeiro daquele ano, dizendo mais ou menos o que segue: "Senhores deputados, o mundo está tremendo sob os nossos pés, uma revolução está para explodir. Vocês não percebem? Tomem alguma iniciativa! Façam alguma reforma, ou uma revolução vai acontecer". E a revolução aconteceu, contra o antigo regime, por meio da derrubada das monarquias e pela tentativa de constituição de várias grandes nacionalidades modernas, que até esse momento não existiam – a Alemanha e a Itália, por exemplo –, contra os grandes impérios multinacionais, principalmente o austríaco, o Império dos Habsburgo, e contra o regime absolutista, mitigado na França, onde o rei já não era a representação do absolutismo monárquico, era, como se dizia, o primeiro-burguês do reino. No fim, era uma monarquia quase capitalista, mas continuava sendo uma monarquia – o que criava uma contradição política gritante, mais forte que no restante da Europa.

Ou seja, a França já havia iniciado um desenvolvimento capitalista, mas ainda conservava um regime absolutista, no qual a burguesia não tinha representação política à altura de sua força econômica e social. Resultado: havia uma combinação histórica única – o antigo regime sobrevivia e as forças produtivas capitalistas emergiam em toda a Europa, principalmente na França, com consolidação plena na Inglaterra e emergindo também na Itália e na Alemanha. A perspectiva, portanto, era de uma repetição da Revolução de 1789, para acabar de vez com o absolutismo não apenas na França, mas em todo continente, porém em condições diferentes, porque em 1789 não existia ainda uma classe operária.

Este foi o prognóstico do *Manifesto Comunista*: a próxima revolução terá o proletariado como protagonista independente, então vai evoluir até se transformar em uma revolução proletária. Podemos prestar atenção nesse processo particularmente na Alemanha, porque ali estava para acontecer uma revolução como a velha Revolução Francesa, mas com a existência de um proletariado bastante estruturado. Assim as revoluções aconteceram, e Marx e Engels não só as analisaram como participaram delas, e não apenas como políticos, mas como organizadores e analistas. Eles pensavam permanentemente no que estavam fazendo, não eram ativistas cegos. Além disso, a revolução teve um conteúdo democrático, por isso dirigiam um jornal democrático, a *Nova Gazeta Renana*,

84 | Curso livre Marx-Engels: A criação destruidora

enquanto seguiam participando da Liga dos Comunistas. Ou seja, eram democratas e comunistas, embora soubessem a diferença entre uma coisa e outra.

Em fevereiro de 1848, a revolução acabou de vez com a monarquia francesa, constituindo um governo provisório, uma dinâmica absolutamente extraordinária. Devido à crise econômica que precedeu a revolução, sem a qual dificilmente ela teria acontecido, Paris havia se enchido de operários e de camponeses desempregados. O governo provisório criou, assim, uma solução, que foram as chamadas oficinas nacionais. Essas oficinas foram financiadas por meio de um imposto aos camponeses – na verdade, um imposto geral a toda sociedade, que era basicamente camponesa.

Os operários beneficiados por essa medida, no entanto, se organizaram. E, em junho, devido à falência econômica do Estado, as oficinas foram suprimidas, gerando a revolta dos operários. Como disse Marx: "Fevereiro deu à França a democracia e junho deu à França a revolução". Com a revolta, eles ocuparam Paris durante uma semana. Mas, em resposta a isso, um general, chamado Cavaignac, que não era um monarquista, mas um republicano, conduziu uma repressão violenta, resultando em quase 5 mil mortos – um grande massacre. Porém, embora a revolução proletária tenha sido derrotada na França, foi suficientemente forte para assustar a burguesia de toda a Europa.

E a burguesia alemã, diante do fantasma da revolução proletária que tinha aparecido em Paris, recuou em seu programa inicial de varrer para sempre o absolutismo monárquico e os particularismos feudais do país, chegando a uma conciliação com as monarquias existentes. Assim, o sonho de uma Alemanha unida e democrática fracassou na Revolução de 1848, quando se chegou a reunir uma assembleia nacional em Frankfurt com representantes dos 39 estados que constituíam a Confederação Germânica. Nesse encontro, discutiram uma constituição democrática, sem monarquia, e a unificação nacional sobre essas bases.

Marx e Engels também discutiam essas questões, sabendo que, se fosse criada uma Alemanha unificada e democrática, estaria aberta a luta de classes que se abrira na França na Revolução de 1789-1794, cujo resultado final foi a revolta dos operários franceses – um resultado previsto no *Manifesto Comunista*. O fantasma do proletariado, o "fantasma do comunismo", se transformaria em um ser de carne e osso, e não depois de cinquenta anos, mas imediatamente, porque essa unificação alemã aconteceria com um capitalismo já desenvolvido em diversas regiões da Alemanha, o que já tinha dado lugar a uma grande insurreição, a dos tecelões da Silésia, cantada e dramatizada em uma obra de teatro excepcional de Gerhart Hauptmann, chamada *Os tecelões*, uma das mais populares em toda a Europa na década de 1840.

Os acontecimentos, no entanto, culminaram no fracasso da revolução democrática na Alemanha, que vai ter consequências espetaculares, porque, em primeiro lugar, não haverá unificação, uma nação com todos os territórios de fala germânica. Inclusive, quando a Alemanha se unificar de fato – não pela via democrática, mas pela via prussiana, com uma espécie de regime bonapartista, o bismarckiano –, será como "pequena Alemanha", excluindo aquilo que devia ser destruído para que acabasse a opressão sobre a Itália e, simultaneamente, a desunião da Alemanha – o Império Austríaco –, que sobreviveu à sua própria agonia e decomposição até a Primeira Guerra Mundial, quando foi de fato destruído, possibilitando a existência da Itália e da Hungria, a grande nação oprimida dentro das próprias fronteiras do Império Austro-Húngaro.

A consequência disso foi que o problema nacional alemão não se resolveu. Como diz Marx nesses textos, ele poderia ser resolvido por vias revolucionárias ou contrarrevolucionárias. E o projeto da Grande Alemanha nunca desapareceu, foi retomado na década de 1920 por um senhor baixinho, um austríaco que se sentia alemão, chamado Adolf Hitler. As forças que se colocaram ao longo do desenvolvimento histórico resultante finalmente no nazismo hitleriano estão registradas em *Lutas de classes na Alemanha*.

Essa conjuntura histórica decidiu boa parte do futuro. E, finalmente, em *As lutas de classes na França*, Marx chega a uma conclusão política a partir da derrota da revolução. Diz que aquilo que tinha sido formulado, no *Manifesto Comunista*, como elevação do proletariado à situação de classe dominante, como objetivo dos comunistas, transformou-se em um regime político – a ditadura do proletariado –, entendendo que todo regime político é uma ditadura de classe e que, portanto, o proletariado vai exercer uma ditadura, mas não no sentido de ditadura militar, e sim um governo despótico contra a classe burguesa e contra a sobrevivência do regime feudal. Chega a pontuar, inclusive, que, diante da traição da burguesia, a revolução democrática que deixou o proletariado sozinho e implicou na derrota da Revolução de 1848 deve proceder como os jacobinos enfrentaram as vacilações da burguesia, em 1789, a saber, fazer a revolução permanente, ou seja, impedir que ela se detenha no estágio em que as demandas políticas da burguesia e da pequena burguesia sejam satisfeitas.

Assim, era necessário ir mais longe, porque agora, graças à nova configuração de classes, era possível ir mais longe. Não o era em 1789, porque o proletariado ainda não existia como classe socialmente diferenciada, mas, no período de 1789 a 1792, a burguesia quis deter a revolução em determinado ponto, quando suas reivindicações de classe estavam satisfeitas, e não queria acabar com a monarquia. Só que a guerra externa lhe impediu de deter a revolução nesse estágio, aparecendo uma fração política absolutamente resoluta e decidida – a dos jacobinos –, que cortou a cabeça do rei, da rainha e de seus herdeiros para que não sobrasse nada da monarquia. Desse modo, acabou com toda a propriedade feudal, com todo o vestígio político do antigo regime, criando o Estado nacional moderno. Mas os jacobinos terminaram guilhotinados pela reação "termidoriana" (referência ao 9 de thermidor, no calendário revolucionário) porque sua base social era muito fraca. E, quando terminaram de realizar essa tarefa, foram abandonados e rejeitados pela própria burguesia que os tinha tolerado.

Dessa vez, em 1848, não aconteceria a mesma coisa, disse Marx, porque quem estava ali não era apenas uma equipe política decidida, mas uma classe social – o proletariado. Em uma palavra: era um mundo novo que estava surgindo, um novo tipo de revolução, que precisava de uma teoria e de um programa que a expressasse. E, inclusive, que expressasse em geral qual era a dinâmica de classes da revolução naquele momento em que o proletariado já existia enquanto classe social.

Pois as bases dessa teoria foram lançadas por Marx em *As lutas de classes na França de 1848 a 1850*. O texto é difícil de ser lido, mas é extraordinário, porque a capacidade de Marx de descrever e transformar os acontecimentos que envolvem toda a população de um país – e toda a população de um continente – quase em episódios de um romance histórico é absolutamente extraordinária. Mas não é o único, ele tinha grandes mestres. Tinha a seu lado Engels, seu grande parceiro intelectual; Heinrich Heine, o maior prosista da língua alemã, com quem aprendeu a escrever; Moses Hess, um panfletista fabuloso; e Blanqui e Proudhon, como citei anteriormente.

Contudo, Karl Marx surgiu no quadro dessa emergência histórica, em uma "situação extraordinária de homens extraordinários", na qual era, na verdade, o *primus inter pares*, o melhor dentre eles. Mas não teria sido tão bom se não houvesse tido uma confrontação sistemática e simultânea com a revolução e com todos os homens que encarnavam nela.

Nesse momento, os melhores cérebros eram não apenas os melhores intelectuais, mas os políticos que estavam na cabeça das revoluções. Lajos Kossuth, o pai da Hungria independente, era também a mente mais brilhante do país, o maior ensaísta e o maior jornalista. Ele foi dirigente da Revolução Húngara, a última a cair, em 1849, porque o Império Austríaco não conseguiu derrotá-la.

Assim, Budapeste teve de ser invadida pelas tropas russas para salvar a monarquia dos Habsburgos. Já Adam Mickiewicz é considerado até hoje o maior poeta da língua polonesa, o chefe do movimento pela independência da Polônia do Império Russo. Ou seja, foi um momento único da história.

Nessa conjuntura de uma revolução que pretendia acabar com o antigo regime, perfilava-se, ao mesmo tempo, uma nova classe social, que pretendia levar essa revolução além dos limites da democracia, de modo objetivo. E isso deu origem a uma teoria da revolução, com *As lutas de classes na França*, e a uma teoria do Estado, com *O 18 de brumário de Luís Bonaparte*. Quando a revolução entrou em declínio, surgiu o Estado típico do capitalismo – que sobreviveu a si próprio, a forma política típica da burguesia consolidada no poder –, o Estado bonapartista, que não é democrático, mas conserva as formas democráticas. Luís Bonaparte jamais extinguiu o Parlamento, mas o transformou em politicamente secundário, porque o que passou a importar foi o poder do Executivo, por cima das instituições representativas.

Paralelamente, surgiram as dificuldades que esta nova classe revolucionária têm em se reconhecer como tal. Por esse motivo, a principal crítica de Marx àqueles que fazem as revoluções, em particular aos franceses, é de que não conseguem entender o que estão fazendo, não conseguem ser contemporâneos de sua realidade histórica. É uma frase extraordinária de *O 18 de brumário de Luís Bonaparte*. E é difícil porque Marx também está aprendendo nesse momento, isto é, ele próprio descobre as dificuldades da revolução, e esses livros dão conta desses conflitos e dessas dificuldades.

Diz, em *O 18 de brumário*: "A tradição de todas as gerações passadas é como um pesadelo que comprime o cérebro dos vivos", numa referência ao fato de que os revolucionários de meados do século XIX não conseguiam entender a especificidade de sua revolução, pensavam repetir a revolução do passado, a de 1789, assim como os revolucionários de 1789 pensavam repetir a República Romana. E isso também aconteceu durante a guerra civil na França, na Comuna de Paris.

Finalmente, em 1848, tudo é concluído em uma espécie de palhaçada, na coroação do sobrinho de Napoleão Bonaparte como Napoleão III. Inclusive, Marx diz, nesse momento, que a história se repete duas vezes, como dizia Hegel, mas este se esqueceu de esclarecer: a primeira como tragédia (Napoleão); a segunda como farsa (seu sobrinho). Naquele momento isso era difícil dizer, porque Napoleão III aparecia como um homem muito poderoso, e governaria a França durante vinte anos, chamando-a de Segundo Império, tentando recriar o Império Francês.

88 | Curso livre Marx-Engels: A criação destruidora

Contudo, cada vez que o faz, é derrotado. É o que acontece no México, na década de 1850, na tentativa de estruturar um Império Francês na América Latina, coroando seu primo Maximiliano como imperador do país. No entanto, esse primo termina expulso pelos nativos, encabeçados por Benito Juárez, que acabam como o colonialismo francês de vez na América. Também ocorre o mesmo na Áustria, em 1866, quando o decadente Império Austríaco derrota as tropas francesas. E, finalmente, na derrota contra a Prússia, em 1870, terminando de maneira patética: com Napoleão III passeando dentro de uma gaiola perante as tropas prussianas. Ou seja, ele foi a caricatura cômica do glorioso Napoleão I, que conquistou toda a Europa, com um exército que era minoritário em relação aos exércitos que encontrava pela frente.

Vale dizer que Marx apontou que esse Napoleão de araque – "o pequeno", nas palavras de Victor Hugo – era uma farsa ainda quando iniciava-se seu governo. E, no entanto, a revolução fracassava porque os revolucionários não conseguiam entender e se dotar de um programa adaptado às condições de sua época. Ao que Marx pontua: Não é do passado, mas unicamente do futuro, que a revolução social do século XIX pode colher sua poesia. Ela não pode começar a dedicar-se a si mesma antes de ter despido toda a superstição que a prende ao passado. As revoluções anteriores tiveram de recorrer a memórias históricas para se insensibilizar em relação ao próprio conteúdo. A revolução do século XIX precisa deixar que os mortos enterrem os seus mortos para chegar ao próprio conteúdo. Naquelas, a fraseologia superou o conteúdo, nesta, o conteúdo supera a fraseologia.

É um novo tipo de revolução, que não pode mais tirar sua poesia do passado, não pode mais se imaginar como a reedição de uma revolução passada e ultrapassada. Tem de ser capaz de observar e analisar as próprias condições e, como diz Marx nesta frase extraordinária, "colher a poesia do futuro". Diante disso, eu diria que nenhuma revolução preencheu tão claramente essas condições quanto a Revolução Russa de 1917, que mais claramente apontou para o futuro, tanto que inventou praticamente tudo o que nós vivemos, porque foi dela que surgiu o cinema, o teatro, a arquitetura e a dança em sua estética moderna. Mas também se concluiu (provisoriamente, ao menos) como um processo frustrado.

Enfim, *A guerra civil na França* é um livro excepcional porque coroa todo esse esforço. Porque, em março de 1871, diferentemente de junho de 1848 – depois da catástrofe de 1871, da catástrofe do Segundo Império na guerra contra a Prússia e da humilhação nacional –, o proletário francês não foi derrotado por um Cavaignac. Aliás, esse potencial Cavaignac de 1871 acabou fuzilado pelos operários franceses, porque sua tropa se juntou ao povo revoltado. Então, não temos apenas o projeto de uma revolução, mas uma revolução de fato, da qual Marx tira todas as conclusões políticas para aquilo que tinha sido ainda algebricamente exposto, relativo ao regime do Estado revolucionário, em *As lutas de classes na França*.

Desse modo, a ideia do proletariado como classe dominante exposta em 1848 se transforma, em *A guerra civil na França*, em um programa político positivo, depois de uma análise extremamente pormenorizada de todos os detalhes do que aconteceu nesses apenas dois meses e quinze dias que durou a Comuna de Paris. Quando chega ao poder, o proletariado não pode se limitar a se apropriar do Estado existente, tem de destruí-lo e criar outro, porque aquele não serve para os seus fins. A Comuna tomou uma quantidade enorme de medidas, mas quase nenhuma delas foi levada à prática, só que resultou em um programa para o futuro de toda a revolução.

Assim, Marx indicou três medidas básicas adotadas pela Comuna de 1871 como características de uma ditadura do proletariado. Primeiro, a elegibilidade e revogabilidade permanentes de todos os representantes políticos. Quem os elegeu podia revogá-los a qualquer momento, fosse no setor geográfico, fosse no setor da produção que os elegeu. Segundo, nenhum funcionário público ou funcionário político poderia receber um salário superior ao de um operário qualificado. Resultado: acabava-se com a burocracia civil do Estado, pois não haveria mais "carreira política". A terceira medida servia para defender a revolução, tanto a reação interna, quanto a reação externa, e para defender a sociedade dos elementos antissociais, então abolia-se a polícia e o exército permanente – com o armamento geral de toda a população. Marx dizia simplesmente que a ditadura do proletariado devia tomar essa medida para se proteger até dos criminosos.

Nesse livro, Marx faz uma análise de como o proletariado de Paris pôs em prática toda uma série de medidas que prefiguram como funcionaria, ou como deveria funcionar, um governo de transição para uma sociedade sem classes. O período revolucionário foi concluído por um massacre, com 20 mil mortos em sua repressão imediata, milhares de exilados, de presos e um total de 100 mil pessoas atingidas pela repressão, uma cifra extraordinária na "cidade dos direitos humanos" – era a maior repressão da Era Moderna até aquele momento.

No entanto, é preciso dizer que a Comuna de Paris foi, entre outras coisas, o primeiro governo da história a estabelecer o princípio de educação pública, estatal, gratuita e laica a todas as crianças, incluídas as mulheres,

90 | Curso livre Marx-Engels: A criação destruidora

que até então, inclusive na França, eram na maioria analfabetas, porque ainda subsistia o prejuízo, alimentado pela Igreja católica, de que as mulheres só precisavam parir, cozinhar e limpar a casa, não aprender a ler e a escrever.

Portanto, o mundo deve à Comuna de Paris o princípio de educação pública. Ela pagou por isso naquele momento, por meio da ação da burguesia francesa e da burguesia alemã coligadas, que massacraram os trabalhadores que estabeleceram esse princípio. E Marx discute tudo isso em *A guerra civil na França*.

Bom, obviamente os tempos são hoje outros. Tudo isso que foi colocado nesses livros ainda é válido, ou é apenas história? No meu entendimento, isso se mantém vigente, mas não exatamente ao pé da letra porque, obviamente, estamos em uma sociedade diferente, com um capitalismo mais desenvolvido. O eixo mundial do desenvolvimento capitalista mundial não é mais nem a França, do ponto de vista político, nem a Inglaterra, do ponto de vista econômico, mas os Estados Unidos, a China etc.

Os problemas se colocam de modo diverso, e se colocam outros tipos de problema. Mas, no meu entendimento, as bases para qualquer programa revolucionário e qualquer programa político do presente se encontram nesses livros, em que o marxismo definiu seu perfil de teoria e de programa político para o futuro. Além disso, foi a partir desses textos que se começou a falar em marxismo, não a partir de *O capital*. Porque configuraram, com base em suas interpretações e na discussão sobre sua atualidade, as diversas variantes políticas das correntes que se reivindicam marxistas.

Logicamente, não vou dizer que a solução para o mundo de hoje consiste simplesmente em voltar a Marx, aos textos iniciais. Na verdade, a Marx devemos voltar sempre, mas como uma proposta de interpretação, porque o que nós devemos fazer, e o que Marx nos recomendou, está nesta frase: "Buscar nossa poesia no futuro". Temos de ser capazes de analisar a realidade e, eventualmente, a revolução de nosso tempo com o prisma de nosso tempo, porque, assim como na França do século XIX, no mundo do século XXI, a revolução deste século só poderá tirar sua poesia do futuro.

Comuna de Paris e Revolução Russa

A Revolução de Outubro, que deu lugar à URSS, foi feita por um partido encabeçado por Lenin, que, por sua vez, baseava-se diretamente nos escritos de Marx sobre a Comuna de Paris. Inclusive, pouco antes da Revolução Russa, ele estava discutindo com os socialistas alemães como interpretar o que Marx tinha escrito em *A guerra civil na França*. Então a relação com Marx e os livros que estamos comentando é direta, do ponto de vista daqueles que estavam fazendo a revolução do século XX. A Comuna de Paris estava na cabeça dele, e é um dos primeiros textos pelos quais a revolução vai ser conhecida no exterior.

Outro de seus dirigentes, Leon Trotski, publicou um texto que faz parte de um material mais amplo, também em debate contra os socialistas alemães, chamado "A Comuna de Paris e a Rússia dos sovietes". Atualmente, esse texto é facilmente acessível e foi amplamente divulgado na Europa ocidental dentro de um livro maior de Trotski, chamado *Terrorismo e comunismo*. Ou seja, na cabeça dos homens que faziam a Revolução Russa, a Comuna estava permanentemente inserida, principalmente no que dizia respeito à interpretação das limitações da Comuna feita por Marx.

Também é possível encontrar alguma interpretação original da Comuna, porque Lenin e Trotski não se limitavam simplesmente a comentar e reproduzir o que Marx tinha dito, mas tentaram pesquisar por conta própria o que tinha sido a Comuna, para corroborar com alguns dos dizeres de Marx a respeito disso. O destino da Revolução Russa, obviamente, teve pouco a ver com isso – com um Estado-Comuna, como eles imaginavam. Mas, inicialmente, pensavam que o que estavam construindo de fato era um Estado-Comuna, inclusive foram até longe demais pensando nesse conceito.

Um dos mais importantes economistas bolcheviques, chamado Ievguêni Alexeivich Preobrajenski, chegou a apontar, em 1919-1920, que os sovietes haviam adquirido tanta importância na Rússia que o Partido Bolchevique já não servia mais para nada e devia ser dissolvido. E quem estava propondo isso era um bolchevique bem antigo, que acreditava, de fato, estarem repetindo a Comuna, só que numa escala muito maior, geograficamente falando, e numa escala histórica também maior.

Bom, essa expectativa não foi preenchida, satisfeita. Surgiu a ditadura stalinista, e o Estado, em vez de se extinguir, cresceu, avolumou-se de forma espetacular e se tornou independente da sociedade, também de modo muito forte, levando a um processo de contradições extremas, que culminou no fim da União Soviética em 1991.

As dificuldades das revoluções são sempre maiores do que parecem em um primeiro momento. No início da década de 1920, por exemplo, Trotski e Lenin afirmavam que o problema da relação entre partido, Estado e massas teria sido resolvido pelos sovietes. São textos que, lidos agora, impressionam pela ingenuidade.

92 | Curso livre Marx-Engels: A criação destruidora

Outro dado é que *Lutas de classes na Alemanha* e *A guerra civil na França* são como *A revolução traída* de Trotski, ou outros textos seminais do século XX, balanços da derrota. E são importantes justamente por isso, porque o conhecimento só avança através da derrota, as sociedades só avançam na sua autoconsciência através das derrotas que experimentam e até as pessoas só avançam individualmente por meio da análise de suas derrotas.

Assim, o grande livro que é *O capital* é um livro teórico, sobre economia política, é uma crítica à economia política. Mas a luta de classes, em *O capital*, aparece esboçada como um fantasma, não como algo concreto, porque, no momento em que se envolve na história, não faz análise de detalhe. São análises muito genéricas. Os livros mencionados anteriormente são aqueles em que Marx analisa as lutas de classes concretas. E são "os melhores" de Marx, porque analisam as derrotas e foi a partir delas que foi elaborada a teoria marxista – e só poderia ter sido assim, porque esclareciam quais eram os pontos cegos da teoria, o que não estava previsto, no que era necessário aprofundar e o que era necessário perceber. Todas essas percepções estão nesses livros – pelo menos as que Marx conseguiu fazer acerca do Estado, do comportamento das classes sociais e do comportamento de outras classes, não proletárias, durante a revolução. Aborda, inclusive, as limitações do próprio proletariado na revolução.

Já *A guerra civil na França* é uma interpretação sobre a Comuna de Paris, mas há outros livros contemporâneos importantes sobre o assunto. É o caso de *História da Comuna de 1871* de Prosper-Olivier Lissagaray. O autor foi participante da Comuna, portanto sua testemunha, e deu uma ilustração literária extraordinária desse acontecimento. Ele diz, por exemplo, que, quando o Exército francês entrou para massacrar a Comuna, a ideia dos proletários franceses que estavam fazendo a revolução do passado foi criar um comitê de salvação pública, igual ao da Revolução Francesa de 1789, acreditando que pudesse dar certo mais uma vez. Mas não foi o que aconteceu.

Depois, os operários fizeram barricadas para impedir o avanço do Exército pelas ruas de Paris, o que fez Lissagaray morrer de rir. Isso porque, depois da Revolução de 1848, a última revolução das barricadas, Napoleão III remodelara completamente a cidade, com enormes avenidas, para que o Exército pudesse circular livremente. Todas as grandes avenidas que Paris conhece atualmente não existiam na Paris anterior a 1848, só depois, e tornaram as barricadas inúteis.

Tudo isso configura uma teoria da revolução e de como deve ser analisado o comportamento das classes. E mais: desmente a ideia de que Marx considerava o proletariado um messias, porque um messias não tem imperfeições, mas o proletariado de Marx não é um proletariado perfeito, cheio de valentia e conhecimento – ele faz besteiras, comete erros e tem ilusões de que está fazendo a revolução do passado, não consegue perceber que está fazendo outra revolução. E ele critica isso, sendo também criticado pelo proletariado, porque sabe o que é uma ditadura do proletariado, é o proletário de Paris que lhe ensina isso através da prática da Comuna, como o próprio Marx reconheceu.

É importante ler e reler sobre esses assuntos, e ler e reler Marx, a esse respeito. Quando leio essas frases, descubro virtualidades e visões de Marx completamente atuais e que não são retomadas pelos teóricos de hoje. Daí sua enorme riqueza. *As lutas de classes na França* deve ser lido para que se entenda como foi essa revolução e como, inclusive, nenhuma revolução futura vai ser como aquela de 1848, embora questões metodológicas da abordagem da revolução permaneçam vigentes. Além disso, Marx cobra permanentemente dos revolucionários: "Entendam o que vocês vão fazer e em que meio estão operando de modo revolucionário. Já não é aquele que vocês pensam que é, é um novo", parece lhes dizer constantemente.

Proletariado hoje

O proletariado continua existindo, mais numeroso do que nunca na história. Na atual conjuntura, temos a peculiar característica de um enorme número de desempregados, devido à extensão mundial não somente do modo de produção capitalista, mas também do exército industrial de reserva. É uma ideia que se contrapõe àquela de que, com o trabalho imaterial, a informática etc., o proletariado tende a desaparecer e o próprio fator do trabalho tende a ser irrelevante do ponto de vista da determinação do valor da mercadoria. Assim como a que diz que, pelo forte desemprego que consome o mundo atualmente, o proletariado tende a desaparecer, inclusive fisicamente.

Não estou de acordo com a ideia de que essas tendências impliquem no desaparecimento do proletariado, mas o que está acontecendo cria um tipo de proletariado diferente, não mais aquele de que falava Marx, nem o da Revolução Russa, nem o da Revolução Cubana, nem o da Revolução Vietnamita, nem o da Revolução Chinesa. É a mesma classe social e, ao mesmo tempo, é outra.

Em *As lutas de classes na França,* Marx diz que o problema é que não houve revolução social depois da revolta de junho, e ele dá um exemplo. Diz que, na França, não há proletariado. E isso porque o que na Inglaterra é feito pela burguesia, na França, é feito pela pequena-burguesia. E o que na

94 | Curso livre Marx-Engels: A criação destruidora

Inglaterra é feito pelo proletariado, na França, não é feito por ninguém. Esse é o drama da Revolução Francesa, porque o proletariado se encontra em uma situação diferente que ainda não é aquela própria do capitalismo desenvolvido que, nessa época, era o inglês.

Assim, Marx estava permanentemente atento à perpétua mudança da composição e da condição de classe do proletariado, ao mesmo tempo que estimava que o proletariado continuasse a crescer. É evidente que o proletariado cresceu ao longo de toda a história e é atualmente mais numeroso do que nunca. Já as condições de uma consciência de classe desse proletariado é um tema mais complexo, até porque pressupõe que exista algum elemento ou pessoa, nessa sociedade, que tenha o monopólio da consciência, o monopólio da verdade. Isso nunca existiu. Marx não o tinha, e tinha uma grande vantagem: ele sabia que não o tinha. E a maioria dos marxistas de hoje não o tem e acha que o tem – o que é uma desgraça terrível! Marx, como Sócrates, "sabia que nada sabia", por isso continua vigente.

Bibliografia

ENGELS, Friedrich. *A situação da classe trabalhadora na Inglaterra:* segundo as observações do autor e fontes autênticas. Trad. B. A. Schumann, São Paulo, Boitempo, 2008. (Coleção Marx-Engels.)

LISSAGARAY, Prosper-Olivier. *História da Comuna de 1871.* São Paulo, Ensaio, 1991.

MARX, Karl. *O 18 de brumário de Luís Bonaparte.* Trad. Nélio Schneider, São Paulo, Boitempo, 2011. (Coleção Marx-Engels.)

_____. *O capital*: crítica da economia política, Livro I: *O processo de produção do capital.* Trad. Rubens Enderle, São Paulo, Boitempo, 2013. (Coleção Marx-Engels.)

_____. *Crítica da filosofia do direito de Hegel.* Trad. Rubens Enderle e Leonardo de Deus, São Paulo, Boitempo, 2005. (Coleção Marx-Engels.)

_____. *Diferença entre as filosofias da natureza em Demócrito e Epicuro.* Lisboa, Presença, 1972.

_____. *A guerra civil na França.* Trad. Rubens Enderle, São Paulo, Boitempo, 2011. (Coleção Marx-Engels.)

_____. *Miséria da filosofia.* São Paulo, Ícone, 2004.

_____. *Sobre a questão judaica.* Trad. Nélio Schneider, São Paulo, Boitempo, 2010. (Coleção Marx-Engels.)

MARX, Karl; ENGELS, Friedrich. *A ideologia alemã*: crítica da mais recente filosofia alemã em seus representantes Feuerbach, B. Bauer e Stirner, e do socialismo alemão em seus diferentes profetas. Trad. Luciano Cavini Martorano, Nélio Schneider e Rubens Enderle, São Paulo, Boitempo, 2007. (Coleção Marx-Engels.)

_____. *Lutas de classes na Alemanha*. Trad. Nélio Schneider, São Paulo, Boitempo, 2010. (Coleção Marx-Engels.)

_____. *As lutas de classes na França*: de 1848 a 1850. Trad. Nélio Schneider, São Paulo, Boitempo, 2012. (Coleção Marx-Engels.)

_____. *Manifesto Comunista*. Trad. Álvaro Pina, São Paulo, Boitempo, 1998. (Coleção Marx-Engels.)

_____. *A sagrada família ou A crítica da Crítica crítica*: contra Bruno Bauer e consortes. Trad. Marcelo Backes, São Paulo, Boitempo, 2003. (Coleção Marx-Engels.)

PROUDHON, Pierre-Joseph. *Filosofia da miséria*. São Paulo, Escala, 2007. Tomos I e II.

TROTSKI, Leon. *A revolução traída*. São Paulo, Centauro, 2012.

_____. *Terrorismo e comunismo*: O anti-Kautsky. Rio de Janeiro, Saga, 1969.

Apartamento de Friedrich Engels em 122 Regent's Park, Londres, onde viveu de 1870 a 1894.

5. A constituição do proletariado e sua práxis revolucionária

Ricardo Antunes

Marx foi o autor mais excepcional que o pensamento moderno nos ofereceu, e chega a ser irônico, senão trágico, considerá-lo um autor superado. Mas a vingança da história está presente quando se constata que a crise que devasta a Europa e sua classe trabalhadora, trazendo o desmanche dos direitos sociais do trabalho, tem ao menos como sinal positivo a recuperação do autor, que por certo não é o ponto de chegada para se entender a crise, mas é o ponto de partida imprescindível. Sem uma recuperação da obra marxiana, com sua analítica profunda, não é possível entender o cenário atual. E há muito mal-entendido sobre o pensamento de Marx (e de Engels também).

Portanto, o objetivo deste texto é abordar a constituição do proletariado, sua formação e seu significado. Comecemos dizendo, assim, que, ao final da década de 1840 e início da seguinte, Marx era um hegeliano de esquerda. Em sua juventude, quando escreveu sua tese de doutorado sobre Epicuro e Demócrito, inseriu-se no campo de idealismo crítico. Era um filósofo jovem e um democrata radical que, inclusive, criticara o comunismo, embora desde muito cedo comungasse da ideia de que o futuro do indivíduo está atado ao futuro da humanidade, como diz em uma carta endereçada ao próprio pai, ainda na época de realização de seus primeiros estudos.

Contudo, Marx era distinto dos demais idealistas, e já se mostrava um dialeta rebelde. No entanto, dois ou três episódios vão permitir, no meu modo de entender, que começasse a "descobrir" o materialismo e, em particular, o proletariado.

Considero o primeiro texto *materialista* de Marx – ou, se fosse usar uma expressão de que Marx não gostava, seu primeiro texto marxista – sua espetacular "Crítica da filosofia do direito de Hegel – Introdução", incluída no livro *Crítica da filosofia do direito de Hegel*. Ali, ele faz sua primeira crítica decisiva ao Estado. A crítica à filosofia, ao direito e ao Estado são os fundamentos, *os pressupostos da crítica terrena; a crítica ao céu é condição para se realizar a crítica da terra*. Sobre isso, Hegel dizia, em seus *Princípios da filosofia do direito*, que o Estado era o ente político capaz de equacionar as contradições existentes no seio da sociedade civil, o espetáculo da *miséria* e da *libertinagem*. E, como concebia o Estado dotado da razão absoluta e acima dos interesses de classe, Hegel entendia que a equação societal encontrava no Estado o ente político decisivo para *superar* as contradições no seio da sociedade civil.

Pois Marx vai inverter completamente a equação hegeliana, dizendo que a sociedade civil (entendida por Hegel e também por Marx como a sociedade de classes) estava inserida em uma contradição de tal profundidade que o Estado não seria jamais o ente capaz de conciliar ou superar a contradição, mas, ao contrário, seria um órgão necessariamente portador dos interesses de uma classe, aquela econômica, social e politicamente dominante. Enquanto tal, o Estado seria um *perpetuador* da sociedade civil burguesa em constante contradição, capaz, no máximo, de nos oferecer a emancipação *política*, e não a emancipação *social*.

Como Marx afirma tanto nas "Teses sobre Feuerbach" como na "Crítica da filosofia do direito de Hegel – Introdução" acima indicada, a demolição da sociedade burguesa teria de ter como ponto de chegada (e não como ponto de partida, como propugnavam os anarquistas) o definhamento e a desaparição do Estado. Essa tese central, presente na crítica marxiana elaborada entre 1843-1844, jamais foi abandonada pelo autor.

Importante destacar ainda que, no momento em que Marx percebe que a contradição da sociedade civil é a contradição da sociedade de classes, começa a compreender que há um ser social – o proletariado, a classe trabalhadora – capaz de demolir o edifício burguês. No entanto, essa descoberta também não acontece sem uma impulsão real, sem uma base ontológico-concreta e sem uma influência particular, que veremos a seguir. E dois ou três elementos ajudaram na crítica de Marx.

O primeiro deles aparece quando Marx busca ingresso na universidade e tem seu acesso travado. Marx foi considerado um radical desde muito cedo, um espírito herético que causaria muitos problemas para a universidade alemã. Com isso, passa a dirigir a *Gazeta Renana*, e, ao organizar os artigos, toma contato com a obra de um autor que não conhecia, Engels, que teve um papel singular. Naquela época, Engels publicara um texto, o "Esboço de uma crítica da economia política", que chamou muito a atenção de Marx, porque, ao fazer a crítica da filosofia idealista e remeter ao plano da materialidade do mundo real, ainda faltava a Marx um ponto de partida que o autor começará a descobrir a partir da leitura do texto de Engels, que denominou como *anatomia da sociedade civil*.

É fundamental lembrar que, em 1843, Marx tinha 25 anos, era portanto jovem, no sentido geracional do termo. Não dispunha de fundamentos da economia política, ciência que ele ainda não conhecia. Era um crítico da filosofia, um idealista e um democrata radical. Havia rompido com a filosofia do Estado e do direito de Hegel, herdando desde logo sua dialética, como todos sabemos, mas a primeira anotação crítica acerca da economia política que o impressionou foi um texto de Engels. Posteriormente, já selando então um encontro para toda a vida, Engels entregou para Marx as anotações de um texto espetacular, *A situação da classe trabalhadora na Inglaterra*.

Pois, quando Marx lê as anotações desse texto, já trabalhava com atividade editorial própria, organizando artigos e buscando informações sobre a greve dos operários da Silésia e a revolta dos camponeses, em função da questão da lenha, além da questão da habitação. Esses textos de Engels eram concretos e materialistas, na verdade, ontológico-materialistas. Assim, Marx descortina o novo: *o papel central do proletariado na revolução social*. Além de sua crítica a Hegel, ao afirmar que o Estado tem um caráter de classe, Marx constata uma clara contradição e, então, apresenta sua *primeira noção* de proletariado.

Nesses primeiros textos, diz que a revolução na Alemanha, naquele período de fins de 1843 e começo de 1844, é diferente da Revolução Inglesa e Francesa. Tais revoluções foram clássicas, um horizonte possível para as revoluções burguesas. Abria-se, com elas, uma era de emancipação política dos cidadãos frente à ordem feudal, clerical e absolutista dominada pela nobreza, pelo clero e pelos reinados.

Contudo, se as revoluções na Inglaterra e, em particular, na França foram revoluções da classe burguesa – na França com seu tripé: *igualdade, liber-*

100 | Curso livre Marx-Engels: A criação destruidora

dade e fraternidade –, Marx afirma que o processo revolucionário burguês e democrático está travado na Alemanha. Primeiro, porque ali não existe uma burguesia disposta a fazer revolução ao modo francês. A burguesia alemã era de origem prussiana, autocrática e não revolucionária, originária da aristocracia rural – o *Junker*. Segundo Marx, a "revolução alemã" é de um novo tipo, não pode ser feita por aquela burguesia, que jamais vai recorrer à plebe, ao Terceiro Estado, para uma revolução democrática.

Marx se pergunta, então, em que ponto existe a possibilidade positiva da emancipação alemã, e responde: "Na formação de uma classe que tenha cadeias radicais, de uma classe na sociedade civil que não seja uma classe da sociedade civil, de um estamento..."[1]. Nesse ponto, inclusive, é possível ver a terminologia marxiana ainda juvenil: o *estamento* é uma primeira percepção empírica e, mais adiante, no mesmo texto, Marx dirá que *uma classe, um estamento será a dissolução de todos os estamentos*. Em suas palavras: "É preciso uma classe que seja aquela capaz de dissolver todas as classes, de uma esfera que possua um caráter universal, porque os seus sofrimentos são universais, e que esta classe não exija uma reparação particular..."[2].

O pensador aponta, ainda, que o proletariado é esse "estamento", a classe dos trabalhadores, que não deseja recuperar um privilégio perdido, como a nobreza gostaria depois da Revolução Francesa, ou como a burguesia depois da Revolução Socialista. O proletariado – e esta é uma ideia seminal em Marx – é uma classe *potencialmente* revolucionária porque *não tem nada a perder, porque* já perdeu *tudo e o mal que lhe é feito não é um particular, mas geral*.

Está aqui a primeira ideia de proletariado do jovem Marx:

> [...] uma esfera que não pode emancipar-se a si mesma, nem se emancipar de todas as outras esferas da sociedade, sem emancipá-las a todas – o que é, em suma, a *perda total de humanidade*. Portanto, ela só pode redimir-se a si mesma por uma *redenção total do homem*. A dissolução da sociedade como classe particular é o *proletariado*.

E acrescenta:

> Na Alemanha, o proletariado está apenas começando a se formar, como resultado do movimento industrial. Nós sabemos que a região da Renânia era uma região industrializada. As demais áreas da Alemanha eram ainda de tale, muito

---

[1] Karl Marx, "Crítica da filosofia do direito de Hegel – Introdução", em *Crítica da filosofia do direito de Hegel* (trad. Rubens Enderle e Leonardo de Deus, São Paulo, Boitempo, 2005), col. Marx-Engels, p. 155.

[2] Idem.

Ricardo Antunes | 101

ligada à propriedade fundiária, à terra. Então é uma classe que está apenas começando a se formar, como resultado do movimento industrial, pois o que constitui o proletariado não é a pobreza que naturalmente existe – não é isto o proletariado –, mas a pobreza produzida artificialmente. Não é a massa do povo mecanicamente oprimida pelo peso da sociedade, mas a massa que provém da desintegração aguda da sociedade, e, acima de tudo, da desintegração da classe média.[3]

E acrescenta: "Desnecessário se torna dizer, contudo, que os números do proletariado foram também engrossados pelas vítimas da pobreza natural e da servidão germano-cristã". Afirmando, por fim:

> Assim como a filosofia encontra as armas materiais no proletariado, assim o proletariado tem as suas armas intelectuais na filosofia. E logo que o relâmpago do pensamento tenha penetrado profundamente no solo virgem do povo, os alemães emancipar-se-ão e tornar-se-ão homens.[4]

Marx ainda usa uma bela metáfora para se contrapor ao seu mestre anterior: "Para Hegel, a coruja é a árvore de minerva, e ela alça voo ao entardecer". É a filosofia explicando o mundo. Só que a metáfora que Marx apresenta não é a da coruja, mas a do galo: "O cantar do galo, que canta ao amanhecer, é transformador do mundo". Assim, a coruja interpreta o mundo, o galo o transforma. Por isso, Marx conclui: "quando forem cumpridas todas as condições internas, o dia da ressurreição da Alemanha será anunciado com o cantar do galo gaulês"[5].

Vale pontuar que a "Crítica da filosofia do direito de Hegel – Introdução", em nossa opinião, é um dos textos mais significativos de todos que Marx escreveu, no que diz respeito à forma e à sua força. Aquela frase tão odiada pelos conservadores, "A religião é o ópio do povo", aparece aqui, depois de uma análise feita em uma página e meia, espetacular, em que a citação passa longe de qualquer traço de vulgaridade. Recomenda-se conferir na obra.

Pois, assim, a partir dos textos de Engels, Marx entende que precisa estudar economia política. E começa sua imersão de um modo completamente intenso, "devorando" os economistas políticos de seu tempo. Pouco tempo depois, escreve seu "primeiro texto" de economia política, que, na verdade, tem uma perspectiva ainda filosófica. Assim, em 1844, aos 26 anos, finaliza os *Manuscritos econômico-filosóficos*.

---

[3] Ibidem, p. 156.

[4] Idem.

[5] Idem.

102 | Curso livre Marx-Engels: A criação destruidora

Ali, há uma nova tese, ainda por certo preliminar, mas muito importante: de que o proletariado era uma classe vital na sociedade e na economia política de seu tempo, o que, naquele texto, era denominado como *economia nacional*. Marx também avança na ideia de que a classe trabalhadora era a "classe dos homens que apenas trabalham" (*"nur arbeitenden Menschenklasse"*), que vende sua força de trabalho e que, *quanto mais riqueza cria, mais pobre de espírito se torna, quanto mais valor gera, mais se empobrece*[6].

Marx começa a perceber, desse modo, que o proletariado, além de ser despossuído, oprimido e de ser a classe capaz de lutar pela dissolução de todas as classes, é também responsável pela criação do valor, pela riqueza material que é privadamente apropriada. Nos *Manuscritos econômico-filosóficos*, diz que a exploração do trabalho é apropriada pela burguesia através do regime de salário. Ou seja, há uma classe que sofre as cadeias radicais, e a *riqueza que ela cria gera mais miséria* – essa foi a ideia, vale pontuar, que inspirou a série *Riqueza e miséria do trabalho no Brasil*, publicação em livro de nosso grupo de pesquisa Estudos sobre o Mundo do Trabalho e suas Metamorfoses, um projeto coletivo que busca entender quem é a classe trabalhadora hoje, seu desenho e sua morfologia.

É claro que Marx, nos *Manuscritos* de 1844, refere-se à miséria no sentido metafórico; não significa que, quanto mais o trabalhador produz, literalmente menos ganha – é, sim, uma metáfora da contradição. A noção de mais-valor (ou mais-valia) ainda não está presente aqui, senão muito embrionariamente. Por isso é importante avançarmos em direção à sua obra mais genial, *O capital,* sem o qual a noção plena de proletariado não pode ser compreendida. E o mais emblemático é que Marx, nessa obra de plena maturidade, não nega nenhuma de suas teses anteriores, mas apresenta um adensamento ontológico materialista. Veremos isso um pouco adiante.

Aqui vale um parênteses: é interessante recordar um diálogo de Marx com as suas filhas, que é muito expressivo (até para conhecer alguns dos limites do revolucionário mais genial de todos os tempos). Em dado momento, elas perguntam (aqui citado de memória): *Qual é seu lema de vida?*. E ele responde: *Duvidar de tudo*. Era frequente Marx elaborar uma tese e, em seguida, apresentar as possíveis negações dela. Assim, seu elaborador desenvolvia todas as possibilidades de *negação* da mesma tese, para depois reafirmá-la (ou então recusá-la, se ela não se sustentasse). Era desse modo que ele caminhava em sua analítica.

---

6   Karl Marx, *Manuscritos econômico-filosóficos* (trad. Jesus Ranieri, São Paulo, Boitempo, 2004), col. Marx-Engels, p. 80.

Retomando a constituição do proletariado, penso que Marx o "descobriu" especialmente depois do segundo encontro com Engels, quando nasceu uma amizade profunda. A partir daí, inclusive, Engels escreveu inúmeros artigos que assinava como Karl Marx, para que este recebesse o pagamento, dada sua situação de penúria. Então, a autoria era dúplice, sendo que várias obras foram realmente escritas a quatro mãos.

No entanto, creio que, quando Marx leu esses textos de Engels sobre a classe trabalhadora (que resultaram depois no conhecido livro *A situação da classe trabalhadora na Inglaterra*), pôde realizar um substancial avanço em sua elaboração sobre essa temática crucial em sua formulação.

Já nas primeiras linhas de Engels, no prefácio à primeira edição do livro acima indicado, antecipava (e se pode imaginar o impacto causado em Marx):

> As páginas seguintes tratam de um objeto [o proletariado] que inicialmente eu queria apresentar apenas como o capítulo de um trabalho mais amplo sobre a história social da Inglaterra. Logo, porém, a importância de tal objeto obrigou-me a dedicar-lhe um estudo particular.[7]

A pesquisa de Engels segue uma inspiração ontológica muito evidente, no sentido materialista e dialético do termo: é o objeto que rege sua análise científica. Como Marx indica em *O capital*, tal análise deve buscar *as suas conexões mais íntimas, as formas mais finas da matéria, para depois reconstituí-la, pelo pensamento, para que a matéria possa ser enfim desvendada*[8].

Engels fez percurso similar: "Durante 21 meses, tive a oportunidade de conhecer de perto, por observações e relações pessoais, o proletariado inglês, suas aspirações, seus sofrimentos e suas alegrias"[9]. E é interessante recordar que Engels era filho de industriais e vai para a Inglaterra para estudar gerência de indústria; porém se depara, auxiliado por uma companheira operária que lhe faz conhecer o cotidiano fabril, as condições de vida do proletariado inglês. Ele mergulha em Manchester e escreve esse livro riquíssimo, que apresenta o proletariado que Marx não conhecia. O tema era tão novo que o próprio autor afirma: "Utilizei também constantemente como sinônimo as palavras

---

[7] Friedrich Engels, *A situação da classe trabalhadora na Inglaterra: segundo as observações do autor e fontes autênticas* (trad. B. A. Schumann, São Paulo, Boitempo, 2007), col. Marx-Engels, p. 41.

[8] Karl Marx, *O capital: crítica da economia política,* Livro I: *O processo de produção do capital* (trad. Rubens Enderle, São Paulo, Boitempo, 2013), col. Marx-Engels, p. 90.

[9] Friedrich Engels, *A situação da classe trabalhadora na Inglaterra*, cit.

104 | Curso livre Marx-Engels: A criação destruidora

operários, *work-man*, proletários, classe operária, classe não proprietária e proletariado"[10]. Assim, um passo vital para o "descobrimento" de Marx estava sendo lavrado por Engels.

Desse modo, a leitura dos dois ensaios seminais acima indicados, o "Esboço para uma crítica da economia política" e os estudos preparatórios para *A situação da classe trabalhadora na Inglaterra*, adicionados ao avanço exponencial da análise crítica da economia política, em pleno curso nos estudos de Marx, começavam a elaborar uma formulação decisiva, que estará plenamente presente em *O capital*. Contudo, antes, é preciso indicar que houve também um expressivo avanço em relação ao *modo de ser* do proletariado no célebre *Manifesto Comunista*, escrito em colaboração com Engels em fins de 1847.

Aflora nesse escrito a ideia de que, *com o desenvolvimento da indústria, o proletariado não apenas se multiplica, mas sua força cresce e ele adquire maior consciência dessa força*. E acrescentam os autores que o *proletariado compreende os assalariados levados a vender a força de trabalho e que, pela solidariedade de classe, podem se contrapor à concorrência e ao sistema do capital*[11].

Como resultado da expansão do mercado mundial (nessa obra que é pioneira ao indicar a tendência crescente da *mundialização do capital*), os autores anunciam o florescimento de um novo ser social potencialmente capaz de jogar a sociedade burguesa pelos ares. Como *tudo que é sólido se desmancha no ar*, a sociedade do capital encontra na classe dos que só dispõem de seu trabalho (o conceito de *força de trabalho* ainda não está presente com intensidade) a força propulsora da transformação e da revolução social. Em suas palavras:

> Com o desenvolvimento da burguesia, isto é, do capital, desenvolve-se também o proletariado, a classe dos operários modernos. E só tem trabalho quando seu trabalho aumenta o capital. Esses operários, constrangidos a vender-se a retalho, são mercadoria, artigo de comércio como qualquer outro. Em consequência, estão sujeitos a todas as vicissitudes da concorrência, a todas as flutuações no mercado. O crescente emprego de máquinas e a divisão do trabalho despojaram a atividade do operário de seu caráter autônomo, tirando-lhe todo o atrativo. O operário torna-se um simples apêndice da máquina [...].[12]

A essa altura, aos trinta anos completos em 1848, Marx começa a se aproximar do que será sua obra da maturidade. Conjuntamente com Engels,

---

[10]   Ibidem, p. 43.

[11]   Friedrich Engels e Karl Marx, *Manifesto Comunista* (trad. Álvaro Pina, São Paulo, Boitempo, 1998), col. Marx-Engels, p. 46.

[12]   Idem.

indicarão que o pensamento do proletariado deve ganhar consciência para tornar-se revolucionário:

> Os proletários não podem apoderar-se das forças produtivas sociais, senão abolindo o modo de apropriação a elas correspondente. Por conseguinte, todo o modo de apropriação existente até hoje os proletários nada têm de seu a salvaguardar. Sua missão é destruir todas as garantias e seguranças da propriedade privada até aqui existentes.[13]

Faltava, entretanto, elaborar um novo *salto ontológico* para a compreensão do proletariado, que começa nas obras posteriores, dos anos 1850 e seguintes, desembocando na magistral *O capital*. Uma curiosidade é que, no último capítulo do Livro III de *O capital*, Marx começou a escrever um capítulo (há somente alguns parágrafos), com o título "As classes sociais", mas a morte o impediu de dar continuidade a esse trecho. Essa última página encerra a obra, publicada posteriormente sob responsabilidade de Engels.

Como vimos, desde 1843-1844, Marx afirmava que o proletariado (ou a classe trabalhadora, como ambos sempre designavam o operariado) compreende o conjunto dos assalariados que vivem da venda de sua força de trabalho, também despossuídos dos meios de produção, e que, enquanto tal, constituem a *outra classe da sociedade civil*, que não tem nenhum interesse a preservar, senão o de revolucionar a sociedade burguesa.

No entanto, em *O capital*, mais do que *a classe que sofre as cadeias radicais*, a classe trabalhadora é vital porque, sem ela, o capital não pode se reproduzir e se valorizar; é a *força de trabalho* que, *diferentemente de todas as mercadorias, é especial, porque* é a *única que cria o valor*, que, em simbiose com a maquinaria, os equipamentos e as matérias-primas, gera o mais-valor apropriado privadamente pelo capital. Assim, na *composição orgânica do capital*, diz Marx no Livro I de *O capital*, o *trabalho vivo – capital variável –* e o *trabalho morto – capital constante –* interagem no *moinho satânico* que move a cadeia produtiva do valor.

Desenvolve-se, então, nessa obra, a ideia central do valor-trabalho e de sua conhecida *teoria do valor*, que diz que, em uma parte da jornada de trabalho, o trabalhador (ou a trabalhadora, pois a classe trabalhadora, como Engels tantas vezes indicou, compreende também o universo feminino) vende sua *força de trabalho* a fim de conseguir a remuneração necessária para sua sobrevivência. Na outra parte da jornada, a classe trabalhadora produz, mas

---

[13] Ibidem, p. 50.

106 | Curso livre Marx-Engels: A criação destruidora

não recebe nada por isso. Gera um *quantum* adicional que não retorna a ela, pois é privadamente apropriado pelo capitalista.

Como explica Marx, no Livro I de *O capital*: a *força de trabalho é a mais espetacular de todas as mercadorias porque é a única que cria outras mercadorias. O preço de sua força de trabalho é igual a seu custo de produção. E, na medida em que aumenta a maquinaria e a divisão do trabalho, cresce também a quantidade de trabalho, quer pelo incremento das horas de trabalho, quer pelo incremento do trabalho exigido num determinado tempo.* E mais: nesse processo de exploração do trabalho, a herança artesanal e manufatureira desaparece; o operário *torna--se um simples apêndice da máquina e seu custo se reduz quase que exclusivamente aos meios de subsistência que lhes são necessários para sobreviver.*

Quer prolongando a jornada de trabalho (ampliando o mais-valor *absoluto*), quer aumentando a intensidade do trabalho e do incremento tecnológico (ampliando o mais-valor *relativo*), o capital se valoriza por meio da exploração da força de trabalho, única mercadoria cujo *mistério especial* é ser geradora de mais-valor.

Fecha-se, então, o círculo aberto nas obras de juventude: o proletariado é a classe que sofre a exploração mais intensa na sociedade capitalista e, paralelamente, é a única capaz de gerar a riqueza de que o capital se apropria. (E não se pense que isso seja coisa do século XIX, como veremos mais adiante.) Assim, o *trabalho vivo* pode se reduzir celeremente, o *trabalho morto* pode se ampliar exponencialmente, mas a riqueza só pode ser criada pelo *trabalho vivo.* É ele, no capitalismo, quem cria o mais-valor, um sobrevalor e um sobretempo de trabalho ao longo do qual os trabalhadores e as trabalhadoras vão produzir sem receber, pois é privadamente apropriado pela classe burguesa.

Então, em *O capital*, Marx desenvolve sua teoria do valor. O *mais-valor absoluto* se efetiva, como indicamos anteriormente, com prolongamento da jornada de trabalho. Se uma pessoa trabalha oito horas, por exemplo, produz cem garrafas; se trabalha dez horas, produzirá mais. Mas, quando os trabalhadores lutam para reduzir a jornada de doze para dez horas ou para oito horas, o capital compensa essa redução do *mais-valor absoluto* intensificando o *tempo de trabalho* e introduzindo maquinário novo (hoje informacional-digital), que pode fazer com que, em oito horas, a produção seja ainda maior, pois dá-se um aumento de produtividade do trabalho, incrementando, desse modo, o *mais-valor relativo.*

É por isso que Marx afirma que o *trabalho produtivo* (para o capital) é aquele que cria mais-valor e é pago por *capital-dinheiro.* Esse trabalho produtivo é o polo mais vital do proletariado. Nesse sentido, no *Manifesto Comunista,* há uma frase emblemática de Marx e Engels: "A burguesia produz, sobretudo, seus próprios coveiros". Ou seja, se o proletariado se desenvolve amplamente, é ele quem tem a possibilidade e a potencialidade maior de destruir o capital.

Podemos dizer, então, que Marx apostou todas as fichas no proletariado. Ele era um otimista e suas análises indicavam uma *possibilidade objetiva* de superação do capitalismo. Acreditava que o ciclo das revoluções, transformações e mudanças estruturais estava aberto no final do século XIX, mas indicava um conjunto de dificuldades e adversidades que poderiam obstar a revolução social. Nesse contexto, mencionou, por exemplo (e lembro aqui de memória), que *o operariado ingl*ês tinha as condições objetivas e *materiais para fazer uma revolução, mas lhe faltava a paixão revolucionária.*

Tal paixão – que não faltava em Marx – é o ato consciente de *se perceber enquanto produtor da riqueza e força social capaz de revolucionar o mundo.* Quando a classe trabalhadora faz uma greve nas áreas vitais da produção, o capital deixa de se valorizar. E se o capital não se valoriza, não se reproduz. É por isso que o sistema do capital de nosso tempo se tornou *totalizante e totalitário* (para recordar Mészáros), controlando o exército, a polícia, os governos, a imprensa, os ideários e valores, em escala global, a fim de tentar impossibilitar a *revolução do trabalho.*

Importante pontuar também que há uma massa de trabalhadores e trabalhadoras que são considerados *improdutivos* para o capital, pois *não criam diretamente mais-valor.* Ainda assim, eles e elas são *imprescindíveis.* Por exemplo, em uma fábrica, se não houver limpeza, alimentação, segurança etc., o negócio não poderá funcionar por muito tempo e o circuito produtivo do capital será paralisado. Para Marx, portanto, *a classe trabalhadora (ou proletariado) é composta pela massa de trabalhadores e trabalhadoras produtivos e também pelos chamados trabalhadores improdutivos, geradores de um não valor, mas imprescindíveis para a reprodução do capital, por isso capazes de revolucionar o sistema de produção capitalista.*

Marx ainda afirma que a classe trabalhadora despende energia física e intelectual para produzir valor de troca, e a essa *abstração* da dimensão concreta de trabalho e sua redução a uma dada quantidade ele chama de *trabalho abstrato*, categoria central em sua analítica. Mas não se pense que Marx tinha uma noção *manual* e estrita da classe trabalhadora, afinal, quando explica, em *O capital*, no capítulo 5, *o que é trabalho*, usa duas figuras: o *arquiteto* e a *abelha*. O pior arquiteto pensa e concebe o que vai realizar; a melhor abelha não. Isso diferencia o *ato teleológico consciente* (segundo a terminologia

108 | Curso livre Marx-Engels: A criação destruidora

de Lukács), presente no *trabalho* do arquiteto, do ato mecânico, instintivo e *epifenomênico* realizado pela abelha.

Portanto, a classe trabalhadora, para Marx, é produtiva quando cria mais-valor; é "improdutiva" (sempre para o capital, pois essa disjuntiva não faz sentido para Marx nas sociedades pré ou não capitalistas) quando resulta de trabalhos que geram serviços, seja para uso público, seja para uso capitalista, mas sem criar *diretamente* mais-valor. Contudo, se o trabalho improdutivo não se constitui enquanto elemento *direto* no processo de valorização do capital, não há mais-valor, pois o sistema de capital não se reproduz em sua totalidade.

Hoje, o capital reduz ao limite o *trabalho vivo*, potencializando ao máximo o maquinário informacional-digital, o *trabalho morto*. Os elevadores, por exemplo, permitiram a verticalização de grandes empresas, o que agilizou significativamente seu tempo da administração. Já os computadores, que nasceram no pós-guerra e ganharam o mundo industrial e de serviços a partir dos anos 1970, têm um papel decisivo: possibilitam fracionar uma empresa grande e concentrada e esparramá-la pelo mundo em pequenas unidades, todas conectadas em rede por uma máquina informacional-digital. Com isso, a classe trabalhadora se fragmenta ainda mais, dificultando sua ação, organização e formação de consciência de classe.

Assim, a noção de classe trabalhadora adquire, na obra da maturidade de Marx, seu sentido mais profundo, por meio da inter-relação ineliminável entre classe e consciência de classe – classe, organização e solidariedade frente aos interesses dos capitalistas. É por isso que Marx afirma que a classe trabalhadora tem de buscar sua consciência *para si* (uma complexa construção que em geral é negligenciada ou desprezada por seus críticos, e também pela dogmática que é responsável pela vulgarização da obra marxiana).

Nesse ponto, Marx retoma uma ideia de Hegel, que é muito difícil de ser explicada rapidamente e que, por isso, costuma ser muito simplificada. Diz que a consciência de classe tem um movimento *em-si* e *para-si*. Sua obra *Miséria da filosofia* é de certo modo responsável por essa simplificação. Mas, se adicionarmos seus trabalhos desse período, como os *Manuscritos econômico--filosóficos*, *A sagrada família*, dentre outras, podemos assim tentar resumir: a consciência *em-si* é a percepção que a classe trabalhadora tem de seu interesse imediato, de sua imediaticidade, de buscar sua sobrevivência. Para usar uma expressão feliz de István Mészáros, é o espaço da *consciência contingente*.

Contudo, em alguns momentos da história, essa consciência defronta-se com contradições radicais, viscerais e com momentos abertamente revolucionários. Em 1917, na Revolução Russa, as palavras de ordem dos marxistas eram *pão*, terra *e paz*, questões vitais na concretude russa pré-revolucionária. Lukács tem uma passagem em *Para uma ontologia do ser social*, que lembro aqui de memória e que remete ao fundo da questão: *Em alguns momentos excepcionais, de crise (pré)revolucionária, uma infinitude de "se" e "mas" se condensam em poucas e decisivas questões que tocam a humanidade.* Então, quando isso ocorre, a classe trabalhadora se aproxima de uma consciência mais totalizante e universal, aproxima-se da *consciência para-si.*

Enfim, o que Marx diz pode ser resumido da seguinte forma, com o risco evidente de certa simplificação: se a classe trabalhadora cria valor, ela centralmente pode travar a criação do valor e do capital. Mas, para isso, é preciso que tenha consciência de seu ser, porque *é um processo relacional entre objetividade e subjetividade. O indivíduo é singular, a classe é uma particularidade.* Por exemplo, e sempre de modo resumido, a classe proprietária dispõe dos meios fundamentais de riqueza; já a classe trabalhadora não dispõe de riquezas, senão uma única: sua força de trabalho, sua possibilidade de transformação social. Por outro lado, as classes médias compreendem aquela gama heterogênea que vai da pequena burguesia industrial e rural, dos pequenos proprietários, até as profissões liberais – médicos, advogados etc. –, funcionários de escritório, funcionários públicos e os assalariados em função de gestão.

No entanto, tudo isso sofreu uma convulsão no século XXI. Muitos autores, inclusive, sepultaram Marx, cometendo um equívoco grande, porque ele nunca defendeu a ideia de que a classe trabalhadora era apenas o operário manual e industrial (ainda que esse fosse seu núcleo mais importante). Aliás, as rebeliões que estamos vendo no mundo atualmente, especialmente na Europa, têm direta conexão com o trabalho – em suas complexas inter-relações com gênero, geração, etnia, imigração, precarização, terceirização e informalidade etc.

Por certo, hoje estamos desafiados a compreender o que venho chamando de uma *nova morfologia do trabalho*, o caráter heterogêneo, fragmentado e complexificado da classe trabalhadora. Um otimismo da vontade nos faz olhar para o século XXI com mais ânimo, e talvez a história possa ser generosa a ponto de tornar Marx também um autor do século XXI. Afinal, basta olhar o mundo contemporâneo para entender que rebelião e convulsão estão presentes em várias partes, desencadeadas por jovens, homens e mulheres, que trabalham e vivem de seu salário – é sempre imprescindível, além disso, destacar que a classe trabalhadora tem dois sexos, algo de que os marxistas de hoje não podem se "esquecer", visto que nem os marxistas originais, ainda que em

110 | Curso livre Marx-Engels: A criação destruidora

certa medida prisioneiros de seu tempo, ignoraram esse ponto; por exemplo, basta ver as tantas indicações de Marx nos *Manuscritos*, em que a mulher é apresentada como *presa do homem*, e de Engels, em *A origem da família, da propriedade privada e do Estado*, em que a mulher aparece como a *primeira forma de propriedade privada*.

Hoje, sabemos que a classe trabalhadora, em muitas partes do mundo, é mais feminina do que masculina. O socialismo, portanto, não pode ser só um empreendimento masculino, porque o *gênero humano* é composto pelo *gênero mulher* e pelo *gênero homem*. Assim, é imprescindível melhor compreender a divisão sociossexual (desigual) do trabalho. As mulheres, em geral, ganham menos do que os homens e têm menos direitos. Já a mulher branca ganha mais do que a mulher negra, uma mulher indígena recebe menos que uma mulher branca etc., sendo que estas clivagens entre *classe, gênero, etnia/raça, geração*, ao mesmo tempo em que são dimensões vitais da humanidade que trabalha, são exploradas de modo diferenciado pelo capital, sofrendo opressões também fortemente desiguais.

Por fim, o que seria a humanidade e o trabalho na sociedade comunista e emancipada propugnada por Marx? Nosso autor gastou milhares de páginas para escrever sobre o capitalismo e muito poucas páginas para falar sobre o comunismo. Primeiro, porque não era um adivinhador, sua ciência não era da adivinhação. No entanto, ele deixou pistas que considero importantes. A primeira quando afirma que o trabalho é uma *atividade vital* para a humanidade em seu ciclo reprodutivo. Mas essa atividade deve ser *autodeterminada*, não podendo ser mediada pela *segunda natureza*, nem controlada pelo dinheiro, pelo mercado ou pelo capital. Além disso, a *atividade humana vital* é aquela que cria bens socialmente úteis. Durante milênios, a humanidade criou coisas úteis e, durante alguns séculos, vem criando muitas mercadorias absolutamente inúteis, quando não destrutivas, como os armamentos de todo tipo que se esparramam pelo universo.

Na verdade, o capitalismo compreende um período histórico muito curto, embora seja muito *totalizante e totalitário*, e até o presente tenha completado pouco mais de dois séculos e meio, de 1750 até hoje. Fato é que a humanidade conseguiu viver milênios *sem o capitalismo*, produzindo predominantemente objetos úteis. Assim, o *trabalho assalariado capitalista é uma invenção relativamente recente*, que pode ser *desinventada* pela própria humanidade que trabalha. Trata-se de um imperativo humano societal *desconstruir* essa tragédia (no sentido forte do termo) que transformou *trabalho humano* em *força de trabalho-mercadoria sem fim*, de modo que se possa recuperar o *sentido livre e autônomo do trabalho* e de uma sociedade *para além do trabalho*, em que *liberdade, autonomia, arte, fruição e tempo livre* deixem de ser privilégios exclusivos da classe que controla a riqueza mundial, como apresento em meu livro *Os sentidos do trabalho*.

Além disso, Marx afirma, tanto em *O capital* quanto nos *Grundrisse*, que o trabalho, em uma dimensão emancipada, deve ser fundado no *tempo disponível, não no tempo necessário para a reprodução*, nem no *tempo excedente* existente para a criação do mais-valor e dos privilégios da classe burguesa. Assim, as sociedades devem estar estruturadas a partir do *tempo disponível*. E por isso Marx afirmou que uma sociedade emancipada se efetiva a partir de uma *associação de indivíduos (homens e mulheres) livres, livremente associados*. Talvez seja uma utopia, mas, no sentido grego, de *u-topus*, o não presente. E se não há certeza de que presenciaremos isso, também não há certeza alguma de que é impossível, porque a história não tem certezas, mas possibilidades que dependem da vontade humana de suas maiorias.

Desse modo, o trabalho autônomo de que Marx fala, fundado no tempo disponível e dotado de sentido, supõe a superação da sociedade do capital e de seu sistema de metabolismo social destrutivo. Nosso autor apresenta esta ideia central: *quanto menor for o tempo de trabalho, sem mercado, sem dinheiro, sem mercadoria, sem mais-valor, sem exploração do trabalho, maior e melhor será o tempo de fruição, de gozo, o momento catártico, verdadeiramente livre*. E acrescenta ainda, no Livro III d'*O capital*, que *o trabalho necessário tenderá a se reduzir ao mínimo, ao suficiente para a reprodução material e espiritual, para que o tempo fora do trabalho seja o maior e o mais autêntico possível, dotado de sentido, sem nenhum constrangimento imposto pelo capital*.

Um segundo ponto central para Marx é a necessidade imprescindível de eliminar a distinção nefasta promovida pela *divisão social do trabalho*, ou seja, entre os que pensam, que exercem o trabalho *intelectual*, e os que o realizam *manualmente*, isto é, que o executam sem formulá-lo ou concebê-lo.

Assim, se nós não enfrentarmos esses fundamentos do que Marx denominou de *sistema de metabolismo social do capital*, a produção, o capitalismo e a desigual divisão social (e sexual) do trabalho se mantêm. É muito difícil pensar em uma sociedade emancipada com os valores do capitalismo. Mas como o capitalismo equaciona isso? Suprimindo as autênticas necessidades humanas, coletivas e sociais, e privilegiando exclusivamente o *individualismo possessivo*, a ideia de que cada um deve lutar por si. Desse modo, faz crer que só os melhores enriquecem, e que os que não enriqueceram não o fizeram porque

112 | Curso livre Marx-Engels: A criação destruidora

não tiveram competência para tanto. Isso é essencial no liberalismo e em seu individualismo possessivo.

Entretanto, a concepção marxiana é diferente. Para ela, indivíduo e gênero humano só podem viver a plenitude quando o *indivíduo tornado verdadeiramente social* viver sua plenitude – o que, por certo, é um exercício difícil, mas ensaiado em alguma medida na Grécia Antiga, no Renascimento e na emblemática Comuna de Paris.

Em uma sociedade tornada humano-social, emancipada, no qual a identidade entre indivíduo e coletivo se experimente mutuamente, a *liberdade substantiva* (como diz Mészáros) será o fundamento basilar sobre o qual poderá ser construído um *novo modo de vida*.

Quem pode, então, destruir o edifício do capital? A classe que se generalizou com a *formação do mercado mundial,* que gera o valor e a riqueza *e que delas não se apropria,* a classe que, ao *realizar a produção,* se des-realiza em sua humanidade. A (única) classe, diz Marx, que (potencialmente) pode eliminar seu contrário (a classe burguesa) e ao mesmo tempo *autoeliminar-se* enquanto *classe,* pois uma sociedade emancipada deverá, sempre segundo a formulação marxiana, extinguir todas as classes, além de tornar supérfluo e desnecessário o Estado.

Para concluir, quero indicar uma nota final: como é que se deu a confluência entre a obra de Marx e a classe trabalhadora? Primeiro, Marx criou sua obra completamente envolvido com a luta da classe trabalhadora. Participou ativamente da criação da Associação Internacional dos Trabalhadores (AIT), em 1864, e integrou a Liga dos Comunistas, para a qual, junto com Engels, escreveu o *Manifesto Comunista.* Afinal, sua teoria da revolução não teria nenhum sentido se não estivesse ancorada nas lutas de seu tempo.

Ambos, Marx e Engels, foram também muito influenciados pelo cartismo, que ocorreu entre meados dos anos 1830 e meados dos anos 1840 na Inglaterra, quando o movimento operário espontâneo inglês elaborou a Carta do Povo, avançou em suas lutas e fundiu-se com o movimento dos intelectuais socialistas. Foi na fusão de uma luta operária com o movimento socialista que o cartismo se desenvolveu, apresentando o proletariado inglês como capaz de lutas por mudanças e transformações radicais.

Pouco a pouco a obra de Marx se tornou propriedade coletiva. E, em nossa opinião, trata-se da mais espetacular, mais rebelde, mais libertária, mais revolucionária e mais densa, que floresceu pela vitalidade e a impulsão *do movimento operário de seu tempo.* Por certo nosso século XXI é diferente em incontáveis dimensões. E o nosso desafio hoje é saber quais são as questões que atam os nós (um tanto desatados) da classe trabalhadora. Para enfrentar esse desafio vital, a obra de Marx é o *ponto de partida* insubstituível, para todos e todas que querem mudar o mundo.

Bibliografia

ANTUNES, Ricardo (org.). *Riqueza e miséria do trabalho no Brasil*, v. I. São Paulo, Boitempo, 2006. (Coleção Mundo do Trabalho.)
_____. *Riqueza e miséria do trabalho no Brasil*, v. II. São Paulo, Boitempo, 2013. (Coleção Mundo do Trabalho.)
_____. *Riqueza e miséria do trabalho no Brasil*, v. III. São Paulo, Boitempo, 2014. (Coleção Mundo do Trabalho.)
_____. *Os sentidos do trabalho*: ensaio sobre a afirmação e a negação do trabalho. São Paulo, Boitempo, 1999. (Coleção Mundo do Trabalho.)
ENGELS, Friedrich. *A origem da família, da propriedade privada e do Estado*. São Paulo, Escala, 1974.
_____. *A situação da classe trabalhadora na Inglaterra:* segundo as observações do autor e fontes autênticas. Trad. B. A. Schumann, São Paulo, Boitempo, 2008. (Coleção Marx-Engels.)
HEGEL, Georg W. F. *Princípios da filosofia do direito*. São Paulo, Martins, 2003.
LUKÁCS, György. *Para uma ontologia do ser social*, v. I. Trad. Carlos Nelson Coutinho, Mario Duayer e Nélio Schneider, São Paulo, Boitempo, 2012.
MARX, Karl. *O capital*: crítica da economia política, Livro I: *O processo de produção do capital*. Trad. Rubens Enderle, São Paulo, Boitempo, 2013. (Coleção Marx-Engels.)
_____. *O capital:* crítica da economia política, Livro II: *O processo de circulação do capital*. Trad. Rubens Enderle, São Paulo, Boitempo, 2014. (Coleção Marx-Engels.)
_____. *O capital*, v. 3: *O processo global de produção capitalista*. Rio de Janeiro, Civilização Brasileira, 1974.
_____. *Crítica da filosofia do direito de Hegel*. Trad. Rubens Enderle e Leonardo de Deus, São Paulo, Boitempo, 2005. (Coleção Marx-Engels.)
_____. *Grundrisse*: manuscritos econômicos de 1857-1858 – Esboços da crítica da economia política. Trad. Mario Duayer (coord.), São Paulo, Boitempo, 2011. (Coleção Marx-Engels.)

114 | Curso livre Marx-Engels: A criação destruidora

_____. *Manuscritos econômico-filosóficos*. Trad. Jesus Ranieri, São Paulo, Boitempo, 2004. (Coleção Marx-Engels.)

_____. *Miséria da filosofia*. São Paulo, Martin Claret, 2008.

_____. *A sagrada família ou A crítica da Crítica crítica:* contra Bruno Bauer e consortes. Trad. Marcelo Backes, São Paulo, Boitempo, 2003. (Coleção Marx--Engels.)

MARX, Karl; ENGELS, Friedrich. *Manifesto Comunista*. Trad. Álvaro Pina, São Paulo, Boitempo, 1998. (Coleção Marx-Engels.)

6. Crítica ontológica em Marx

Mario Duayer

Vou me basear aqui em um texto que escrevi há pouco tempo, inspirado basicamente em Marx e György Lukács. Também me inspirei em Moishe Postone, cujo livro *Tempo, trabalho e dominação social* a Boitempo publicou em 2014; e, por fim, em Roy Bhaskar, autor de origem indiana radicado na Inglaterra, falecido em 2014.

Antes, gostaria de tratar das referências que irei utilizar, sobretudo para enfatizar que a crítica de Marx é uma crítica ontológica, para depois explicar o que entendo por isso. De acordo com José Chasin, o exercício de uma crítica ontológica por Marx fica evidente em seu artigo intitulado "Glosas críticas ao artigo 'O rei da Prússia e a reforma social. De um prussiano'"[1], em que exibe sua transição de democrata radical a crítico da sociedade capitalista, desse modo de produção e dessa forma de sociabilidade[2]. Convertera-se em um pensador crítico e comunista.

---

[1] Karl Marx, "Glosas críticas ao artigo 'O rei da Prússia e a reforma social. De um prussiano'", em Karl Marx e Friedrich Engels, *Lutas de classes na Alemanha* (São Paulo, Boitempo, 2010), p. 25-52.

[2] Ver José Chasin, *Marx: estatuto ontológico e resolução metodológica* (São Paulo, Boitempo, 2009).

116 | Curso livre Marx-Engels: A criação destruidora

Contudo, a sistematização desse *insight* em uma crítica radical se inicia nos anos 1850, depois de décadas de estudos. Em 1857, Marx começa a organização daquilo que seria a crítica da economia política pela forma dos *Grundrisse*, estudo que dá origem a *Contribuição para a crítica da economia política* e, depois, a *O capital*.

Para iniciar, diria que, hoje em dia, o referente de toda crítica ao capitalismo, à ordem social devidamente universalizada pelo capital, *não existe*, a não ser, é claro, como ideias cada vez mais vagas sobre o socialismo. Menções, por assim dizer, quase protocolares a um socialismo que ninguém mais sabe dizer do que se trata, nem sequer acredita que seja possível ou mesmo desejável. Claro que merecem respeito e solidariedade os que lutam, em todos os níveis e instâncias, por seus direitos, contra as iniquidades, as misérias, as infâmias do capitalismo em seu interior, no exterior e nas margens. Todavia, com todo respeito a essas lutas, "às limitadas lutas do cotidiano", a experiência tem mostrado que são, em grande medida, inócuas e ineficientes.

Não há dúvidas de que elas continuarão sendo lutadas, pois emergem espontaneamente das infâmias e perversidades de nossa sociedade. Seu destino, porém, tem sido a dissolução no varejo, seja na derrota, seja nas conquistas consentidas, aceitáveis, assimiláveis. Essas lutas não têm sido capazes de convergir para algo que possa abalar as estruturas da moderna sociedade capitalista. Parece urgente, a meu ver, perguntar pelas razões dessa incapacidade, antes de tudo porque é evidente que as revoltas e as lutas contra a violência, a miséria, a opressão, a infâmia etc. não podem por si mesmas acabar com a violência, a miséria, a opressão, a infâmia etc., pois, se fossem capazes, nunca teriam existido. A primeira violência, a primeira miséria ou a primeira opressão teria gerado a luta que a teria imediatamente abolido.

É possível sugerir que a pergunta encontra explicação no fato de que todos os discursos, falas, análises, palavras de ordem que inspiram e (muitas vezes vicariamente) incitam as lutas na saúde, na educação, sindicais, ecológicas etc. têm por pano de fundo (crítico) um buraco negro. São críticos do capitalismo, da saúde como mercadoria, mas não negam, nem podem negar – ninguém o pode hoje – o capitalismo. Queremos um capitalismo melhor, com saúde pública universal, de qualidade, mas que, ainda assim, fora dessa esfera, pode continuar presidindo todas as outras dimensões da vida social? E se a luta for ecológica? Queremos um capitalismo limpo, que respeite a natureza, mas que, respeitoso, continue a comandar um processo infinito de acumulação? E se a luta for educacional? Educação pública de qualidade para todos seria a razão da luta? Mas, atendida a demanda, poderia o capitalismo continuar educando sujeitos aptos a reproduzir suas relações sociais mantidas intactas em outras esferas? Em suma: se nada além do capitalismo é crível e, sobretudo, desejável, capaz de seduzir as pessoas, o que exatamente queremos quando fazemos a crítica e lutamos contra o *modus operandi* do capitalismo? Nesse sentido, pode-se compreender por que as ações práticas do dissenso se extinguem na indiferença de um mesmo continuado mesmo.

Não se pode deixar de constatar e registrar que essas lutas parecem ser tão mais reconfortantes quanto mais fantasiosas são as ideias que as inspiram. Nesse particular, aliás, e guardadas as devidas e grandes diferenças, pode ser ilustrativa a resenha de dois livros sobre a Revolução de 1848 escritos por conspiradores profissionais, publicada na revista editada por Marx e Engels, *Neue Rheinische Zeitung* [Nova Gazeta Renana], em abril de 1850. No extenso comentário sobre o papel da conspiração e dos conspiradores nos acontecimentos políticos da época, os autores da resenha, Marx e/ou Engels – não fica explícito na revista quem de fato a produziu –, observam que os conspiradores não se limitavam à organização geral do proletário revolucionário. No fundo, interessava a eles justamente substituir o processo de desenvolvimento revolucionário dos próprios trabalhadores, operar em seu lugar e, em seu nome, produzir uma crise, de modo a dar início, impulsiva e espontaneamente, a uma revolução, sem que as condições necessárias para tanto estivessem presentes.

Por conseguinte, prossegue a resenha de Marx e/ou Engels, pode-se afirmar que, para os conspiradores, "a única condição para a revolução" é organização, isto é, "a preparação adequada de sua própria conspiração". Marx e Engels consideram essencial, nesse texto, marcar a diferença substantiva entre a postura científica que adotam ao analisar a dinâmica da sociedade capitalista com o propósito de descortinar as possibilidades concretas que ela abre para uma transformação radical dessa ordem social e, consequentemente, os espaços objetivos para a prática transformadora dos sujeitos, e a atitude contrasta então com essa posição – para eles, científica – em atitude daqueles que imaginam a revolução como um problema organizativo.

Por isso mesmo qualificam os conspiradores de "alquimistas da revolução", pois eles possuem o

> mesmo pensamento caótico e as mesmas tacanhas obsessões dos alquimistas do passado [...] se agarram a invenções que supostamente realizam milagres revolucionários: bombas incendiárias, artefatos destrutivos de efeito mágico, revoltas das quais se espera efeitos tão mais milagrosos e surpreendentes, quanto menos radical é sua base.[3]

---

[3]   Karl Marx e Friedrich Engels, "Neue Rheinische Zeitung Politisch-ökonomische Revue, n. 4", *Marx and Engels Collected Works*, Nova York, International Publishers, v. 10, abr. 1850, p. 311.

118 | Curso livre Marx-Engels: A criação destruidora

É praticamente intolerável a solidão na esquerda dessa posição que, além de constatar a total incapacidade dos diferentes movimentos sociais de provocar qualquer abalo fundamental no capitalismo, sublinha o fato de que, na atualidade, os próprios movimentos não têm e nem podem ter como objetivo a transformação radical da forma de sociabilidade posta pelo capital. Por isso mesmo é prudente buscar companhia e socorro em autores consagrados. Ao que tudo indica, Žižek, por exemplo, tem em mente o mesmo problema, ou seja, a falta de perspectiva transformadora, quando, dirigindo-se aos manifestantes do movimento Occupy Wall Street, faz a seguinte advertência:

> Não se apaixonem por si mesmos, nem pelo momento agradável que estamos tendo aqui. Carnavais custam muito pouco – o verdadeiro teste de seu valor é o que permanece no dia seguinte, ou a maneira como nossa vida normal e cotidiana será modificada. Apaixonem-se pelo trabalho duro e paciente – somos o início, não o fim. Nossa mensagem básica é: o tabu já foi rompido, não vivemos no melhor mundo possível, temos a permissão e a obrigação de pensar em alternativas. Há um longo caminho pela frente, e em pouco tempo teremos que enfrentar questões realmente difíceis – questões não sobre aquilo que não queremos, mas sobre aquilo que QUEREMOS.[4]

Por sua vez, o historiador marxista Eric Hobsbawm, que parece não acreditar que as ideias de Žižek de fato podem contribuir para mudar o mundo – imagino que Žižek diria o mesmo dele –, por ocasião do lançamento de seu último livro, *How to Change the World* [Como mudar o mundo], declarou de maneira enfática que "o século XXI precisa de mais Marx [...]. E que, pela falta dele, muito do movimento anticapitalista contemporâneo, tanto dentro como fora do movimento dos trabalhadores, *representa mais protesto do que aspiração*"[5].

O que os dois autores acentuam é exatamente o que se pode denominar de buraco negro da crítica: a dissolução, o apagamento da crítica ontológica do capitalismo elaborada por Marx. Sem essa crítica – e talvez por isso o filósofo francês Jacques Derrida, em 1994, tenha afirmado, a seu modo, que não há

---

[4] "A tinta vermelha: discurso de Slavoj Žižek aos manifestantes do movimento Occupy Wall Street", *Blog da Boitempo*, 11 out. 2011. Disponível em: <http://blogdaboitempo.com.br/2011/10/11/a-tinta-vermelha-discurso-de-slavoj-zizek-aos-manifestantes-do-movimento-occupy-wall-street/>.

[5] Sean Carleton, "Resenha do livro de Eric Hobsbawm *How to Change the World: Tales of Marx and Marxism*", *Marxism & philosophy review of books*, Londres, Little, Brown, 26 jul. 2011 – grifos do autor.

futuro sem Marx –, o sistema dispõe de uma consciência social em conformidade com sua aparência: última forma de vida social, sem espaço nem tempo fora e para além do qual nada pode existir.

Para ilustrar o que significa viver sem tempo, sem futuro, pode-se recorrer a Lukács, mas, com o mesmo propósito, seria também possível evocar inúmeros teóricos marxistas. No posfácio de *História e consciência de classe*, datado de 1967, escrito especialmente para a reedição da obra, Lukács faz o seguinte comentário:

> Não surpreende que [...] nesse livro (*A teoria do romance*) [...] a esperança de uma via de saída assuma um caráter puramente utópico e irreal. Foi só com a Revolução Russa que, também para mim, se abriu uma perspectiva de futuro na própria realidade[6].

Para o argumento aqui defendido, faltaria acrescentar que, àquela altura, a esquerda ainda dispunha da crítica ontológica de Marx. A esquerda hoje, ao contrário, tem de reconstruí-la, buscar seus fragmentos por debaixo dos escombros do Leste Europeu. Tarefa, aliás, que Lukács antecipava em 1968, com a invasão da antiga Tchecoslováquia pelas tropas do Pacto de Varsóvia – muito antes, portanto, da dissolução do "socialismo real" do Leste Europeu. Em entrevista a um ex-aluno, ele afirma que "todo o experimento iniciado em 1917 fracassou e tudo tem de ser começado outra vez num outro lugar"[7].

Enfim, o buraco negro é a ausência de crítica ontológica nessa sociedade que Marx começou a construir quando consolidou seus estudos nos *Grundrisse* e, depois, quando elaborou *O capital*. Pois o reverso da ausência dessa crítica ontológica marxiana é o que Žižek qualifica de "coordenadas ideológicas hegemônicas", isto é, a ontologia de um mundo supostamente intransponível – o mundo do capital –, que, por isso mesmo, anula o sentido das lutas políticas, mas reforça, é bem verdade, o politicismo. Para ilustrar o efeito do que denomina "coordenadas ideológicas hegemônicas", ele contrasta a violência de ataques terroristas e atentados suicidas com os violentos protestos na Inglaterra de 2011, cujo estopim foi a morte pela polícia de um jovem negro, e da onda de carros incendiados nos subúrbios de Paris, em 2005. Para Žižek, o primeiro tipo é executado a serviço do "sentido absoluto fornecido pela religião". Ou

---

[6] György Lukács, "Posfácio", em *História e consciência de classe* (Porto, Publicações Escorpião, 1974), p. 351.

[7] Idem, *Pensamento vivido: autobiografia em diálogo: entrevista a István Eörsi e Erzsébet Vezér* (Viçosa, Ad Hominen, 1999), p. 13.

120 | Curso livre Marx-Engels: A criação destruidora

seja, tem um sentido. Ao passo que o segundo, esses atos, esses distúrbios violentos na Inglaterra e na França, representam "protestos grau-zero, ações violentas demandando nada". De acordo com o autor, interpretado corretamente, o fato de os manifestantes não terem programa denota a situação político-ideológica de nossos dias: "A oposição ao sistema não se articula mais na forma de uma alternativa realista, ou mesmo como um projeto utópico, mas só pode tomar a forma de uma explosão violenta". E mesmo quando predica a não violência, como o movimento de indignados na Espanha, o dissenso se ressente igualmente da falta de sentido, de alternativa, como deixa patente o teor apolítico de seu discurso:

> O protesto é feito em nome das "verdades inalienáveis que devem ser respeitadas em nossa sociedade: o direito à moradia, emprego, cultura, saúde, educação, política, livre desenvolvimento pessoal e direito dos consumidores para uma vida saudável e feliz". Clamam por "uma revolução ética. Em lugar de pôr o dinheiro acima dos seres humanos, deveríamos repô-lo a nosso serviço (sic)". Eles expressam um espírito de revolta sem revolução.[8]

Eles são praticamente proudhonianos, pois Proudhon também queria abolir o dinheiro e criar um dinheiro-trabalho. Todavia, exatamente em razão das "coordenadas ideológicas hegemônicas", o fundamental é saber como reconstruir as coordenadas ideológicas contra-hegemônicas, nas quais a ideia de revolução e transformação substantiva e radical da sociedade possa ter sentido, fazer sentido. Para tanto, é um imperativo, a meu ver, restaurar a dimensão crítica do pensamento marxiano como crítica ontológica.

Crítica ontológica

Tendo mencionado a dissolução da crítica ontológica de Marx e, além disso, tendo afirmado categoricamente que crítica de fato é crítica ontológica, é preciso justificar tal posição, o que passo a fazer a partir deste ponto de maneira muito sintética, mas que, acredito, não prejudica sua essência.

Retomando a afirmação categórica: *crítica de fato é crítica ontológica*. Não só na teoria, mas também nas disputas do cotidiano, as diferenças de posição, quando substantivas, se resolvem em diferenças ontológicas. Em um parênteses, para definir de forma sintética, já que o peso do argumento recai

---

[8] "A tinta vermelha: discurso de Slavoj Žižek aos manifestantes do movimento Occupy Wall Street", cit.

sobre ela, sobre esta expressão, sobre esta categoria, diria que a ontologia diz respeito ao ser das coisas. Talvez fique mais claro à diante. Nesse sentido, afirmar que disputas teóricas se resolvem em diferenças ontológicas é dizer que elas dependem, no fundo, das distintas concepções sobre o ser em que as posições controversas se baseiam.

Mas tudo isso é importante? Bem, a prática dos seres humanos é uma prática finalística, usando uma nomenclatura lukacsiana – é teleológica, ou seja, tem um fim. Ela envolve a consciência que apreende as circunstâncias do mundo real, as que estão conectadas com essa prática. Contudo, para que a prática seja finalística, tem de conhecer o mínimo das coisas, seus nexos, suas relações e suas propriedades, a fim de que possa conseguir aquilo que planeja e pretende. Por essa razão, a verdade é absolutamente central na práxis humana. O que o pós-moderno, o pós-estruturalismo e o neopragmatismo fizeram – e continuam fazendo, muito embora não se apresentem mais com aquela jactância do passado, pois sumiram na penumbra e na escuridão – é afirmar que a verdade objetiva não existe. E se o conhecimento objetivo não existe, a prática transformadora não pode existir. Portanto, tudo que Marx pretendia, com a confecção de sua crítica ontológica, não teria sentido.

É por isso que esta discussão é importante. Pois a ideia subentendida no esquema teórico pós-moderno, neopragmático e pós-estruturalista é de que não é possível pensar nem capturar o mundo objetivamente. A prática transformadora, ao contrário, tem de ter por pressuposto a apreensão de algum tipo de objetividade da dinâmica histórica para que possa se validar. Por isso, é importante reafirmar a possibilidade de um conhecimento objetivo e verdadeiro. E verdadeiro, é preciso sublinhar, não se confunde com absoluto.

Enfim, estou tentando dizer que crítica é crítica ontológica, e vou tentar mostrar isso com uma discussão em filosofia da ciência. Para ficarmos no campo científico ou, melhor dizendo, na filosofia da ciência, é possível falar sem exagero em um consenso segundo o qual diferenças substantivas entre teorias ou sistemas teóricos – e, por extensão, entre modos radicalmente distintos de figurar o mundo – são resolvidas no plano ontológico, no plano das concepções substantivas de como é constituído o mundo.

Essa verdade está presente até mesmo nas teorias das ciências ortodoxas contemporâneas mais difundidas, como as de Kuhn e de Lakatos, ainda que os autores, com relativismo ontológico no atacado, que consciente ou inconscientemente advogam, não consigam enunciar esse conteúdo evidente de suas teorias. De fato, a conclusão a que necessariamente levam suas noções de paradigma e de núcleo rígido dos PPCs (programas de pesquisa científica),

122 | Curso livre Marx-Engels: A criação destruidora

respectivamente, é a de que todas as teorias põem e pressupõem uma ontologia que constitui a fonte de seus axiomas estruturais e dos marcos que delimitam o terreno empírico em que são válidas, ou sua jurisdição empírica. Segundo Kuhn, toda ciência, em qualquer momento, está baseada em um paradigma, em noções substantivas sobre como o mundo é. Em uma ontologia. No fim das contas, toda ciência está fundada no que ele chama de paradigma, que seria um apelido para a ontologia, uma figuração de mundo. O mesmo se passa com o Lakatos: em sua investigação empírica da história da ciência, chega à formulação de que todos os sistemas teóricos, em todas as disciplinas, estão fundados no que chama de núcleo rígido, um conjunto de axiomas fundantes e estruturais.

Essa é a ideia desses autores que passo a analisar. As noções de paradigma e de núcleo rígido dos programas de pesquisa científica, como assinalado, subentendem uma ontologia em que qualquer disciplina busca seus axiomas estruturais. Significa que em qualquer disciplina – biologia, economia, sociologia etc. – há um sistema teórico que, no caso de Lakatos, seria um programa de pesquisa científica, com um núcleo rígido, com axiomas que são estruturais e indiscutíveis. Nesse caso, se em uma disciplina existem sistemas teóricos concorrentes, a concorrência se dá em termos desses núcleos rígidos. O desenvolvimento interno desses sistemas de teorias consiste em um desenvolvimento que jamais põe em discussão os próprios axiomas, tampouco as premissas e as hipóteses que compõem seu núcleo rígido, ou seja, a ontologia em que o sistema teórico está baseado.

Sob essa óptica, o desenvolvimento dos sistemas teóricos se dá a partir dessas premissas e hipóteses nucleares. As teorias vão sendo construídas para capturar, sob sua descrição, um terreno empírico cada vez mais amplo. Uma noção similar de desenvolvimento e progresso da ciência pode ser constatada em Kuhn. De toda maneira, os autores afirmam o seguinte: os sistemas teóricos são concorrentes, e a concorrência está baseada na diferença substantiva de seus núcleos rígidos, no caso do Lakatos, e dos paradigmas, no caso do Kuhn.

Isso equivale a dizer que disputas e controvérsias substantivas entre sistemas teóricos distintos não admitem resolução empírica, e precisamente porque o terreno empírico em relação ao qual são plausíveis é traçado por suas ontologias particulares. Pode-se compreender melhor essa questão imaginando a intersecção de diferentes "sistemas teóricos" constituindo um domínio empírico comum.

Seria possível sintetizar as ideias desses autores como se segue: existem sistemas teóricos diferentes, com ontologias diferentes, isto é, com figurações de mundo completamente distintas. São sistemas teóricos que atravessam, por assim dizer, uma região empírica em comum. Portanto, empiricamente, são todos equivalentes e a resolução de suas disputas, por isso, não pode ser empírica. Se um sistema teórico não contempla alguma coisa empírica, não explica alguma coisa empírica relevante para o sistema teórico concorrente não importa, porque o que é relevante para esse ponto de vista é interno a sua descrição do mundo. Assim interpretadas as disputas entre sistemas teóricos, fica evidente que todos os sistemas teóricos em determinada disciplina só seriam empiricamente comparáveis em sua "intersecção", isto é, naquele domínio empírico comum a todos; ali onde são, portanto, empiricamente equivalentes.

Lukács oferece uma ilustração dessa equiparação empírica de sistemas teóricos radicalmente distintos. Ele chama a atenção para o fato de que, muito embora ontologicamente absurda, a concepção de que a terra era o centro do universo dava origem a sistemas de navegação, de plantio etc. que eram empiricamente plausíveis e eficazes. A mudança de paradigma, no caso, a mudança de concepção, consistiu em uma mudança ontológica, e não baseada em comparações empíricas.

Segue-se dessas considerações que a resolução de controvérsias teóricas substantivas, não sendo nem empírica nem lógico-formal só pode ser ontológica. Conclusão a que chegaram Kuhn e Lakatos, naturalmente sem enunciá-la de maneira clara. Ao contrário, fazem-no de forma oblíqua ao sustentarem, cada um a sua maneira, que as questões ontológicas não admitem resolução racional. O primeiro, ao alegar que os paradigmas dos sistemas teóricos em disputa são incomensuráveis; o segundo, ao argumentar que os núcleos rígidos dos diferentes programas de pesquisa científica são inescrutáveis.

Para os dois autores, portanto, a crítica entre sistemas teóricos está, por princípio, vedada, porque esses sistemas estão sempre baseados em figurações de mundo completamente distintas, incomensuráveis. O que significa dizer que, de acordo com essa concepção corrente na filosofia da ciência e base para sustentar o ceticismo contemporâneo nas ciências sociais, não podemos justificar racionalmente nossas crenças mais substantivas sobre o mundo. Porque, se minha figuração de mundo é geocêntrica e a sua é heliocêntrica, e se elas são incomensuráveis, como querem os autores, então não é possível justificar racionalmente nem minhas ideias nem suas. Esse é o resultado líquido desse debate.

Tal relativismo ontológico no atacado, cuja absurdidade dificilmente se poderia exagerar, pois subentende a irracionalidade última de nossas figurações, concepções ou ideias sobre o mundo, pressuposto incontornável de todas as nossas práticas, fundamento de todas as finalidades em que nelas

124 | Curso livre Marx-Engels: A criação destruidora

perseguimos, base de todas as nossas noções do possível e do impossível. Implica, enfim, um relativismo ontológico no atacado, que o sentido da prática humano-social, em seu conjunto, é inapelavelmente irracional.

O corolário mais deletério desse relativismo ontológico no atacado consiste simplesmente na desqualificação das práticas emancipatórias: pois, se o mundo objetivo é incognoscível, se nós não podemos conhecer objetivamente o mundo, nossa prática tem de se circunscrever ao imediatamente existente, ao positivo. Tem de ser meramente reativo, conformação *a posteriori* às mudanças contingentes no mundo exterior. A prática emancipatória, para essas concepções, tem um pressuposto que nosso conhecimento não pode satisfazer, a saber, apreender as legalidades objetivas que governam o mundo social. Se a prática emancipatória não pode capturar a dinâmica do mundo, não pode se orientar por algo que não existe e não pode ser objetivamente demonstrável como algo possível.

É contra tais ideias que sustentamos que crítica de fato é crítica ontológica. Todavia, isso não significa – e não implica negar, é claro – que exista outro tipo de crítica em cada disciplina. Pois cada uma de suas tradições científicas se mantém e se desenvolve pelas críticas internas, críticas por meio das quais o sistema teórico da tradição se aperfeiçoa – descarta teorias superficiais, insubsistentes e as substitui por outras. No entanto, enquanto a tradição existir, tais críticas não atingem seus pressupostos fundantes, estruturais, nem podem atingi-lo, naturalmente, sob a pena de abolir a própria tradição. Em uma palavra: tais críticas não alteram, nem podem fazê-lo, a descrição de mundo, a ontologia sobre a qual a tradição está fundada.

A crítica exercida entre tradições, a crítica ontológica, pelo contrário, dirige-se precisamente aos pressupostos estruturais da tradição criticada. Em consequência, tem de ser crítica que refigura o mundo, que põe e pressupõe outra ontologia. É justamente nesse sentido que a crítica de Marx é crítica ontológica – no caso, crítica da sociedade capitalista, da formação econômica posta pelo capital. Crítica que Marx pratica à exaustão em todos os momentos de sua obra. Figura o mundo social de maneira radicalmente distinta, não só das formas de consciência do cotidiano dessa sociedade, mas também de suas formas de consciência científicas, que, nessa condição, são obviamente plausíveis. Vale dizer, Marx não descarta as teorias com circulação social que submete à crítica, porque, se essas teorias têm circulação social, elas têm algum tipo de validade. Em virtude disso, a crítica que deve ser feita não pode ser empírica, nem lógico-formal, mas ontológica, porque as teorias criticadas,

se são hegemônicas, socialmente hegemônicas, são eficazes no plano prático-
-operatório, empiricamente plausíveis.

Pode-se perguntar: por que a crítica ontológica é essencial? Porque a prática humano-social é prática teleológica, intencional, finalística e, por isso, depende crucialmente de uma significação ou figuração do mundo mais ou menos unitária e coerente, não importa se composta por elementos hetero-gêneos, como ciência, religião, pensamento cotidiano, superstição etc. Em outras palavras, porque a significação do mundo é o pressuposto da prática teleológica, ou finalística, é o modo como o mundo é significado que faculta e referenda determinada prática. Como sublinha Lukács:

> [...] sem importar o grau em que isso ocorre conscientemente, todas as repre-sentações ontológicas dos seres humanos se encontram, em grande parte, sob a influência da sociedade, seja o componente dominante ou da vida cotidiana, ou da fé religiosa etc. Essas representações ontológicas cumprem um papel su-mamente influente na práxis social dos homens e com frequência se solidificam em um poder social [...].[9]

O mundo do capital, para ser reproduzido pela prática teleológica dos sujeitos, gera e ao mesmo tempo necessita de determinada ontologia ou, caso se queira, de certo composto de ontologias que referenda tais práticas reprodu-tivas. Por contraste, as práticas emancipatórias dessa forma de sociabilidade, práticas efetivamente transformadoras, têm de estar fundadas em outra on-tologia. Uma ontologia crítica da primeira. Segue-se, portanto, que a crítica ontológica é condição necessária, ainda que não suficiente, para a emancipação das estruturas sociais estranhadas, opressoras, iníquas e infames.

Por essa razão, como se afirmou acima, a ontologia crítica marxiana precisa ser restaurada. Deve voltar a ser o referente da crítica ao capitalismo, de modo a permitir que as ações práticas contra ele possam confluir para um movimento capaz de abalá-lo e superá-lo. Tal restauração, no entanto, tem por pressuposto retomar a dimensão essencial da crítica, ou seja, crítica ao modo de produzir sob o capital. Em outras palavras, crítica ao trabalho no capitalis-mo, e não crítica ao capitalismo do ponto de vista do trabalho.

A partir deste ponto recorro diretamente a Marx, especialmente aos *Grundrisse*, além de me inspirar na reinterpretação do pensamento de Marx proposta por Moishe Postone, autor canadense radicado nos Estados Unidos,

---

[9] György Lukács, *Zur ontologie des gesellschaftlichen*, v. 2 (Darmstadt, Luchterhand, 1986), p. 58.

126 | Curso livre Marx-Engels: A criação destruidora

com doutorado na Universidade de Frankfurt, Alemanha, conhecida pela Escola de Frankfurt, em relação à qual, aliás, desenvolve uma crítica fundamental. Com isso, pretendo defender que a restauração da dimensão da crítica ontológica de Marx à sociedade capitalista, restauração absolutamente necessária para a urgente autocrítica do marxismo, tem como ponto principal a crítica à centralidade do trabalho (no capitalismo).

Para tanto, reproduzo e comento uma passagem de Marx de um texto que aparece na edição da MEW dos *Grundrisse*, e que é uma espécie de formulação primitiva do *Para a crítica da economia política:*

> Considerada em si mesma, a circulação é a mediação de extremos pressupostos. Mas não põe estes extremos. Por conseguinte, ela própria tem de ser mediada não só em cada um de seus momentos, mas como totalidade da mediação, como processo total. É por isso que seu ser imediato é pura aparência. A circulação é o fenômeno de um processo transcorrendo por detrás dela.[10]

Ora, se a troca é mediação de extremos pressupostos, empregando o modo de inferência típico de Marx, que seria uma retrodução[11], é possível concluir que:

1) a troca generalizada não pode estar na origem da história;

2) se fosse esse o caso, teríamos que pressupor indivíduos isolados associais com dotações originalmente complementares e que, por isso, estariam predestinados à troca. Ou seja, teríamos que postular que tais indivíduos com suas dotações e mercadorias formando uma unidade cairiam do céu de paraquedas (embora se saiba que os paraquedas ainda não estavam disponíveis no início da história);

3) por essa razão, é razoável admitir que na origem da história o que existe são várias formações socioeconômicas, constituídas por relações sociais explícitas, claras, entre os sujeitos;

4) ou seja, originariamente a produção material estava enraizada nessas relações sociais explícitas;

5) pode-se afirmar, por conseguinte, que em nenhuma das diversas formações sociais pré-capitalistas os sujeitos se relacionavam como trabalhadores. Os sujeitos não pertenciam a elas porque trabalhavam, isto é, porque eram

---

[10] Karl Marx, *Fragment des urtextes von "Zur kritik der politischen ökonomie"* (1858) (Berlim, Dietz, 1953), p. 920.

[11] Cf. Roy Bhaskar, *Scientific Realism and Human Emancipation* (Londres, Verso, 1986), p. 61.

trabalhadores. Muito pelo contrário, porque a elas pertenciam, entre outras coisas trabalhavam;

6) e – o que importa para o argumento –, portanto, que em nenhuma dessas formações sociais pré-mercantis o trabalho funcionava como categoria mediadora social.

Creio que a análise anterior já seria suficiente para mostrar como Marx é crítico da centralidade do trabalho, posto que é característica específica do capitalismo. Mas é possível reforçá-la com a seguinte passagem, agora dos *Grundrisse*:

> [Comentando sobre a] dissolução da pequena propriedade livre de terras, bem como da propriedade comunitária baseada na comunidade oriental. [Ele acrescenta: nessas] duas formas, o trabalhador se relaciona às condições objetivas de seu trabalho como sua propriedade; trata-se, nesse caso, da unidade natural do trabalho com seus pressupostos objetivos. Por isso, o trabalhador [o sujeito, o indivíduo], independentemente do trabalho, tem uma existência objetiva. Nessas duas formas, os indivíduos não se relacionam como trabalhadores, mas como proprietários – e membros de uma comunidade em que ao mesmo tempo trabalham. O pôr do indivíduo como um trabalhador, nessa nudez, é ele próprio um produto histórico.[12]

Portanto, é exclusivamente no capitalismo que o indivíduo aparece nessa nudez de outras relações sociais, as quais só pode propriamente experimentar se, antes, for trabalhador. É somente na sociedade capitalista que os indivíduos, para usar outra passagem dos *Grundrisse*, carregam no bolso seu nexo, seu vínculo com a sociedade, com os outros indivíduos. O que carregam no bolso – dinheiro – é o resultado da venda de seus produtos, mesmo que a mercadoria vendida seja sua força de trabalho. Segue-se que somente nessa sociedade, por seu caráter mercantil, os sujeitos se relacionam como meros trabalhadores. Por isso, como sublinha Marx na passagem reproduzida anteriormente, somente nessa sociedade a existência objetiva dos indivíduos tem por pressuposto sua existência como trabalhadores. A troca generalizada, portanto, específica do capitalismo, plasma a sociabilidade dos sujeitos como trabalhadores, sociabilidade que se apresenta para eles como algo fora deles. E, nessas ocasiões, Marx sempre recorda que não se trata de um problema cognitivo; a coisa assim se apresenta: estranha e estranhada.

---

[12] Karl Marx, *Grundrisse: manuscritos econômicos de 1857-1858 – Esboços da crítica da economia política* (coord. trad. Mario Duayer, São Paulo, Boitempo, 2011), p. 388 – grifos do autor.

128 | Curso livre Marx-Engels: A criação destruidora

O trabalho, por isso mesmo, só é central nessa sociedade. Só nela os sujeitos se relacionam indiferentemente à sua atividade vital especificamente humana, ao conteúdo e finalidade de seu trabalho, que para cada um deles só interessa enquanto meio de acesso às condições de vida produzidas pelos outros. Ou seja, o caráter mercantil de nossa sociedade faz com que nós só pensemos o trabalho como meio de compra de todas as outras coisas, meio de acesso à riqueza produzida por todos. Em razão disso, não temos nenhuma relação qualitativa com o produto de nosso trabalho; só quantitativa. E, em consequência, racionalmente os sujeitos encaram o próprio trabalho e seu respectivo produto como pura quantidade, ou seja, de maneira unidimensional. O resultado desse modo muito particular de os produtores se relacionarem com seu produto é um modo de produção, uma produção das condições materiais de vida com um dispositivo interno, exclusivo dessa sociedade, que a faz necessariamente produção crescente. E crescentemente estranhada. O capital sendo trabalho morto, passado, objetivado, pode-se sugerir que, na análise marxiana, é a contradição fundamental desse modo de produção, a saber, os sujeitos estão subsumidos, escravizados à dinâmica incontrolada do produto de seu trabalho. Sujeitos, portanto, à dominação abstrata do produto de seu trabalho como capital.

Não é por outra razão que Marx afirma que o bicho-da-seda seria um perfeito trabalhador assalariado se fiar não fosse condição de sua existência, manifestação de sua vida, mas atividade como simples meio de garantir sua subsistência como lagarta. Pois o mesmo sucede com o trabalhador assalariado, que produz para si unicamente o salário, mero meio de sobrevivência, e, por isso, não pode experimentar o período durante o qual trabalha "como vida, como manifestação de sua vida. [...] Ao contrário. A vida para ele começa ali onde termina essa atividade, na mesa, no bar, na cama"[13].

Ao conceber o trabalho como sacrifício, assinala Marx, Adam Smith também percebe e expressa esse caráter negativo do trabalho assalariado. Naturalmente, como as formas históricas do trabalho, acessíveis a Smith – escravo, servil e assalariado –, representam uma compulsão externa, o trabalho se apresenta imediatamente tal como de fato é, ou seja, repulsivo. Daí porque, em Adam Smith, o repouso, isto é, o não trabalho, aparece como liberdade e felicidade. Fixado, portanto, nas formas históricas de manifestação do trabalho, não poderia imaginar, segundo Marx, que o trabalho é um ato de liberdade. Em outros termos, Smith sequer suspeita "que a superação de obstáculos [para

---

[13] Karl Marx, "Lohnarbeit und Kapital", *MEW*, Band 6 (Berlim, Dietz, 1959), p. 401.

a consecução de uma finalidade posta] é em si uma atividade da liberdade [...] logo, como autorrealização, objetivação do sujeito, daí liberdade real, cuja ação é justamente o trabalho"[14].

Portanto, liberdade real na análise marxiana, bem entendida, significa autorrealização, e não a escravização dos sujeitos ao trabalho como compulsão externa, seja em forma de dominação e subordinação pessoal, seja na forma de dominação abstrata sob o capital. Nessas formas de trabalho forçado externo, o trabalho não pode aparecer como liberdade e felicidade. Tampouco o pode, de acordo com Marx, o trabalho que "ainda não criou para si as condições objetivas e subjetivas [...] para que o trabalho seja trabalho atrativo, autorrealização do indivíduo"[15]. No caso da produção material, o trabalho só pode ter esse caráter, ser trabalho efetivamente livre

> 1) se seu caráter social é posto, 2) se é simultaneamente trabalho de caráter científico e geral, e não esforço do ser humano como força natural adestrada de maneira determinada, mas como sujeito que aparece no processo de produção não só em forma simplesmente natural, emergindo diretamente da natureza [*naturwüchsig*], mas como atividade que regula todas as forças da natureza.[16]

Parece evidente nessas passagens dos *Grundrisse* que, para Marx, o trabalho efetivamente livre tem por pressuposto o desenvolvimento da produtividade do trabalho e, em consequência, a progressiva redução do trabalho vivo requerido, mesmo com a expansão e diversificação das necessidades que emergem do próprio desenvolvimento do ser social. O tempo livre criado em contrapartida é tempo crescente que pode ser dedicado a outras atividades. Esse é precisamente o conteúdo da crítica que Marx faz a Proudhon no mesmo contexto que estamos examinando. Segundo ele, o axioma de Proudhon de que todo trabalho deixa um excedente prova que ele não compreendeu o que é de fato importante na discussão do excedente. De acordo com Marx, é que

> [...] o tempo de trabalho necessário à satisfação das necessidades absolutas deixa tempo livre (diferente nos diversos estágios de desenvolvimento das forças produtivas) e, em consequência, pode ser criado um produto excedente quando se realiza trabalho excedente. A finalidade é abolir a própria relação, de modo que o próprio produto excedente aparece como necessário. No fim das contas, a produção material deixa a cada ser humano um tempo excedente para outra atividade.[17]

---

[14] Karl Marx, *Grundrisse*, cit., p. 509.

[15] Idem.

[16] Idem.

[17] Ibidem, p. 510.

130 | Curso livre Marx-Engels: A criação destruidora

Depreende-se dessas considerações que, na formulação marxiana, o desenvolvimento do ser social tem por pressuposto incontornável o aumento da força produtiva do trabalho social e, portanto, não só sua diminuição progressiva no conjunto das atividades dos sujeitos, mas também a abolição do trabalho excedente, como compulsão externa. Em outros termos, ao lado da redução do tempo de trabalho tal desenvolvimento implicaria a supressão de seu caráter negativo como trabalho estranhado. Justamente por esse motivo, a conversão de todo trabalho em trabalho necessário não consiste em uma alteração meramente semântica.

Se essa interpretação de Marx é plausível, pode-se defender que sua crítica ontológica ao capitalismo, que é preciso restaurar, é crítica da centralidade do trabalho. Nada tem a ver com a idolatria do trabalho, com a ternura por ele. Tampouco com a heroicização do trabalhador, em geral na figura do operário fabril, que, nessa condição, passa por responsável exclusivo pela emancipação humana[18]. Em sua dimensão mais relevante e universalizável, é crítica dessa escravização de todos nós à dinâmica descontrolada de nosso trabalho passado, dinâmica fundada na centralidade do trabalho, em nossa sociabilidade unilateralizante como trabalhadores, mas que, ao mesmo tempo, prescinde cada vez mais de trabalho e, portanto, de nós todos como trabalhadores. Enfim, uma dinâmica que, caso não seja desarmada, torna supérflua a própria humanidade.

Para finalizar, e antecipando eventuais objeções de pessoas que, expostas a tais ideias, poderiam indagar como posso defendê-las se também busco inspiração em Lukács, considero essencial frisar a diferença entre trabalho como categoria específica e fundante do ser social, como Lukács procura sustentar baseando-se em Marx, e centralidade do trabalho. Pelo que conheço da obra póstuma de Lukács, *Para uma ontologia do ser social*, tendo inclusive traduzido algumas partes, penso que as ideias defendidas anteriormente em nada contrariam as concepções ali sustentadas pelo autor, em particular as expostas no capítulo dedicado ao complexo do trabalho. Nesse capítulo, que reputo abso-

---

[18] Nesse particular, tendo a concordar com Eagleton, para quem Marx "não se concentra na classe trabalhadora porque percebe alguma virtude resplandecente no trabalho. [...] Como vimos, o marxismo deseja abolir o trabalho tanto quanto possível. Tampouco confere grande importância política à classe trabalhadora porque ela supostamente constitui o grupo social mais oprimido. Há muitos de tais grupos – vagabundos, estudantes, refugiados, os idosos, os desempregados e os cronicamente não empregáveis – que com frequência são mais necessitados do que o trabalhador médio", Terry Eagleton, *Why Marx Was Right* (Londres, Yale University Press, 2011), p. 164.

lutamente genial, Lukács procura mostrar que o trabalho é a categoria mediadora por excelência do ser social, explica nosso salto do mero orgânico para o social, justamente porque, pelo trabalho, a humanidade põe as condições de sua reprodução, se autocria. Não vem ao caso aqui desdobrar as formulações de Lukács no referido capítulo. O importante é tão somente sublinhar que o trabalho, por ser a categoria mediadora, e a categoria fundamental para a autoconstituição do ser social, não pode ser a categoria central. É por meio do trabalho que as várias esferas da sociedade emergem, a ciência, o direito e outras tantas, e esses complexos compõem dinamicamente o ser social. Em outras palavras, se o ser social for concebido como composto por um mosaico de esferas – nas palavras de Lukács, complexo de complexos complexamente estruturado –, o trabalho não pode ser central, mas unicamente uma das diversas esferas que o compõem. O trabalho pode ser e é categoria fundante, ineliminável, como sustenta Marx, mas de forma alguma categoria central, caráter que contraditoriamente assume sob o capital.

Trabalho concreto e trabalho abstrato

Em Marx fica subentendido, mas Postone explicita a ideia de que a troca generalizada é uma equiparação de trabalhos, uma conexão das pessoas pelo trabalho. Ele é uma categoria mediadora e, nessa condição, tem duplo caráter, é trabalho concreto e abstrato.

Nessa sociedade, nessas relações sociais, o trabalho historicamente específico – o assalariado, trabalho que arma sociabilidade e unilateraliza os sujeitos como trabalhadores – aparece como trabalho em geral, que sempre existiu. Tal hipóstase é antes de tudo das próprias relações. O que Postone tenta enfatizar em sua reinterpretação crítica é que grande parte do marxismo não fez crítica a esse trabalho historicamente específico. Nominalmente, as interpretações correntes de Marx pretendem ser críticas do modo de produção. No entanto, como hipostasiam o trabalho assalariado, não têm condições de elaborar uma crítica ao modo de produzir, ao trabalho assalariado. Por isso, nessas análises, Marx aparece como um autor que faz uma crítica à sociedade capitalista do ponto de vista do trabalho ou do trabalhador, e não uma crítica do trabalho no capitalismo.

Como instigar de forma concreta a crítica ontológica

Postone não desenvolve muito essa questão, e seu livro é elaborado em um grau de abstração ainda muito elevado. Não estou informado se ele pre-

132 | Curso livre Marx-Engels: A criação destruidora

tende elaborar com mais detalhes suas ideias nesse particular. Entretanto, seu propósito de restaurar a dimensão crítica do pensamento marxiano – que, sem a autorização do autor, eu denominaria de crítica ontológica – amplia em muito a capacidade de atração e de mobilização reflexiva das ideias de Marx. Com base nessa restauração seria possível atrair amplas capas da população para uma ideia renovada de socialismo, e não só pôr o peso de uma transformação social substantiva sobre os operários fabris – que não são mais os franceses, nem os ingleses, nem os brasileiros, mas, como parecem apostar algumas análises, os indianos, os chineses, os bolivianos.

Se conseguíssemos restaurar a dimensão crítica do pensamento marxiano como crítica ao modo de produzir, ao valor, ao capital, como dominação abstrata do trabalho vivo pelo trabalho morto, seria possível abranger na crítica outras dimensões desprezadas no marxismo tradicional, como os problemas ecológicos. A crítica ontológica, naturalmente, não é solução universal, mas acredito que é um pré-requisito para a crítica sistêmica efetiva: é preciso recriar uma alternativa, algo que muitos autores defendem, como Žižek, Hobsbawm e Lukács. Há 100, 150 anos havia uma alternativa, mas é preciso admitir que essa alternativa fracassou. Para recriar essa convicção, o marxismo tem de fazer uma autocrítica, tem de compreender por que perdeu. Uma das razões, talvez a principal, seja esta: a dimensão crítica do pensamento de Marx não foi compreendida. Quando se analisa os cartazes de propaganda política da União Soviética e da Alemanha Oriental e se constata a idolatria do trabalho, a ética do trabalho e a heroicização do trabalho ali presentes, é possível perceber o fosso que separa a noção de socialismo que transpira da crítica marxiana do trabalho no capitalismo.

De qualquer forma, a recuperação crítica precisa ter dimensão teórica e não pode ter receio dos que pretendem deter o *copyright* das ideias de Marx. Há discursos de esquerda que levam a crer que seus autores e/ou mentores simplesmente ignoram 1989. Discursos que se dirigem a sujeitos que não existem mais. A meu ver, tal ausência de autocrítica não é apenas patética; é nociva.

Lutas de classe

Há lutas de classe de várias ordens, mas a recuperação da dimensão crítica amplia em muito a capacidade de compreensão do tipo de dinâmica à qual todos nós estamos sujeitos. Seria possível saber, assim, quais são os trabalhadores, fabris ou não, produtivos ou não, que poderiam ser sujeitos de uma transformação social, e aqueles que, no interior dessa estrutura e da dominação abstrata do trabalho vivo pelo trabalho morto, desfrutam de todas

Mario Duayer | 133

as desigualdades, com os quais não poderíamos contar – são administradores, CEOs, gerentes, celebridades etc. Acredito, enfim, que essa crítica amplia em muito o que poderia ser a luta por uma sociedade mais digna do ser humano. Por contraste, quando se fala somente em trabalhador, e o trabalhador subentendido é o operário, reduz-se enormemente a capacidade de atração e, portanto, de difusão da crítica.

Crítica da centralidade do trabalho na universidade

A ciência pode capturar objetividade, verdades, conhecimentos objetivos? Não, defendem os céticos de plantão. E isso alcança também as ciências sociais. O que esses autores que mencionei antes afirmam é que toda ciência, em qualquer disciplina, está fundada em uma ontologia, uma figuração do mundo. O fundamental, então, é a figuração de mundo, porque, por ela, eu capturo a realidade a partir de suas premissas estruturantes. E quanto mais esse sistema teórico for capaz de abarcar, sob sua descrição, novos e maiores territórios empíricos, mais válido é o sistema, o que não quer dizer que seja ontologicamente objetivo, mas sim que é eficaz.

No caso de Marx, como crítico das formas de consciência geradas e necessitadas por esta sociedade, constrói outra figuração de mundo, na qual existe história e sujeito – sujeito que não é só mero reprodutor das relações sociais correntes. Em nossas práticas cotidianas, nós reproduzimos as relações e estruturas da sociedade em que vivemos, é claro, mas não só. Há outras formas de consciência e prática que emergem e derivam das próprias contradições, lutas, infâmias etc. das relações e estruturas sociais. A partir dos *Grundrisse*, Marx elabora de forma sistemática essa crítica ontológica, outra figuração do mundo, que deu origem a várias lutas sociais convergentes para a possibilidade de construir uma sociedade diferente no futuro, mesmo sem serem marxistas.

Claro que é preciso criticar o caminho que essas lutas tomaram, mas fato é que existiam alternativas. O problema hoje é que elas não existem. Por isso é preciso reconstruí-las. E a reconstrução não pode consistir de uma atualização da história empírica da exploração. A insistência na exploração não resulta em uma explicação, mas consiste em uma reprovação moral, uma queixa. Na análise marxiana do capital, ela está subordinada a outras categorias, em particular ao estranhamento.

Enfim, é necessário refigurar o mundo, criar uma figuração na qual uma nova prática transformadora seja pensada, não a que heroicizava os trabalhadores (operários). Se isso não acontecer, não há solução. Žižek afirma,

134 | Curso livre Marx-Engels: A criação destruidora

na citação que reproduzi anteriormente, que agora já sabemos o que não queremos, de modo que é a hora de saber o que queremos. Temos de reconstruir coordenadas ideológicas contra-hegemônicas, o que significa reconstruir outra ontologia, práticas de dissenso que vão para algum lugar, não que morrem na repressão ou ganham uma ou outra migalha, sem alterar a vida e a sociedade.

Crítica à própria ontologia

Richard Rorty foi um filósofo norte-americano neopragmático defensor do relativismo no atacado. Segundo ele, nossas formas de consciência emergem de nossas formas de vida. Sendo este o caso, a crítica ontológica é impossível, pois não seria possível ou admissível criticar as ideias próprias de uma forma de vida desde o ponto de vista das ideias de outras formas de vidas. Como não há ponto de vista absoluto, *acima* de todas as formas de vida, a crítica fica por essa via interditada. Nas palavras de Rorty, não dispomos de um gancho celeste para olharmos nossa cultura de cima, do alto, para saber como é o mundo (social ou natural) em si mesmo. Como é possível constatar, Rorty revela aqui um carecimento do absoluto, de Deus, e, na ausência desse ponto de vista absoluto, não podemos fazer qualquer crítica.

Podemos concordar com Rorty no que é óbvio em seu argumento. Claro está que nossas críticas, teorias e crenças, sendo sociais, são relativas, são históricas, inclusive do ponto de vista ontológico. No entanto, isso não significa, como quer Rorty e os defensores do relativismo ontológico criticados anteriormente, que elas não sejam criticáveis e não possam ser criticadas. Na verdade, só pode ser objetivo o pensamento que é criticável. E criticável precisamente em seus fundamentos ontológicos. E se nossos pensamentos e ideias correspondem às formas de vida, se eles são criticáveis, as formas de vida também o são.

Com relação à crítica ontológica, parece-me que a contribuição de Bhaskar é muito esclarecedora. Ele desenvolveu uma teoria que reivindicava a necessidade da consideração explícita das questões ontológicas. E o fez inicialmente no interior da tradição marxista. Talvez seja o autor que mais tem verbetes em um respeitado dicionário de teoria marxista – que, aliás, são excelentes. Quando discorre sobre crítica ontológica, esse autor sugere que ela consiste em tomar as ideias do outro e mostrar que tais ideias são insubsistentes (falsas, superficiais etc.) em seus próprios termos. Depois disso, cabe mostrar por que essas ideias, mesmo sendo falsas e/ou superficiais, têm circulação social. Nesse caso, diz ele, há uma conexão entre teoria e prática, porque, se ideias falsas e superficiais informam as ações dos sujeitos, os sujeitos não podem realizar o que pretendem em sua prática. Todavia, como essas ideias têm circulação social, infere-se que são as estruturas sociais que geram e requerem essas ideias falsas para sua reprodução. De modo que a crítica epistemológica se converte em crítica ontológica, crítica das próprias estruturas sociais que, por gerarem e exigirem ideias falsas, têm de ser transformadas. Acredito que essa descrição da crítica ontológica feita por Bhaskar sintetiza em grandes linhas o tipo de crítica realizada por Marx em suas obras.

Sugestões de leituras relacionadas

Minha inspiração primeira é, naturalmente, o pensamento marxiano. A obra *Para uma ontologia do ser social*, de Lukács, me ajudou a compreender melhor as concepções de Marx. Talvez os capítulos sobre o neopositivismo, a ontologia de Marx e o complexo do trabalho tenham sido os que mais contribuíram para meu desenvolvimento teórico. No que diz respeito à crítica da centralidade do trabalho, a influência evidente é a obra de Postone, tanto seu livro já clássico como inúmeros artigos disponíveis na rede.

Também tenho textos que podem ser encontrados na revista *Margem Esquerda*, na rede e em outras publicações, como é o caso do texto que trabalhei aqui, publicado originalmente na revista *Em Pauta*. Recomendaria também o trabalho de Michael Heinrich, autor alemão que participou de um evento promovido pela Boitempo e que tem uma filiação no que se denomina na Alemanha "Nova Leitura de Marx". Trata-se de uma crítica das interpretações marxistas correntes.

Por fim, recomendaria os textos do (primeiro) Bhaskar. Infelizmente o autor não foi traduzido para o português. Seu primeiro livro se intitula *A Realist Theory of Science*, que foi sua tese de doutorado e que, para se ter uma ideia como andam os critérios da filosofia acadêmica, foi rejeitada. Basicamente o livro consiste em uma defesa de que o conhecimento não precisa ser absoluto para ser objetivo, muito pelo contrário. Para defender essa posição, Bhaskar elabora uma crítica contundente a todas as posições antiontológicas. De seu segundo livro, *The Possibility of Naturalism*, eu recomendaria o capítulo intitulado "Societies", em que o autor defende a possibilidade do conhecimento objetivo na ciência social.

Para finalizar, diria que, tanto quanto sei, Lukács e Bhaskar são os autores que defendem, contra a moda filosófica de expurgo da ontologia, que é preciso levar em conta as questões ontológicas de maneira explícita, pois, se a ontologia é inescapável, não considerá-la equivale a assumir inconscientemente uma figuração de mundo, uma ontologia – no caso, a ontologia requerida e gerada pela sociedade do capital.

Tradução dos *Grundrisse*

Uma amiga da Universidade Federal Fluminense (UFF) sugeriu que traduzíssemos os *Grundrisse*. Combinamos um trabalho de parceria que, infelizmente, não teve seguimento, pois ela não pôde continuar com a tradução. Nélio Schneider, tradutor que vem colaborando com a Boitempo, assumiu seu lugar e nós dois ficamos responsáveis por cerca de oitenta por cento da tradução. A revisão técnica ficou sob minha responsabilidade.

Bhaskar disse certa vez que os *Grundrisse* são o maior livro já escrito, muito embora não tenham sido escritos como um livro com unidade interna e destinado à publicação. Trata-se de um texto irregular, cheio de altos e baixos, mas que, no conjunto, é absolutamente genial. O início do capítulo sobre o dinheiro, em que ele critica as propostas do proudhoniano Darimon, pode ser cansativo para quem nunca leu Marx e não domina o tema estritamente econômico. Todavia, contém uma série de digressões históricas e teóricas imperdíveis. No capítulo sobre o capital, há desenvolvimentos teóricos notáveis que farão parte da estrutura de *O capital*. Seria difícil destacar essas ou aquelas passagens ou tópicos do livro. A meu ver, como se trata de um rascunho, de materiais de trabalho em fase de elaboração, o leitor tem de descobrir por si próprio as passagens mais relacionadas com seus interesses e questões no momento.

Vale assinalar que, na época, Marx esperava uma crise de grandes dimensões na Europa e, por isso, começou a consolidar seus estudos no que denominamos aqui de sua crítica ontológica ao capitalismo, na expectativa de que os movimentos sociais e o dissenso, orientados por uma compreensão mais adequada da estrutura e dinâmica do capitalismo, não fossem trucidados como aconteceu em 1848. Diria que essa foi sua principal motivação ao elaborar o trabalho. A crise não ocorreu conforme previsto, e ele se dedicou nas décadas seguintes à elaboração de *O capital*, que teve decerto a mesma motivação, mas sem a pressão da intervenção iminente.

Bibliografia

BHASKAR, Roy. *The Possibility of Naturalism*: A Philosophical Critique of the Contemporary Human Sciences. 4. ed. Nova York, Routledge, 2015. (Classical Texts in Critical Realism.)

_____. *A Realist Theory of Science*. Nova York, Routledge, 2008. (Classical Texts in Critical Realism.)

_____. *Scientific Realism and Human Emancipation*. Londres, Verso, 1986.

DUAYER, Mario. Marx e a crítica ontológica da sociedade capitalista: crítica do trabalho. *Em Pauta*. Rio de Janeiro, Faculdade de Serviço Social da Universidade do Estado do Rio de Janeiro, n. 29, v. 10, 2012, p. 35-47.

LUKÁCS, György. *Para uma ontologia do ser social*, v I. Trad. Carlos Nelson Coutinho, Lya Luft, Mario Duayer, Nélio Schneider e Rodnei Antônio do Nascimento, São Paulo, Boitempo, 2012.

_____. *Pensamento vivido*: autobiografia em diálogo: entrevista a István Eörsi e Erzsébet Vezér. Viçosa, Ad Hominen, 1999.

MARX, Karl. *O capital*: crítica da economia política, Livro I: *O processo de produção do capital*. Trad. Rubens Enderle, São Paulo, Boitempo, 2013. (Coleção Marx-Engels.)

_____. *Contribuição à crítica da economia política*. 2. ed. São Paulo, Expressão Popular, 2008.

_____. Glosas críticas ao artigo "O rei da Prússia e a reforma social. De um prussiano". In: Karl Marx; Friedrich Engels, *Lutas de classes na Alemanha*. São Paulo, Boitempo, 2010, p. 25-52.

_____. *Grundrisse*: manuscritos econômicos de 1857-1858 – Esboços da crítica da economia política. Trad. Mario Duayer (coord.), São Paulo, Boitempo, 2011. (Coleção Marx-Engels.)

POSTONE, Moishe. *Tempo, trabalho e dominação social:* uma reinterpretação da teoria crítica de Marx. São Paulo, Boitempo, 2014.

7. Crítica da economia política, por Karl Marx

Jorge Grespan

A crítica de Marx à economia política, tema central deste texto, tem grande relação com o subtítulo deste livro, "Criação destruidora". Afinal, a crítica de Marx compreende que o movimento do capitalismo é de destruição – uma destruição que pode ser criativa ou destruidora, justamente pelo fato de que o capital é contraditório.

Também é importante relacionar este tema à crítica ao capitalismo feita por Marx em sua juventude. Isso porque, naquele momento, Marx iniciara um processo de compreensão do quanto o trabalhador assalariado era alienado no mundo moderno. Ele identificava o mal-estar da civilização capitalista com o fato de que o trabalho é despojado dos meios de produção e das condições que fazem com que o trabalhador possa se reconhecer no objeto que produziu, encontrando a alienação motivada pela propriedade privada. Assim, o trabalhador deixa de ter controle sobre o que produz e sobre a forma como produz.

Ainda na juventude, Marx especificou o "outro" do trabalho alienado, isto é, o mecanismo e a força histórica que aliena, que consiste no valor e no capital, definido como o valor que se valoriza. Esse é o verdadeiro antípoda, o outro polo da relação. Quando Marx chegou a essa conclusão, sua obra entrou

140 | Curso livre Marx-Engels: A criação destruidora

em uma fase distinta. Havia, então, dado início à leitura de economistas alemães e dos clássicos da economia política inglesa e francesa. Contudo, passa a produzir uma crítica "interna" a esses pensadores, que pode ser definida, em traços gerais, por se inserir em um pensamento, reconstituindo-o, de certa maneira, para, em seguida, mostrá-lo como contraditório.

É interessante pontuar que a economia política é um movimento de ideias que surgiu na Inglaterra já no século XVII. A palavra "economia" vem do grego – *eco*, neste caso, está relacionado à casa, que em grego é *oicos* –, com o significado de organização da casa. Pois, no século XVII inglês, surgiu o conceito paradoxal de economia política, que não tratava da economia doméstica, e sim da economia da pólis, da cidade, do país e do espaço público. Com essa ideia, estabeleceu-se um novo campo de estudos: o dos fenômenos puramente econômicos, que deixava de estudar a economia como um ramo do direito, da política ou da história, para analisar os fenômenos econômicos tomados como objetos independentes.

Nesse contexto, houve grandes autores, como Adam Smith, um dos mais importantes. Tendo vivido no fim do século XVIII, ele foi chamado de pai da economia por ter escrito, em 1776, *A riqueza das nações*. Também reuniu um número significativo de seguidores, dos quais o mais destacado foi, sem dúvida, David Ricardo, um economista do começo do século XIX, autor de *Princípios de economia política e de tributação*, em 1817.

Os livros desses dois pensadores foram as duas grandes obras que Marx leu na juventude e que criticou de forma "interna", especialmente a partir do final dos anos 1840 e durante os anos 1850 e 1860. Afinal, o projeto intelectual de Marx era a crítica da economia política, que tem no conceito de valor, assim como no conceito de capital, um ponto fundamental. Justamente tais pontos seriam abordados e enfatizados por Marx, que trabalharia em novas definições para esses termos. A ideia de valor, por exemplo, já era definida pelos clássicos em função do trabalho, principalmente para Ricardo, para quem o trabalho seria o único criador de valor, princípio que atuou como o ponto de partida de Marx.

A partir dos anos 1850, mais exatamente entre 1857 e 1858, Marx deslanchou com seu trabalho. Alguns anos antes, exilado, teve de ir à Inglaterra, acessando, então, os originais dos economistas clássicos – não só as obras de Smith e Ricardo, mas praticamente tudo o que havia sido publicado em economia naqueles últimos duzentos anos. Naquele período, passava temporadas inteiras nas bibliotecas de Londres, em especial na do Museu Britânico, lendo e fazendo anotações. Em 1857, começou a dar corpo a essas anotações, realizando seu projeto de crítica da economia política. Contudo, eclodiu uma crise econômica que resultou em uma movimentação geral dos trabalhadores, contrários ao desemprego e às más condições de trabalho. Naquele contexto, Marx sentiu a urgência de realizar seu trabalho teórico, a fim de fornecer elementos e instrumentos de análise aos trabalhadores e sua luta, no intento de orientá-los em uma direção realmente revolucionária.

Em questão de poucos meses, Marx escreveu cerca de oitocentas páginas. Da massa enorme de anotações de que dispunha, compôs a primeira versão de sua obra, cujo título planejava ser, na época, *Crítica da economia política*. No entanto, esse conjunto de anotações foi publicado somente no final dos anos 1930 (sendo a segunda edição da década de 1950), muito tempo depois da morte de Marx. Os editores intitularam-na de *Fundamentos da crítica da economia política*, e ela passou a ser conhecida simplesmente como *Grundrisse*, que, em alemão, significa "fundamentos" – "*Grund*" é chão e "*Riss*", traço; "*Grundriss*" é também a palavra usada em arquitetura para designar a "planta baixa".

Desse modo, na prática, Marx criava sua "planta baixa", estabelecendo os traços fundamentais e a base de seu projeto. Mas escrevera essas anotações para uso próprio, com toda a liberdade de experimentar e explicitar pressupostos, acreditando que refaria o material em certo momento, a fim de aprontá-lo para a imprensa. Assim, com os *Grundrisse*, podemos ter acesso a seu pensamento no momento inicial de elaboração da *Crítica da economia política*.

Em 1859, Marx publicou a primeira parte de sua obra, que teria o título de *Para a crítica da economia política*. Essa parte corresponde ao começo de sua apresentação sistemática da "crítica", tratando de mercadoria e dinheiro. Mais tarde, daria sequência ao trabalho, escrevendo sobre o capital propriamente dito. Porém, no momento da redação final dessa segunda parte, a partir das anotações de 1858, Marx teve a sensação de que o material não estava suficientemente bom. Retornou aos arquivos e às bibliotecas, estudou mais e, entre 1861 e 1863, escreveu outro conjunto de anotações, que compõe, ao todo, quinze cadernos – após a morte de Marx, cinco deles foram publicados, com o nome de *Teorias do mais-valor*. Aliás, seu editor, Karl Kautsky, afirmava ser esse o lendário Livro IV de *O capital*, o que é controverso, porque, depois de certo momento, Marx deixou de considerar uma sequência de *O capital* que tratasse apenas da crítica dos economistas.

De todo modo, entre 1863 e 1867, Marx escreveu uma terceira versão de suas anotações, refazendo até o trabalho de 1861-1863. O título escolhido foi *O capital*, com a "Crítica da economia política" como subtítulo. O plano era publicar a obra em três volumes e lançá-los ao mesmo tempo, mas, efetiva-

142 | Curso livre Marx-Engels: A criação destruidora

mente, Marx conseguiu publicar apenas o primeiro livro, em 1867, por vários motivos, especialmente em função da oportunidade editorial e da necessidade de ganhar algum dinheiro. Contudo, um ano depois, já estava de volta ao trabalho. Seu desejo era realizar o projeto inicial de publicar os dois outros livros de *O capital*, por isso retomou a terceira versão de suas anotações, escrevendo ainda uma quarta.

O trabalho teve de ser suspenso por conta da Guerra Franco-Prussiana de 1870, da Comuna de Paris, em 1871, da dissolução da Associação Internacional dos Trabalhadores (AIT) e da formação do Império Alemão, a partir da colcha de retalhos que era a miríade de pequenos principados e bispados do antigo Santo Império. Todos esses eram acontecimentos decisivos, que mudavam a história e exigiam análise imediata e precisa, o que atrasou a redação de *O capital*. Assim, em 1872, quando Marx teve a oportunidade de publicar o Livro I em francês, aproveitou para reescrever uma grande parte do texto, especialmente o começo. Sabia que seria a partir da edição francesa que sairiam, no futuro, as traduções para as demais línguas, uma vez que o alemão ainda era um idioma quase que exclusivo de seus nativos. Depois, no mesmo ano, ainda teve a ideia de lançar uma segunda edição da obra em alemão, baseada nas modificações que introduzira na edição francesa – muito mais do que mera tradução.

Apenas no fim da década de 1870 Marx conseguiu retomar os estudos para redigir os Livros II e III. Fez muitas anotações, mas não chegou a publicá-las, e já estava com o Livro II bem avançado quando morreu, em 1883, aos 65 anos, relativamente jovem mesmo para os padrões do século XIX. Pouco antes, fora surpreendido pela morte de sua esposa e de sua primogênita, ambas chamadas Jenny.

Portanto, quem publicou os Livros II e III de *O capital* foi Engels, que conseguiu encontrar esses manuscritos guardados entre muitos outros documentos, desde textos de análise política a estudos de física e biologia. Engels elaborou esse material, editou-o e publicou o Livro II de *O capital* em 1885. Já o Livro III foi lançado apenas em 1894, um pouco antes da morte de Engels, que aconteceria no ano seguinte.

Assim, o material deixado pelos dois amigos e colaboradores é vasto. Tanto que há um projeto monumental em curso na Alemanha, chamado MEGA – sigla alemã para *Marx Engels Gesamtausgabe*, isto é, edição completa de Marx e Engels –, que prevê em torno de 120 volumes para dar conta de todos os escritos deixados pelos pensadores. Para se ter uma ideia da dimensão desse trabalho, atualmente a MEGA encontra-se mais ou menos no sexagésimo volume, ou seja, ainda na metade.

Voltando à "crítica à economia política", sabe-se que, no tempo em que escrevia o correspondente aos *Grundrisse*, Marx planejava desenvolver a obra em seis volumes, deixando somente um deles para tratar do "capital". Depois, haveria um volume sobre a "propriedade da terra", outro sobre o "trabalho", um quarto sobre o "Estado", um quinto sobre o "comércio exterior" e, por fim, o último sobre o "mercado mundial e as crises". No entanto, o que Marx nomeia de "capital" não se restringe a um objeto, mas a uma relação, um movimento social e histórico muito abrangente, capaz de incorporar todas as demais relações sociais. Por isso, ao longo dos anos 1860, entre a segunda e a terceira versão de seus manuscritos, o tema dos cinco últimos livros acabou sendo incluído no primeiro, sobre o "capital", alterando o próprio título da obra.

Entretanto, para compreender isso é preciso voltar na história. Desde cerca de 1500 a.C., já existiam povos que viviam somente do comércio, comprando mercadorias a preços baixos e vendendo a valores altos, obtendo lucro nessa atividade. Depois que se firma o uso do dinheiro entre os gregos e romanos, por volta de 500-600 a. C., surgem ainda os juros e a usura, isto é, o mecanismo de emprestar dinheiro para receber o valor emprestado acrescido de uma taxa de juros. Assim, essas práticas são muito anteriores ao mundo moderno. No entanto, essas duas formas de capital – comercial e usureiro – são açambarcadas por uma nova, criada essencialmente na esfera da produção, que emerge e funda o mundo moderno. É o capital que Marx chamou de "industrial", mas que não se refere só à indústria, e sim a toda e qualquer atividade produtiva de mercadorias – pode ser a agricultura, a pecuária, a extração de minas etc. Ou seja, trata das esferas de produção nas quais capitalistas contratam trabalhadores assalariados e, a partir de seu trabalho, obtêm um excedente econômico. Desse modo, mesmo que paguem aos trabalhadores um salário "justo", os capitalistas obtêm um excedente, chamado por Marx de mais-valor (ou mais-valia), por ser gerado a partir de um valor inicial. E, nesse caso, um salário "justo" seria o equivalente ao valor que permitiria ao trabalhador viver dignamente, reproduzindo a energia física e mental gasta no processo de trabalho e criando filhos que um dia serão trabalhadores como o pai. Os filhos dos trabalhadores não constituem simplesmente uma família, mas uma prole. Por isso, essa classe social é chamada de proletariado.

No entanto, é preciso esclarecer que, mesmo que o salário seja "justo", o valor pago ao trabalhador é menor do que o valor que o capitalista obtém com

144 | Curso livre Marx-Engels: A criação destruidora

esse trabalho. Por exemplo, alguém contratado para trabalhar em uma fábrica de camisas ganha um salário X, mas as camisas produzidas terão um valor muito maior quando vendidas pelo capitalista. Porque, se o produto valesse menos do que o salário pago ao trabalhador, o capitalista simplesmente não o contrataria. Afinal, nessa lógica social, só é considerado economicamente viável o que permita produzir com lucro.

Assim, o valor da força de trabalho e o valor produzido pela força de trabalho são diferentes, mas o capitalista só contratará trabalhadores se o segundo valor for maior do que o primeiro, e essa diferença é justamente o que Marx chama de mais-valor, isto é, o excedente produzido pelo trabalhador para o capital. É a produção desse excedente que caracteriza o "capital industrial", essencialmente determinado na esfera da produção. Não é porque o comerciante vende a mercadoria por um valor mais alto ou porque cobra juros, mas porque de fato existe a produção de um valor novo.

Aliás, é interessante pontuar que, quando um comerciante vende um produto por um valor mais alto, ocorre o que se chama de jogo de soma zero, porque o que ganha corresponde ao que o comprador perde e, no todo, nada se cria. Não há produção de valor novo para a sociedade. E o mesmo se passa em relação aos juros. Contudo, o caso da sociedade industrial é distinto, porque há a geração de um valor novo materializado em mercadorias – camisas, automóveis ou serviços. A exploração do trabalho que produz essas mercadorias ou realiza esses serviços deixa, de fato, a sociedade mais rica – ou melhor, produz valor para os capitalistas. Isso não significa, no entanto, que essa riqueza será bem distribuída. Porque, no capitalismo, os trabalhadores não ganham tudo aquilo que produzem, apenas o salário que lhes cabe. A diferença entre o valor do produto e o salário fica com o capitalista. E o capital é justamente esse valor que se valoriza. Quem criou o valor foi a força de trabalho; mas, como o capitalista compra essa força, passa a ser o proprietário daquilo que o trabalhador produziu. É como se o capital pudesse se autovalorizar.

Esses conceitos básicos são suficientes para entendermos o fundamento das crises econômicas, como a que estamos vivendo hoje no mundo e no Brasil. Quando, ao invés de uma valorização, ocorre uma desvalorização dos valores existentes, está caracterizada a crise. Por exemplo, o elemento que deflagrou esse processo nos Estados Unidos em 2008 começou a se manifestar por volta do ano 2000. Inicialmente, houve uma diminuição do lucro das empresas, bem como falências importantes. Boa parte do capital que não podia ser investido com retorno razoável se dirigiu à especulação com o preço de vários bens, em especial na área da construção civil. Mas os lucros também começaram a diminuir nesses setores entre 2006 e 2007, e o preço das casas diminuiu, minando a base para que se continuasse a especulação e aplicando os capitais que já não encontravam lucro nos setores industriais tradicionais. Além disso, quem havia comprado uma casa financiando parte do valor, usava a hipoteca como garantia para levantar outros empréstimos e conseguir crédito para consumo, e os bancos negociavam as hipotecas entre eles. A queda do preço das casas, que se chamou de "bolha" do mercado imobiliário, foi então repassada para todo o setor financeiro como queda do valor das hipotecas, ou seja, das garantias de pagamento das dívidas recíprocas. Assim, a desvalorização do valor das casas foi o estopim que deflagrou a crise, mas apenas porque evidenciou um excedente de valor, que o valor contábil das mercadorias era maior que o valor real produzido de fato pelos trabalhadores. Em um efeito de "bola de neve", o valor das casas, das fábricas, da terra e do dinheiro começou a cair – ou seja, tudo perdeu valor.

É o próprio capital, portanto, que leva às crises econômicas, por isso consiste na verdadeira "criação destruidora". Pois até nos momentos em que o capital se acumula, permitindo a criação de riqueza, seu lado destrutivo está latente e sempre pode, de súbito, eclodir, aniquilando massas de valor. O capital cria a grande ameaça à sua existência. É também por isso que Marx o define como contraditório, isto é, negador de si. Do ponto de vista lógico, "contradição" não é ser contrariado por outro, e sim por si mesmo. O capital, então, nega a si mesmo, no sentido de que é a força de autovalorização que nunca consegue evitar completamente sua autodesvalorização. E, se essa desvalorização for muito profunda, coloca em risco a própria existência do capital.

Desse modo, a "crítica da economia política", desde os *Grundrisse*, dirá que o capital consegue superar todas as barreiras externas para seu crescimento, porque pode comprar e desvirtuar tudo. Exemplo disso é quando penetrou em regiões do mundo onde não havia relações capitalistas e as transformou em relações desse tipo. Como diz o *Manifesto Comunista*, nem a Muralha da China resistiu ao capital industrial, capaz de vender seus produtos a preços muito baixos, com os quais não podem competir os produtores de um país tradicional. No entanto, o capital não pode superar as barreiras que põe para si, porque é contraditório em seu movimento de autovalorização. E, ao tentar subverter essa lógica, cria novas barreiras para seu avanço.

Por toda essa natureza do capital, Marx mudou o plano original de sua obra e incluiu grande parte do material previsto para os seis volumes já no primeiro, sobre o capital. Seu objeto é justamente essa força que tudo abrange e submete, que substitui a razão de ser da sociedade por seu propósito de criar

146 | Curso livre Marx-Engels: A criação destruidora

sempre mais-valor, que transforma a terra em propriedade particular e fonte de renda, subordina o trabalho à criação de lucro, pauta o comércio exterior do mundo inteiro e faz do Estado um instrumento para garantir e patrocinar a valorização privada. Assim, o tema da obra toda coube no assunto do Livro I sobre o capital.

Entretanto, outra questão importante para Marx era como expor e apresentar esse conteúdo. Na época em que produzia os *Grundrisse*, em 1857, ele já sabia que não poderia simplesmente definir o capital a partir do trabalho, pois ele é formado por trabalho, mas corporificado, objetivado nos meios de produção dos quais é proprietário, de modo que Marx o chamava de "trabalho morto". Assim, é a partir da relação social pela qual o trabalhador deixa de ter a propriedade daquilo gerado e apropriado pelo capital que o processo de trabalho pode ser realizado. A energia e a força de trabalho é definida por Marx como "trabalho vivo", e é essa vivacidade que atua sobre os meios de produção em que o valor está "morto", fazendo-o voltar à vida.

Mas a relação entre capital e trabalho não é só essa, pois o capital compra a força de trabalho pagando por ela um salário em dinheiro. Desse modo, Marx tem de estudar essa relação completa, ou seja, a relação monetária que fixa o salário e permite estabelecer o volume e a taxa de mais-valor. Por isso, a forma de valor mais adequada para o capital é o dinheiro, porque representa melhor o trabalho abstrato e constitui o nexo social entre capitalista e trabalhador. Trata-se de uma relação que aparece na esfera da circulação de mercadorias, em que o capital compra a força de trabalho, e o trabalhador a vende para obter dinheiro e sobreviver.

Portanto, Marx havia dividido o livro sobre o capital basicamente em duas partes: a primeira seria um capítulo sobre o dinheiro; e a segunda sobre o capital. Chegou a publicar o primeiro em 1859, no livro *Para a crítica da economia política*, porém com modificações importantes. Isso porque, ao redigir as últimas anotações dos *Grundrisse* sobre o valor, Marx conclui que o dinheiro também é um resultado, e não um ponto de partida, então pressupõe uma forma social mais simples que o determina – a mercadoria. Marx decide, então, começar com a mercadoria, depois passar para o dinheiro e, por fim, para o capital. Essa concepção nova aparece formulada com muita precisão na frase inicial de *Para a crítica da economia política*, uma frase tão feliz que é conservada na primeira e na segunda edição do Livro I de *O capital*, em 1867 e 1872, respectivamente. Vale a pena lembrá-la aqui:

> A riqueza nas sociedades onde reina o modo de produção capitalista aparece como uma "enorme coleção de mercadorias", e a mercadoria individual como

sua forma elementar. Nossa investigação começa, por isso, com a análise da mercadoria.[1]

É importante frisar que Marx se refere ao modo de produção capitalista, e não a qualquer sociedade que produza mercadorias, como algumas da Antiguidade, o mundo muçulmano clássico ou o do Renascimento europeu. O que pretende na investigação sobre a forma de mercadoria é apontar que ela é a "forma elementar" não só de todos os produtos do capital industrial, mas também da própria força de trabalho. O trabalhador, no mundo capitalista, não é um escravo. O nexo fundamental desse sistema, contudo, é obter excedente econômico na forma de valor. É necessário que o trabalhador receba um valor determinado, para que seja possível calcular, a partir disso, a magnitude do que será extraído do seu trabalho pelo capitalista. Também é necessário que seja sempre possível baixar ao máximo o salário, para obter uma taxa maior de mais-valor; que o trabalhador possa ser demitido, para zerar os custos da produção em épocas de crise; e, enfim, que o trabalhador seja livre, um comprador e consumidor dos produtos que ele mesmo produz e dos quais não tem propriedade. Portanto, Marx começa com o estudo da mercadoria porque a própria força de trabalho que a cria, o valor e toda a riqueza no mundo capitalista tornou-se uma mercadoria. É nesse sentido que ela é a "forma elementar" das relações sociais no capitalismo.

De fato, quando o capitalismo penetrou pelas regiões do mundo onde ainda prevaleciam formas de produção anteriores, a estratégia dos países industrializados era começar vendendo mercadorias a preços baixos, produzidos já por máquinas. Em seguida, transformava os produtos daquelas sociedades pré-capitalistas também em mercadorias, para, finalmente, tornar a mão de obra existente em mercadoria, convertendo os trabalhadores em assalariados.

Dada essa importância histórica e, em especial, a importância na constituição do sistema de relações sociais dentro do capitalismo, Marx só pode começar a apresentação dos conceitos que correspondem às formas sociais pelo conceito de mercadoria. Para compreendermos o que ela significa, nós, que falamos um idioma latino, até temos mais facilidade, pois a palavra "mercadoria" vem de "mercado", evidenciando que se trata de todo produto destinado ao mercado, todo bem que pode ser objeto de compra e venda. Por isso, como vimos, quando o trabalhador dispõe de sua força de trabalho e a vende no mercado, está vendendo essa força como mercadoria. E a análise da merca-

---

[1] *Karl Marx, O capital: crítica da economia política*, Livro I: *O processo de produção do capital* (trad. Rubens Enderle, São Paulo, Boitempo, 2013), col. Marx-Engels, p. 113.

148 | Curso livre Marx-Engels: A criação destruidora

doria feita no primeiro capítulo de *O capital* revela os dois elementos que a compõem, formando uma oposição – o valor de uso e o valor de troca. É pela exteriorização dessa oposição interna que a mercadoria se desdobra em outras oposições, levando, por fim, à forma de dinheiro, isto é, à oposição entre mercadoria e dinheiro.

Assim, Marx mostra de que modo o dinheiro aparece como uma forma universal de equivalência do valor de todas as mercadorias; e também como, no jogo dessas formas, ocorre uma inversão, pela qual parece que o dinheiro atribui valor às mercadorias, às coisas em geral, quando, na verdade, são as mercadorias que, ao serem produzidas para serem trocadas, ensejam a criação do dinheiro e a ele atribuem valor. Tudo se passa como se o valor de troca existisse em função do dinheiro, porque ele tem o monopólio da função de equivalente, só que, na verdade, concentra esse monopólio e o adquire, porque são as mercadorias, em suas trocas, que determinam essa função.

Mas, até aqui, somente foi falado de objetos – mercadoria, dinheiro, capital. Podemos perguntar: e as pessoas? Pois é justamente este o ponto que Marx quer ressaltar: as pessoas se movimentam em função desses objetos, bem como da troca de mercadoria, de ganhar dinheiro e de conseguir que o capital lhes dê emprego. São esses objetos que pautam a vida das pessoas. Essa é a principal implicação daquilo que, como sabemos, Marx chama de "fetichismo da mercadoria". Uma nota inicial a respeito desse conceito é que Marx toma emprestada a palavra "fetiche" diretamente do francês, mas sua origem, de fato, está no português – vem de "feitiço", o nome que os portugueses deram a certos rituais mágicos da África não muçulmana, quando começaram a navegar abaixo da linha do Equador, mais para o fim do século XV.

Marx emprega tal termo no sentido de que a mercadoria adquire vida própria no capitalismo. E ter vida própria, nesse caso, significa que nos faz organizar a vida em função do seu movimento. Cada vez menos produzimos para o próprio consumo e cada vez mais dependemos de comprar mercadorias com o salário que obtemos em troca da força de trabalho que vendemos. Assim, compramos as mercadorias que outros produziram, do mesmo modo que compram as que nós produzimos.

Esse é o modo de vida essencialmente urbano, e não é por acaso que nas últimas décadas, em quase todos os países do mundo, a maioria da população, que antes vivia no campo, agora vive nas cidades. O campo ainda oferece a oportunidade de se produzir para o próprio consumo, e não gerar produtos para o mercado, que têm como destino o consumo por outras pessoas. Contudo, a concentração da propriedade rural, de um lado, e o uso de máquinas agrícolas, de outro, vêm dispensando a mão de obra do campo, que parte para as cidades e perde em definitivo a possibilidade de produzir para si mesma. Ela aumenta o mercado consumidor, completando o processo de penetração do capital em regiões e setores ainda pré-capitalistas. Além disso, na cidade, todos são dependentes dos mercados – não só das mercadorias tradicionais, como alimentos e roupas, mas de produtos como água encanada e luz elétrica. A dependência cresce tanto que qualquer falha técnica ou de gerência do fornecimento de água e luz pode causar uma catástrofe. De certo modo, o conceito de "fetichismo" pretende justamente explicar como todo esse sistema se torna independente do controle humano, enquanto nos tornamos cada vez mais dependentes dele.

Entretanto, o aspecto tangível da mercadoria esconde que ela é determinada por uma relação social historicamente específica, na qual cada unidade de produção é propriedade privada de um ou mais capitalistas. Com a generalização dessa forma social de produção, cada vez mais as outras relações sociais passam a ser mediadas pelas mercadorias e por seu derivado inescapável, o dinheiro. Pois o que está por trás da produção das mercadorias e da circulação de dinheiro são as unidades privadas de produção e troca, que é o que vimos Marx denominar de "capital industrial". Ele é o grande personagem dessa história, o verdadeiro objeto de estudo de Marx.

Foi à luz disso que, depois de ter publicado a primeira parte de suas anotações em 1859, quando Marx decidiu lançar a segunda parte, seu capítulo sobre o capital, percebeu que era preciso estudar mais, pois o material daquelas anotações (publicado com o título de *Grundrisse* após sua morte) era insuficiente. Volta, como explicado anteriormente, aos arquivos e bibliotecas e escreve sucessivamente uma segunda e uma terceira versão de *O capital*, na década de 1860.

Essas versões representam um avanço tanto da precisão das definições quanto do encadeamento da argumentação; isto é, tanto do conteúdo quanto da forma de apresentação. Marx estabelece, então, um novo plano para sua obra, reduzida a três volumes: o Livro I trataria do processo de produção de mercadorias pelo capital, o modo pelo qual o capital produz; o Livro II abordaria o processo de circulação do capital e como, mediante esse processo, o capital se reproduz, ou seja, o modo pelo qual o capital é produzido; por fim, o Livro III completaria e, de certo modo, sintetizaria os dois títulos anteriores, explicando como o capital distribui as riquezas, o valor e os excedentes sociais a partir de suas regras de concorrência e propriedade privada. E foi esse mesmo o formato final da obra, pelo qual a conhecemos.

150 | Curso livre Marx-Engels: A criação destruidora

A ordem dos três livros também pode ser entendida assim: o primeiro estuda a relação social direta entre capitalistas e trabalhadores, enfocando as formas por meio das quais o trabalho é explorado pelo capital para produzir mais-valor; o segundo analisa a relação entre os capitalistas, mas ainda apenas como uma rede de entrelaçamento, criando uma dimensão social em que eles produzem uns para os outros, isto é, para o mercado constituído por seus capitais; e o terceiro livro examina a relação entre os capitalistas, mas já levando em conta sua dimensão negativa, autodestrutiva, a saber, a concorrência dentro de cada ramo da produção e também entre empresas de ramos diferentes, que agora começam a disputar o valor todo, o mais-valor inteiro, o excedente gerado no conjunto de uma sociedade.

É interessante registrar aqui como, no Livro III, a lógica da concorrência e da distribuição do excedente econômico obedece a uma regra diferente da lógica de produção constitutiva dos Livros I e II. Nela, conta o capital global de cada empresa, não só o trabalho vivo que emprega, mas o trabalho morto que possui. Então, uma indústria que contrate menos trabalhadores, porque usa mais máquinas, tem um capital investido mais em máquinas do que em força de trabalho e, daí, uma taxa de mais-valor menor. Mas, na medida em que essa empresa tem uma concentração muito grande de máquinas, sua massa de capital total, superior à de outras empresas, dá a ela um peso maior na concorrência, permitindo que ela atraia para si uma parte do excedente econômico que não produziu, mas que foi gerado por outro setor.

Em todos esses momentos de apresentação das categorias da crítica, ao longo dos Livros I, II e III de *O capital*, Marx estuda as várias formas que o capital assume e abandona, para realizar seu objetivo de se autovalorizar. Por exemplo, uma parte do capital sempre deve permanecer na forma de dinheiro, pois os capitalistas têm de pagar o salário dos trabalhadores, as matérias-primas etc.; outra parte fica na forma das mercadorias que o capitalista coloca no mercado; e uma terceira parte está na forma das máquinas, matérias-primas e da força de trabalho que está contratando. Trata-se, respectivamente, das formas de "capital dinheiro", de "capital mercadoria" e de "capital produtivo", compondo cada qual seu circuito de movimentação e sempre retornando ao ponto inicial, entrelaçando-se em combinação.

Bem como as trocas de mercadoria e dinheiro, essas formas do capital são formas sociais, "fetiche" pelo qual, de fato, as relações entre as pessoas se canalizam e organizam. Em todos esses casos, passa-se de uma forma para a outra, numa transformação ou uma verdadeira "metamorfose". O trabalho, em geral, é o outro lado da moeda do mundo do capital, contraposto por Marx às "metamorfoses" operadas e chamado justamente de "metabolismo". Em vez da passagem de uma forma a outra, temos a mudança de matéria, a relação do homem com a natureza que lhe garante a sobrevivência. Mas o metabolismo é dominado pela metamorfose; a relação material, pela relação formal que traduz o domínio do trabalho pelo capital; a subordinação do interesse humano pela vida ao interesse do capital em se acumular e reproduzir. Esse é o sentido da "crítica à economia política" de Marx, uma discussão do mundo contemporâneo, caracterizado pelo domínio do trabalho pelo capital e, daí, do metabolismo pela metamorfose. O trabalhador não trabalha como quer, ao contrário das aparências; mas trabalha sob as condições impostas por uma forma social historicamente específica que é o capital, cujas formas e metamorfoses predominam sobre a materialidade do trabalho e condicionam o metabolismo.

Apesar de todo esse domínio e esse poder de impor suas condições e finalidades, o capital tem limites estruturais e históricos intransponíveis, que aparecem de modo recorrente nas crises econômicas, como a que estamos vivendo hoje. Essas crises são determinadas de modo necessário, e não como uma simples possibilidade que poderia ser evitada, porque se enraízam na forma profunda da relação do capital com o trabalho, como acabamos de examinar. Marx explica que o capital não tem barreira nenhuma fora de si, que ultrapassa todos os obstáculos externos, mas não os que põe para si mesmo, por causa de sua estrutura contraditória. O poder dele é baseado na formalidade de excluir o trabalhador da propriedade dos meios de produção e, daí, do comando sobre as metamorfoses sociais. No entanto, é um poder formal, porque quem cria a "substância" e a matéria da riqueza é o trabalho. O capital não tem, portanto, substância alguma, tendo de se limitar a pôr o trabalho para produzir substância para ele.

Por seu turno, substancialmente, o trabalho é tudo, mas não é proprietário de si. O trabalhador é proprietário de sua força de trabalho, mas atua dentro de condições que lhe são impostas; portanto, formalmente, não é nada. Enquanto, com o capital, se passa o contrário: a substância dele é composta pelo trabalho – precisa usurpar a energia do trabalho e a matéria gerada para ele, precisa subordinar o metabolismo ao interesse da metamorfose. Em suma, o capital é tudo formalmente, mas não tem substância; por isso, substancialmente, não é nada. Temos aqui uma contradição, o que Marx apontou claramente em sua obra. Conseguiu formular essa proposta nos *Grundrisse* e depois desenvolvê-la e elaborá-la em *O capital*: é por causa da contradição que surgem as crises, a desvalorização do valor como destino fatal do sistema.

152 | Curso livre Marx-Engels: A criação destruidora

Na época em que Marx ainda pensava em escrever sua obra em seis livros, planejava tratar das crises diretamente no fim, quando falasse do mercado mundial, devido à relação entre mundialização e crise. Contudo, percebeu que devia abordar o tema ao longo de toda a apresentação das formas do capital, desde seu começo, quando trata de mercadoria e dinheiro. Pois a crise aparece já nessa forma mais abstrata, como a impossibilidade de vender uma mercadoria por seu valor. Quando isso acontece, as pessoas que têm a mercadoria e querem vendê-la são obrigadas a diminuir o preço para baixo de seu valor e, mesmo assim, os compradores podem não ter dinheiro para adquiri--las. Portanto, configura-se uma oposição entre compra e venda, dinheiro e mercadoria, que é a forma geral das grandes crises, em que se vê um excesso de vendedores em relação aos compradores.

A explicação das crises prossegue e ganha densidade crescente quando, ainda no Livro I de O *capital*, Marx demonstra que a crise se determina, fundamentalmente, na esfera da indústria. Mesmo quando ela aparece na relação entre o capital comercial e o industrial, ou depois, na relação entre o capital financeiro e o industrial, a base da crise está na queda do lucro industrial. Essa disfunção é o conceito mais rico de crise. Pois, por trás de todo tipo de desequilíbrio, desde o começo, a crise está lá, na contradição da relação do trabalho com o capital.

A crise atual, por exemplo, é chamada de "financeira", porque é essa dimensão que aparece de imediato. Na verdade, ela se enraíza na dimensão produtiva. Se chamarmos a crise de "financeira", sugerimos que bastaria colocar o capital financeiro nos trilhos, organizado dentro dos moldes das necessidades do capital produtivo e industrial, para que voltássemos ao bom e velho capitalismo sadio de antigamente. Portanto, poderíamos acabar com a crise sem mexer na ordem capitalista. Contudo, se percebermos que a crise não é simplesmente financeira, regular essa esfera não vai resolver o problema. De fato, faz sete anos que a crise explodiu, com a falência de bancos americanos, e ao longo desse período essas instituições vêm colocando mais dinheiro no mercado, fazendo as dívidas aumentarem. O problema não se reduz a harmonizar a indústria e os bancos; é algo mais profundo.

É essa capacidade de penetrar além daquilo que pode ser visto a olho nu que faz a crítica do capitalismo de Marx algo tão poderoso e instigante. Ao contrário do que se pensava na década de 1990 – quando o neoliberalismo estava no auge no mundo inteiro e os propagandistas do sistema afirmavam que Marx era um autor "ultrapassado" –, a crise atual mostrou que o diagnóstico que se faz está cada vez mais vivo. São efeitos positivos da crise. Aliás, na épo-

Jorge Grespan | 153

ca do lançamento do primeiro volume de *O capital,* em 1867, em uma carta escrita para Engels, Marx dizia esperar que a crise daquela época conseguisse enfiar dialética na cabeça mesmo do burguês mais empedernido. Vamos ver o que acontecerá agora.

Ideia de crise estrutural do capital na obra de Marx, com referência de David Harvey

O capital não resolve sua crise porque é construtivamente contraditório, como foi dito anteriormente. Para resolver a crise, o capital teria que resolver definitivamente sua relação com o trabalho assalariado. Mas, ao fazer isso, deixaria de ser capital. Portanto, não pode resolver de modo definitivo sua contradição de fundo, e as crises continuam. No entanto, elas podem ser deslocadas geograficamente, como afirma David Harvey, um ponto que julgo muito interessante. O país mais afetado no início da crise, os Estados Unidos, conseguiu se apoiar no crescimento dos chamados emergentes, em especial a China, mas também o Brasil, para aos poucos reverter o quadro. Hoje o movimento se inverteu, e os Estados Unidos retomam taxas razoáveis de crescimento do PIB, enquanto os emergentes, em especial a China, desaceleram ou entram em recessão, como o Brasil. Esses movimentos mundiais têm a função de contornar provisoriamente a queda da taxa de lucro e de socializar as perdas, distribuindo o peso das dívidas dos países mais ricos para os países mais pobres.

A dificuldade para o capital atualmente, de todo modo, é que a crise é tão profunda que os velhos instrumentos políticos não conseguem resolvê-la. Nem o simples deslocamento geográfico parece ser capaz de proporcionar uma solução de longo prazo. É preciso que o capital se reinvente – e isso é muito difícil. Quando uma crise é superficial, a saída está em um rearranjo simples, mas quando é mais profunda, "estrutural", aí o capital tem de criar uma nova estrutura capitalista, mas que permita uma nova etapa de acumulação.

Por exemplo, o que aconteceu entre as décadas de 1930 e 1950 do século XX foi uma crise muito profunda. A superação exigiu um conjunto de reinvenções do ponto de vista político – pactos sociais, estado de bem-estar social, um regime social-democrata, uma política social de gastos públicos e uma nova participação do Estado na economia, além de uma guerra mundial que destruiu países inteiros e matou cerca de 50 milhões de pessoas. Tudo isso foi preciso para que o capital pudesse se reinventar e ter um novo ciclo de expan-

154 | Curso livre Marx-Engels: A criação destruidora

são, que durasse até as décadas de 1970 e 1980. Neste momento voltamos a viver uma crise estrutural profunda, e o capital terá novamente de se reinventar.

Espaço da criação artística e intelectual, bem como de ações sociais sem fins lucrativos no capitalismo

As ONGs surgiram nos anos 1990 em função do refluxo do Estado, que deixou aberto um espaço que tinha de ser ocupado socialmente. Isso aconteceu porque o Estado de que falei, surgido na reinvenção capitalista ocorrida entre as décadas de 1930 e 1950, também chamado keynesiano, e que financiava, nos países mais avançados, saúde, educação, transporte e moradia, não aguentou o peso das dívidas públicas crescentes. Na verdade, quando oferece tudo isso, o Estado está barateando a força de trabalho para diminuir os custos e elevar o mais-valor dos capitalistas.

No entanto, o recuo do Estado também correspondeu a uma necessidade de ampliar o espaço da valorização do capital no contexto da crise estrutural que se armava já a partir dos anos 1970. Quando o Estado repassou esses "serviços" para o setor privado, entraram em cena as ONGs. Evidentemente, elas são funcionais para o sistema capitalista, contribuindo para sua reprodução. Por isso, não vão revolucionar nada, ao contrário: na melhor das hipóteses, podem ajudar o capital a continuar se acumulando.

Quanto à criação artística e intelectual, Marx afirmou que, com a Revolução Industrial do século XIX, a ciência se converteu em força produtiva, em ciência aplicada, em engenharia. Os conhecimentos não podem ser inúteis ou não ter aplicação no processo produtivo. Contudo, Marx também percebia a existência de artistas atuando de forma crítica, em um espaço de liberdade que o capital, por ser contraditório, não consegue açambarcar. Esses espaços são de resistência da arte alternativa. Mas isso não impede que a maior parte da arte seja mercadoria. O espaço da criação, hoje, é pautado pela necessidade de criação de marcas, para que os proprietários consigam, na luta pela distribuição do mais-valor global estudada no Livro III de *O capital*, capturar para si parte daquilo que não produziram nem fizeram produzir.

Valor de uso e valor de troca

A questão do valor de uso e do valor de troca é complexa e gerou desde o começo uma grande controvérsia entre os economistas. Inicialmente, tratava-se da economia política, entre os séculos XVII e meados do século XIX. Na segunda metade do século XIX surge a economia neoclássica, chamada, em inglês, de "*economics*", isto é, uma pretensa economia "pura". Para esses autores, o valor de troca tem que ver com a utilidade dos bens, em uma confusão intencional do valor de troca com o valor de uso.

Antes, na economia que se sabia "política", e não "pura" ciência, Adam Smith já distinguia o valor de uso do valor de troca, mediante um famoso paradoxo: comparando o diamante com a água, vemos que a água tem um valor de uso enorme, mas que seu valor de troca é baixo; o diamante, por seu turno, tem um valor de uso muito restrito, serve somente para certos usos industriais, mas tem um valor de troca incrivelmente grande. Portanto, esse paradoxo indica que valor de uso e valor de troca são duas dimensões totalmente distintas, que não se determinam mutuamente.

Marx parte dessa ideia de Smith. O começo de *O capital*, avançando em relação ao que os economistas anteriores disseram, explica que o valor de uso e o valor de troca, até mais do que apenas diferentes, estão em uma oposição dialética dentro da mercadoria. Na troca, essa oposição interna à mercadoria se externaliza e aparece como oposição das mercadorias trocadas. Se alguém quer trocar um objeto, ele não tem valor de uso para essa pessoa, e sim para quem quer comprá-lo; porém, tem um valor que o vendedor quer receber para, assim, poder comprar algo que tenha valor de uso. É como se, no momento da troca, houvesse uma cisão, e cada uma das mercadorias, que continuam tendo valor de uso e valor, só manifestassem uma das duas determinações. Dessa cisão inicial, Marx desdobra outras oposições e cisões, como a que existe entre a mercadoria e o dinheiro e, por fim, a que existe entre a mercadoria força de trabalho e o dinheiro que o capital paga a ela como salário. Essa última é a forma social central, que define o sistema capitalista e todas as suas demais contradições.

As barreiras do capital

O capital precisa destruir todas as barreiras externas para continuar avançando e se acumulando, mas impõe para si barreiras internas, por força da contradição que o constitui. Um dos casos clássicos de barreira interna analisados por Marx é a famosa queda da taxa de lucro, exposta nas primeiras três seções do Livro III de *O capital*. Essa queda se baseia naquilo que Marx chama de aumento tendencial da composição orgânica do capital, que consta do final do Livro I de *O capital*.

156 | Curso livre Marx-Engels: A criação destruidora

De modo breve, com seu progresso, o capital tem a tendência de substituir a força de trabalho por meios de produção, o trabalhador vivo por equipamento. Afinal, na luta pela concorrência, os capitalistas precisam reduzir custos, então introduzem equipamentos modernos que permitem aumentar a produtividade do trabalho e, ao mesmo tempo, demitir trabalhadores. São as ditas "racionalizações" que as empresas capitalistas fazem, a alegada "reengenharia".

Mas, se a tendência do capital é aumentar a produção demitindo trabalhadores, quem produzirá valor para o capital? Com a demissão dos trabalhadores, a base sobre a qual o capital obtém valor e excedente de valor diminui. No entanto, o capital fica cada vez maior – em máquinas, em equipamentos, em matéria-prima –, porém menor naquilo que realmente cria o valor novo, que é a força de trabalho. É contraditório.

Essa tendência à demissão em massa mostra o aspecto contraditório do capital. Chega a um ponto em que a taxa de lucro entra em queda, até que não dê mais para sobreviver com aquele valor tão baixo. O problema é que ela está conjugada à dimensão do investimento, ou seja, do consumo produtivo de um capitalista com relação a outro. Se o consumo final e o consumo produtivo caem, e o dinheiro não circula, não há onde investir. São essas as barreiras que o capital continuamente levanta para si.

Descrição do capital em *Manifesto Comunista* e superação do capital

Em épocas de crise econômica, como a de 1857, em que se via abrir uma oportunidade revolucionária, Marx escrevia de modo obsessivo. Produziu os manuscritos dos *Grundrisse*, que possui em torno de oitocentas páginas, em apenas oito meses, porque queria municiar teoricamente o movimento operário.

Mas ele sabia que a crise por si só não levaria à superação do capitalismo. Sobre isso é preciso ter cuidado, porque não estamos dizendo que a crise vai levar a um momento de paralisia em que os próprios capitalistas decidam abolir o capitalismo. Quem vai superar esse sistema é o movimento dos excluídos pelo capital – dos trabalhadores, desempregados etc.

Daí a importância dos textos políticos de Marx, como o *Manifesto Comunista* e *O 18 de brumário*. Os textos econômicos são fundamentais, porque fazem o diagnóstico do problema de base do sistema, mas não o esgota. *O capital* não pretende fazer uma teorização sobre a revolução. É a revolução mesma que vai criar a nova situação, pós-capitalista.

Pós-capitalismo

Como ficaria o valor, o mais-valor e o lucro em uma sociedade pós-capitalista? Por definição, não haveria mais nada disso. Contudo, Marx nunca teorizou diretamente sobre o mundo depois do capitalismo, mas deixou algumas pistas para que pudéssemos imaginar. Existiria um excedente econômico, como em toda sociedade, pois uma provisão para eventuais problemas é necessária. Mas esse excedente não teria a forma de mais-valor, porque não existiria, já que é própria a uma sociedade em que as esferas social e privada se opõem devido à presença da propriedade dos meios de produção. Em um mundo pós-capitalista, o excedente seria de produto imediatamente social, não mediado pela propriedade privada. Ou seja, a produção ficaria organizada de tal maneira que os produtos do trabalho seriam imediatamente socializados, enquanto, no capitalismo, são apropriados imediatamente pelo proprietário privado e só mediante sua troca por outros produtos privados é que são socializados. É essa mediação privada que está por trás do conceito de "fetiche" da mercadoria em Marx. No mundo pós-capitalista, não haveria mediação: a relação social seria direta, o trabalho apareceria de modo imediatamente social. Marx diz, por isso, que essa sociedade seria "transparente".

Mercados paralelos na reprodução do capital

No tempo de Marx, a importância desses mercados era bem menor do que hoje. Ele escreveu artigos de jornal sobre a Guerra do Ópio, por exemplo, que envolveu a Índia e a China sob o patrocínio inglês. Mas esse conflito teve uma importância mais política, enquanto, hoje, esse tipo de comércio é vital para a reprodução do capital em escala planetária. Isso tudo demonstra o aspecto contraditório do capital, que se apresenta sempre como uma "força civilizadora". Desde o *Manifesto Comunista*, Marx indicou essa contradição no "avanço da civilização" do capital, que, ao mesmo tempo, faz avançar a barbárie, conforme formulado muito tempo depois por Walter Benjamin. É conhecida sua tese de que "Nunca há um documento da cultura que não seja, ao mesmo tempo, um documento da barbárie"[2].

Portanto, o capital atua sempre em dois sentidos opostos – apresenta-se como uma força "civilizadora" e ao mesmo tempo como força destruidora. A

---

[2] Michael Löwy, *Walter Benjamin: aviso de incêndio* (trad. Wanda Nogueira Brandt, São Paulo, Boitempo, 2005), col. Marxismo e Literatura, p. 70.

158 | Curso livre Marx-Engels: A criação destruidora

destruição é funcional para o capital. Além disso, esses mercados paralelos de drogas, armas etc. se constituem em espaços que o capital encontra para se salvar da crise atual, onde a taxa de lucro é muito alta e pode influenciar a taxa média, que anda cada vez mais baixa. São espaços disfuncionais altamente funcionais. É o que vemos também nesse movimento da emigração mundial para a Europa, principalmente. Ela se divide entre barrar os emigrantes e deixá-los entrar. Assim uma parte deles permanecerá na clandestinidade e aceitará trabalhar por salários mais baixos, reduzindo os custos e elevando a taxa de lucro das empresas na Europa. O capital é contraditório, ele fecha e abre, ele exclui e inclui ao mesmo tempo.

Consumismo

A transformação do consumo em consumismo constituiu uma etapa mais avançada do capitalismo no século XX, uma situação que confirma o que Marx cita no capítulo 1 de *O capital*, mas que é uma forma típica do século XX, que tem que ver com a necessidade de diminuir o tempo de vida útil das mercadorias. A obsolescência que força sempre a comprar mais, por exemplo, não é uma questão técnica, de engenharia, e sim econômica. A obsolescência é programada para que as pessoas queiram comprar novos produtos, sempre renovando os mercados em que o capital é "realizado".

Força de trabalho e capital

Sobre essa relação social fundante do capitalismo, deve ser enfatizado que só a força de trabalho cria valor, pelo simples fato de que o capital é valor, não cria valor; a força de trabalho, por seu turno, não é valor, *tem* valor. O trabalhador possui capacidades de trabalho que pode vender no mercado para obter, com isso, salário, isto é, valor para comprar outras mercadorias. O valor é, assim, uma relação social, não um atributo material, como o peso, nem uma qualidade que pertence ao objeto por ele mesmo, mas que é instituída por uma relação social própria a uma determinada fase da história. Uma relação social não pode ser instituída por uma coisa, um produto de trabalho ou o próprio trabalho como dispêndio de energia, e sim por outra relação social, que depende de seres humanos, desde que colocados dentro de formas históricas específicas.

Jorge Grespan | 159

Acumulação primitiva do capital para o capitalismo

Para elucidar esse ponto muito importante da teoria de Marx, é útil lembrar que a palavra usada em alemão por Marx pode ser traduzida para acumulação "original". O "original" remete, como tantas metáforas de Marx em *O capital*, para a Bíblia, para o "pecado original" que fez com que Adão e Eva fossem obrigados a sair do paraíso. A ruptura original marcou a humanidade como ruptura com a natureza. Os seres humanos não são mais seres naturais e são expulsos do paraíso. Algo assim acontece com a formação do capital, para Marx, quando a propriedade privada rompe o vínculo com o trabalho, que perde o controle sobre o instrumento de produção. O trabalhador, que até então tinha a posse do meio de produção – terra, instrumentos etc. –, de repente fica só com sua força de trabalho, com a propriedade sobre seu corpo. Esse é um primeiro aspecto da acumulação original.

Um segundo aspecto é que esse processo se repete continuamente, não é um acontecimento isolado no passado, na origem do capitalismo, da Inglaterra do século XVI, por exemplo. Ele se repete em escala ampliada – conforme indicado no capítulo 23 do Livro I de *O capital*. Ou seja, quanto mais forte o capital, mais consegue arrancar os trabalhadores de seus meios de produção – arrancar meios de produção das mãos do trabalhador. Mais consegue romper o vínculo original e criar uma cisão original, forçando o trabalhador a vender sua força de trabalho no mercado.

Alienação e ideologia

"Alienação" é o movimento pelo qual as relações sociais ocorrem em um registro marcado pelo "pecado original" que mencionei, pela perda da propriedade e da possibilidade de o trabalhador se apropriar do produto de seu trabalho. Na verdade, a palavra "alienação" tem um significado de base jurídica, referindo-se à venda ou doação etc. de um bem. Hegel empregou esse termo e Marx o seguiu, mas alterando o resultado filosófico para designar uma perda radical da propriedade, impedindo que o trabalhador se reconheça no produto do seu trabalho e se realize por ele. Assim, a produção do mundo se dá sob condições alheias ao produtor, apropriadas pelo proprietário dos meios de produção. Essa "alienação" de base se espraia, então, por todas as demais relações sociais, correspondendo, de certa maneira, ao que Freud chamou mais tarde de "mal-estar da cultura", que gera um sentimento de impotência, expressão também muito usada por Marx. Uma pessoa alienada não tem mais poder para mudar suas condições de vida – ao menos não individualmente.

Já "ideologia" pode ser definida como a transposição dessa situação para o campo das ideias. É uma expressão usada por Marx, de fato, apenas no famoso texto escrito com Engels na juventude, referindo-se aos jovens filósofos alemães contra quem polemizavam em 1845. Descreve a formação de um corpo de ideias que tem a função de legitimar um estado de coisas adverso para a maioria das pessoas. O próprio sistema o forma, para construir justificativas que legitimem a alienação. Trata-se de mecanismos inconscientes, que ninguém controla, e que mascaram a desigualdade profunda e o caráter contraditório do capital.

Repercussões de O capital

Quando Marx ainda estava vivo, houve duas edições de O capital com uma repercussão razoável, que se pode constatar pelo posfácio da segunda edição, em que Marx responde a resenhistas alemães e russos[3]. A segunda edição de O capital foi simultânea à tradução francesa, publicada em 1872, logo depois de a Comuna de Paris ter sido esmagada, levando à eliminação física da esquerda francesa da época e a previsíveis dificuldades em vender o livro na França.

Após a morte de Marx, Engels organiza a tradução para o inglês, e sai a primeira edição de O capital na Inglaterra. Já na década de 1890, à época da morte de Engels, as ideias de Marx e O capital estavam suficientemente difundidos pela Europa (Bélgica, Inglaterra, França, Itália, Alemanha e, claro, Rússia), a ponto de permitir a organização de uma Associação Internacional de Trabalhadores calcada nas ideias de Marx, a famosa Segunda Internacional. A Primeira Associação Internacional dos Trabalhadores tinha sido formada na década de 1860, na qual Marx teve participação fundamental como secretário e ferramenta de agitação política. Mas a AIT chegou ao fim com a Comuna de Paris, em 1871. No contexto da Segunda Internacional, as traduções de O capital passavam a atingir o mundo todo.

No Brasil, a primeira tradução completa e direta do alemão só saiu muito tempo depois, na comemoração do centenário da primeira edição alemã, em 1967. Lia-se até então as traduções francesa e espanhola, de modo que a repercussão do livro já era muito grande, aumentando ainda mais no momento em que tivemos três traduções.

---

[3]   Karl Marx, O capital, Livro I, cit., p. 88-90.

No Oriente, nos países onde aconteceram revoluções inspiradas em Marx, como a China, a Coreia e o Vietná, cuidaram de preparar edições de *O capital*. A China, por sua vez, que havia traduzido a obra completa de Marx e Engels a partir da edição russa, está empenhada, atualmente, na tradução direto do alemão a partir da MEGA. O Japão é um caso muito particular, porque o modelo alemão de desenvolvimento do capitalismo, que se deu na passagem do século XIX para o XX, foi acompanhado pelo padrão histórico também alemão de desenvolvimento do operariado. Ocorreu exatamente aquilo de que Marx fala no *Manifesto Comunista*, a saber que, junto com o capital, vem o contraponto do capital, o movimento operário. Pois o movimento operário japonês se organiza no começo do século XX, tendo uma importante referência nas ideias de Marx. Naquele momento, já se começam a traduzir do alemão para o japonês as obras econômicas de Marx. A ponto de, na década de 1930, na sequência da grande crise econômica de 1929, já haver autores capazes de elaborar e discutir teorias de crise – como o Kozo Uno e seu grande aluno, Makoto Ito, além, mais tarde, de Okishio.

Sobre a repercussão na América, em especial na América Latina, não é preciso dizer nada. Se a repercussão e a força das ideias de Marx não tivesse sido intensa, a reação ideológica não precisaria ser tão brutal, não faria tanta pressão por todos os meios da indústria cultural. Nos Estados Unidos, centro do sistema nas últimas décadas, a reação aparece até no nível da semântica: a palavra "sindicato", em inglês, *sindicate*, foi distorcida a ponto de passar a significar "máfia". Foi preciso criar outra palavra para sindicato, a *trade union*. O mesmo acontece em relação à economia socialista, que lá é chamada não de socialista, mas de *radical economics*. Isso tudo indica bem o quanto a repercussão pode ser enganosa em traduzir a importância de uma obra, pois a "conspiração do silêncio" foi uma arma usada ainda na época de Marx.

Bibliografia

LÖWY, Michael. *Walter Benjamin:* aviso de incêndio. Uma leitura das teses "Sobre o conceito de história". Trad. Wanda Nogueira Caldeira Brandt, São Paulo, Boitempo, 2005. (Coleção Marxismo e Literatura.)

MARX, Karl. *O 18 de brumário de Luís Bonaparte*. Trad. Nélio Schneider, São Paulo, Boitempo, 2011. (Coleção Marx-Engels.)

_____. *O capital*: crítica da economia política, Livro I: *O processo de produção do capital*. Trad. Rubens Enderle, São Paulo, Boitempo, 2013. (Coleção Marx-Engels.)

162 | Curso livre Marx-Engels: A criação destruidora

_____. *O capital*: Crítica da economia política, Livro II: *O processo de circulação do capital*. Trad. Rubens Enderle, São Paulo, Boitempo, 2014. (Coleção Marx-Engels.)

_____. *Grundrisse:* manuscritos econômicos de 1857-1858. Esboços da crítica da economia política. Trad. Mario Duayer (coord.), São Paulo, Boitempo, 2011. (Coleção Marx-Engels.)

MARX, Karl; ENGELS, Friedrich. *Manifesto Comunista*. Trad. Álvaro Pina, Boitempo, 1998. (Coleção Marx-Engels.)

RICARDO, David. *Princípios de economia política e de tributação*. Portugal, Calouste Gulbenkian, 2002.

SMITH, Adam. *A riqueza das nações*, livro I. Curitiba, Juruá, 2006.

_____. *A riqueza das nações,* livro II: a renda da terra Curitiba, Juruá, 2007.

8. Democracia, trabalho e socialismo
Ruy Braga

É um desafio relacionar democracia, trabalho e socialismo em Marx, por duas razões. A primeira é de natureza propriamente teórica e tem a ver basicamente com o nosso autor. Marx, evidentemente, estava muito preocupado com o socialismo, em como superar o capitalismo e as relações de produção capitalistas, e também em como construir o sujeito revolucionário que cumpriria essa tarefa. E sua obra é ininteligível se desconsiderarmos que sua crítica ao capitalismo partiu de um ponto de vista socialista, ou seja, como se estivesse pensando para além do capital e olhando para trás, isto é, em termos históricos.

No entanto, apesar de o ponto de vista socialista ser absolutamente fundamental para compreendermos a crítica de Marx à economia política, ele nada diz sobre como, afinal de contas, organizar o trabalho em uma sociedade socialista. Afinal, não estava propriamente preocupado em deixar notas e modelos, porque era muito cético e crítico com relação ao socialismo utópico — em que as pessoas passavam muito tempo elaborando planos e tentando convencer os príncipes, os reis etc. a financiarem experiências sociais.

Consequentemente, Marx não idealiza um modelo de organização do trabalho em uma sociedade futura. Muito contrariado e a contragosto, deu algumas poucas indicações. Uma delas, sem dúvida alguma, é a passagem da *Crítica do Programa de Gotha*, em que diz que a sociedade comunista, em seu desen-

164 | Curso livre Marx-Engels: A criação destruidora

volvimento mais avançado, será uma sociedade de abundância, que vai superar a escassez e, consequentemente, a necessidade de produzir para a troca. Uma sociedade que transitaria do princípio de "a cada um segundo suas capacidades" para outra em que vigoraria a ideia de "a cada um segundo suas necessidades"[1]. O indivíduo não se sentiria mais obrigado a vender seu trabalho, levando-se em consideração a chamada medida do valor, o quanto ele individualmente teria contribuído para o tempo de trabalho social – exatamente porque teríamos uma sociedade de abundância.

Além disso, como as necessidades individuais seriam reguladas pela própria sociedade, cada um poderia oferecer o melhor de si e receber aquilo de que realmente necessitasse, satisfazendo sua carência individual. Essa, evidentemente, é uma indicação importante, pois contém uma discussão sobre a necessidade e os desejos humanos. No entanto é apenas uma indicação, ainda muito abstrata.

Já no fim do primeiro capítulo do Livro I de *O capital*, no item sobre o fetichismo da mercadoria, quando critica o que ele chamava de "robinsonadas" da economia política clássica, em especial Adam Smith, Marx se dirige a esse método individualista e faz algumas referências. Propõe ao leitor, então, que ele imagine outro tipo de sociedade, em que a distribuição do produto social se dê não tendo em vista a lógica da troca de mercadorias, mas a da produção e da distribuição planificadas do produto excedente. Essa é, portanto, outra indicação que Marx nos oferece, porém ainda não há nenhum detalhamento sobre como planejar a produção e a distribuição.

A segunda dificuldade relacionada a esse tema refere-se à própria história da organização do trabalho, principalmente aos dilemas levantados quando se pensa o processo de emancipação dos homens em relação à carestia, à divisão compulsória do trabalho etc. O grande problema é que a experiência real do socialismo burocrático de tipo soviético não logrou, em termos gerais, construir uma conexão forte entre o trabalho e a democracia. Por isso, para alguns, tratava-se, por exemplo, de um tipo de despotismo burocrático em vez de uma experiência democrática de planejamento da produção.

Assim, por um lado, tentarei expor aqui minha opinião sobre as razões de não ter havido uma relação histórica entre democracia e socialismo, do ponto de vista do trabalho; por outro, voltarei em alguma medida a Marx, suas indicações para refletir sobre as possibilidades de uma alternativa à experiência

---

[1]   Karl Marx, *Crítica do Programa de Gotha* (trad. Rubens Enderle, São Paulo, Boitempo, 2012), col. Marx-Engels, p. 29 e 32.

histórica do chamado socialismo real – ou, como costumo dizer, o socialismo burocratizado de Estado.

Em primeiro lugar, muitos analistas, inclusive estudiosos bem-intencionados da experiência soviética, afirmaram, durante muito tempo, que a origem do mal, isto é, de a União Soviética não ter alcançado uma relação adequada entre trabalho e democracia, estaria em Lenin. Isso porque, em alguma medida, Lenin representaria um marxismo muito rude, produto de condições extremas da luta contra o czarismo. Não teria sido capaz de elaborar uma teoria mais sofisticada sobre a questão do trabalho. Assim, ele teria resolvido adotar pura e simplesmente um modelo teórico bruto extraído do chamado sistema Taylor de organização do trabalho ou, como alguns costumam chamar, gerência científica do trabalho ou ainda, simplesmente, taylorismo.

Desse modo, a origem do problema, inclusive da própria burocratização do partido, do Estado e da experiência soviética em seu conjunto, radicaria exatamente nos limites de Lenin ao defender a implantação de um taylorismo rude na União Soviética. Contudo, é importante perceber que a posição de Lenin não tem nada de rude, ao contrário, é extremante complexa à luz do contexto histórico da Revolução Russa.

Em primeiro lugar, é essencial observar que Lenin, em março de 1913, publicou um artigo no *Pravda* defendendo que o taylorismo representava uma forma brutal de exploração do trabalho, e ele se referia basicamente ao trabalhador mais qualificado, que herda suas qualificações e seus conhecimentos dos ofícios, do artesanato e assim por diante.

Já em março de 1914, publicou outro artigo no *Pravda* com o mesmo teor e a mesma preocupação de criticar o taylorismo, reiterando as questões que havia levantado um ano antes, mas reconhecendo que o sistema carregava consigo um elemento de racionalização do trabalho, dos tempos e dos movimentos.

Depois, entre março de 1914 e março de 1918, Lenin fez algumas referências um tanto diferentes ao assunto. Mesmo quando escreveu *O Estado e a revolução* e, depois, em seus estudos sobre o imperialismo, preparatórios para a obra *O imperialismo, fase superior do capitalismo*, fez observações na direção de discutir a racionalização do trabalho no Estado, mas não levou o projeto adiante. Isso foi adiado até março de 1918, quando publicou seu texto mais conhecido sobre o assunto. Trata-se do primeiro artigo escrito após a vitória da Revolução Bolchevique de outubro de 1917 e é, ao mesmo tempo, um importante documento político. Chama-se "As tarefas imediatas do poder soviético", em que, simplificando, defende a adoção do taylorismo a fim de consolidar a

166 | Curso livre Marx-Engels: A criação destruidora

Revolução Bolchevique. Para tanto, ele propõe a palavra de ordem: "Aprender a trabalhar", isto é, a trabalhar com mais eficiência.

Aparentemente, é uma contradição, porque, em primeiro lugar, o método de Taylor é capitalista, feito para explorar o trabalhador. Como seria possível que esse método fosse útil para construir o socialismo? Refiro-me à gerência científica, que muitos confundem com a simples divisão do trabalho. Mas é mais do que isso: é um sistema de controle do trabalhador, que busca atuar nos gestos mais elementares do trabalho. O taylorismo procura controlar os microtempos do trabalho, e Taylor fazia isso estudando de perto o comportamento dos trabalhadores que tivessem uma performance acima da média. Depois, reelaborava esses gestos dos trabalhadores a fim de impô-los aos demais e obter o máximo de produtividade. Ao colocar nas mãos da gerência esse poderoso método de intensificação dos ritmos do trabalho, Taylor transformou-se em uma arma contra os interesses do proletariado. Não é à toa que todos os sindicatos e organizações de trabalhadores foram contra o taylorismo, porque ele acabava com todos os segredos do trabalho e transferia para a gerência o controle e o poder sobre o trabalhador.

Como, então, Lenin queria usar esse método para promover a emancipação da Rússia? É importante dizer que Lenin era um homem prático, não perdia muito tempo com elaborações abstratas. Seu método de trabalho consistia em reconhecer um sistema de contradições e tentar encontrar a forma mais objetiva de superá-lo. E o problema da Rússia imediatamente após a revolução era que a Primeira Guerra Mundial havia matado cerca de 6 milhões e meio de pessoas, em sua maioria camponeses, causando uma tremenda devastação social que desorganizou também a economia e o Estado. Assim, Lenin via a reconstrução da economia e do Estado como um desafio urgente, pois, para se defender dos exércitos imperialistas, dos inimigos internos e, principalmente, reorganizar as massas proletárias, colocando-as novamente em movimento depois do processo revolucionário, era preciso ter um foco na elevação da produtividade do novo trabalhador soviético.

Lenin percebeu no método de Taylor uma ferramenta capaz de auxiliar a Revolução Socialista a alcançar esse objetivo. Mesmo sendo um sistema capitalista de organização da produção, existia um núcleo racional no taylorismo capaz de tornar o trabalho mais eficiente. E era disso que se necessitava naquele momento: elevar a produtividade da estrutura econômica e organizar uma base material, sem a qual o Estado não podia sobreviver. Além disso, se a produtividade do trabalho aumentasse, sobraria mais tempo para que os trabalhadores assumissem as funções políticas de construção e controle do Estado soviético.

Lenin percebia que, naquelas condições atrasadas da Rússia, a escassez generalizada traria sérias consequências, e os trabalhadores que fizeram a revolução seriam absorvidos pelo aparelho do Estado e pelas funções políticas, incorrendo em um processo de burocratização do partido e do país. Lenin via a necessidade de fazer frente a esse processo de burocratização, que, vale lembrar, tem sua raiz exatamente na divisão do trabalho entre os que pensam e os que executam. Na verdade, a burocratização acontece quando os funcionários dos trabalhadores, por exemplo, o partido político ou sindicato, deixam de se submeter ao controle das massas, transformando-se em uma camada social dominante com interesses hostis a eles.

Nós podemos aproximar esse processo da alienação capitalista do trabalho. Ou seja, a camada social que tem origem no próprio proletariado, que é produto da organização da classe trabalhadora em sindicatos e partidos políticos, impõe-se sobre a própria classe que ela deveria servir. E as condições eram muito atrasadas: era um país de gente iletrada, em que 90% do próprio Partido Bolchevique não sabia ler e escrever.

Lenin buscou uma solução para administrar o Estado e evitar esse processo de burocratização, entendendo se tratar de um projeto de construção de um "taylorismo emancipador". E, de fato, ele foi aplicado basicamente no sistema de trens durante o período de vida de Lenin, até 1924. O sistema de trens era a chave para a circulação e para o abastecimento das cidades, além de ter funções essenciais na defesa do Estado contra os ataques dos diferentes exércitos que invadiram a Rússia soviética logo após a vitória da Revolução Bolchevique. No entanto, apesar de sua importância vital, ele era organizado de forma caótica: cada estação era como um país independente, com as regras próprias – as pessoas chegavam a hora que queriam, saíam a hora que queriam e, para piorar, a Federação Sindical era controlada por mencheviques e anarquistas hostis à República Soviética. Por isso eles passaram a chantagear o governo bolchevique com o poder que tinham sobre os trens.

Além disso, o sistema ferroviário era muito importante para aglutinar os setores mais qualificados dos trabalhadores russos daquele período. Em suma, era o "Estado em movimento": fazia distribuição de alimentos, de informação, era importante para a defesa militar da República Soviética etc. Inclusive, depois da Revolução Bolchevique, Trotski, que assumiu a responsabilidade de organizar o Exército Vermelho e defender a Pátria Soviética, notabilizou-se porque ia de um *front* ao outro em um trem blindado. Pois bem, no fim,

168 | Curso livre Marx-Engels: A criação destruidora

Lenin e Trotski aplicaram os princípios do sistema Taylor na rede ferroviária alcançando bons resultados.

Outra vantagem era que, na medida em que não exigia qualificações especiais, qualquer um podia trabalhar sob o sistema taylorista. E isso era importante porque a classe trabalhadora russa, e depois soviética, era desqualificada ou semiqualificada, o que estava intimamente ligado ao padrão de industrialização soviético, que foi dependente das grandes empresas multinacionais francesas, alemãs, inglesas etc. Por outro lado, o conhecimento de ofício russo era muito pouco desenvolvido, baseado na indústria *koustari*, isto é, uma mistura de qualificações domésticas e rurais adaptadas às pequenas vilas.

É importante pontuar que, em parte, a visão de Lenin era relativamente problemática, porque, por conta do exílio, das condições de militância durante a luta contra o czarismo etc., e junto com grande parte dos bolcheviques, Lenin não teve contato com a classe trabalhadora russa. A verdade é que Lenin não conhecia o jovem operariado russo de maneira profunda. Consequentemente, ele tinha uma visão mais ou menos estereotipada, tendia a subestimar as capacidades daquele trabalhador. E isso foi um aspecto muito importante para fazer com que assumisse a questão do taylorismo como uma questão de vida ou morte, o que está mais ou menos explícito no artigo "As tarefas imediatas do poder soviético".

Enfim, essa é a pré-história, o primeiro esboço de taylorismo soviético, levando-se em consideração a preocupação de Lenin em liberar os trabalhadores e o tempo de trabalho para que eles pudessem assumir as funções do Estado e então tirar aquela massa da inércia, colocando-a em contato com as funções políticas, porque considerava que era crucial naquele momento da revolução não a democracia no processo de trabalho, mas o trabalho político de assumir o controle e reorganizar o Estado.

A segunda parte da trajetória do modelo Taylor na Rússia se dá a partir de 1928. Entre a morte de Lenin e 1928, desenvolve-se uma luta muito intensa entre setores dos trabalhadores contra uma parte considerável da burocracia, que vai se consolidando com o desenrolar dos acontecimentos – um processo que, progressivamente, levando-se em consideração aquele contexto de atraso, faz com que o Partido Bolchevique, que deveria ser, na visão de Lenin, o instrumento da luta contra a burocratização do Estado, funda-se ao aparelho estatal, que era, *grosso modo*, recém-saído das trevas medievais, czarista, em que tinham de contar, em grande medida, com funcionários do próprio czar.

É um pouco do que Moshe Lewin aponta no imperdível *The Making of the Soviet System: Essays in the Social History of Interwar Russia* [A formação do sistema soviético: ensaios sobre a história social da Rússia no período entre guerras], em que diz que, quando o Partido Bolchevique se uniu ao aparelho de Estado, não tinha nenhum plano bem-concebido de como organizar o Estado socialista. Desse modo, usam, em grande medida, a institucionalidade que herdaram, tentando adaptá-la às finalidades definidas pelo próprio Partido Bolchevique. Contudo, no fim, transformaram-se nas finalidades definidas pela burocracia do partido e dos funcionários que acabam por se impor sobre as massas, desenvolvendo certos privilégios e certos interesses estranhos aos interesses dos trabalhadores.

Então, ao longo da década de 1920, isto é, até 1928, houve o que podemos chamar de um relativo equilíbrio de forças no processo de trabalho nas principais empresas soviéticas. Ele foi condensado no modelo de gestão conhecido como Troica, basicamente formado por um funcionário do Partido Bolchevique, um administrador de fábrica e um representante do sindicato dos trabalhadores. Juntos, eles compartilham as funções de controle de gerência do trabalho, decidem como fazer, o que fazer, em que condições, e assim por diante. Apesar das dificuldades e de certa dose de desorganização, até 1928, subsistiu uma relativa liberdade de organização sindical, com os grupos funcionando e atuando na administração das empresas em nome dos interesses dos trabalhadores.

É uma história muito importante, contada de maneira rigorosa por um historiador americano chamado Kevin Murphy no livro *Revolution and Counterrevolution: Class Struggle in a Moscow Metal Factory* [Revolução e contrarrevolução: luta de classes em uma metalúrgica de Moscou], que mostra esse processo de desenvolvimento do conflito entre a oposição de esquerda, os representantes sindicais, a administração das fábricas e o oficial político do partido. Retrata como, progressivamente, os trabalhadores vão perdendo suas liberdades e sua capacidade de se organizar, suas lideranças são encarceradas pela polícia política e assim por diante, até 1928, quando vem aquilo que Trotski chamou de "termidor soviético", ou seja, a contrarrevolução stalinista.

Basicamente, o sistema da Troica foi substituído por um sistema chamado de "controle de um só". Dessa maneira, apenas o gerente é o responsável pela produção, o que representa uma centralização do poder e, ao mesmo tempo, um método de controle do trabalho, porque a responsabilidade deixa de ser compartilhada e passa a ser de uma única pessoa. Se houver algum contratempo, se a fábrica não conseguir alcançar a meta definida ou algo semelhante, é este um que vai ser responsabilizado, enviado para a Sibéria, executado ou algo assim...

170 | Curso livre Marx-Engels: A criação destruidora

Isso cria o mecanismo de cobrança de controle sobre os gerentes, sobre a linha de comando, que pode ser responsabilizada, tornando-se bastante permeável, por assim dizer, sensível a cobranças extraeconômicas. Porque, a partir da Revolução Bolchevique, aos poucos, tem-se a eliminação daquilo que, em uma sociedade capitalista, controla a disciplina do trabalhador, ou seja, a existência de um mercado de trabalho. Então, se o sujeito não se adéqua às regras e ao controle, vai ser demitido, e a demissão significa que não terá mais acesso aos meios de subsistência. Trata-se de um instrumento muito eficiente de disciplina do trabalho, como sabemos bem.

Já no caso da União Soviética, não há um mercado de trabalho, o direito ao trabalho está consolidado na Constituição, trata-se de uma sociedade pós-capitalista, em que a estrutura econômica, supostamente, deveria satisfazer as necessidades do trabalhador. Nesse tipo de sociedade, como é possível obrigar o operário a trabalhar mais e mais rapidamente? É preciso estabelecer mecanismos de pressão e de coerção extraeconômicos, isto é, ideológicos e políticos. É o terror de exigir do sujeito um desempenho que, se não atingido, fará com que ele seja mesmo levado para a Sibéria ou que seja executado. É esse terror que, no final das contas, vai controlar o trabalho. Durante a década de 1930, a violência do stalinismo soube nutrir esse terror.

Tal modelo acabou criando o que Michael Burawoy, entre outros autores, chamou de despotismo fabril burocrático, ou despotismo burocrático, desenvolvido entre a consolidação do poder da burocracia stalinista em 1928 e a morte de Stalin, em 1953. Durante esse período, há, ainda, a Segunda Guerra Mundial, o que faz toda a diferença. Além disso, tem a formação do planejamento e dos planos quinquenais. Em especial, entre 1928 e 1933, do primeiro plano quinquenal, com o modelo de desenvolvimento apoiando-se cada vez mais na centralização autoritária, despótica, que vai não apenas balizar o processo de industrialização pesada da União Soviética, como também inaugurar uma guerra civil contra os camponeses.

Do ponto de vista dos objetivos definidos pelo plano de industrialização soviética, esse modelo de desenvolvimento brutal e despótico é bem-sucedido, ainda que às custas da generalização do terror, ou seja, o contrário daquilo que Marx imaginou como sendo a característica básica da organização do trabalho em uma sociedade emancipada, da autodeterminação dos produtores livremente associados.

O stalinismo que se consolida a partir de 1928 é uma verdadeira máquina despótica, e a estrutura econômica funcionava na base do terror. Era uma maneira politicamente brutal de fazer com que a estrutura econômica funcionasse na ausência do mercado de trabalho. Do ponto de vista da organização, em especial do trabalho fabril, o que se tem é um modelo despótico e centralizado, que vai criando uma série de conflitos, uma série de contradições, e que, até 1954, funcionou às custas da violência política, coroado pelos processos de Moscou e por todos os expurgos que aconteceram a partir de então. Além disso, há também a conjuntura da Segunda Guerra Mundial, com a necessidade de fazer frente à escala do conflito bélico, o que unificou o país todo em torno do Estado e, finalmente, em torno da figura do próprio Stalin.

Em 1954, com a morte de Stalin, iniciou-se um processo longo, de distensão do regime, de degelo, que é o período que será coroado pelo famoso XX Congresso do Partido Comunista da União Soviética (PCUS), quando se denunciam os crimes de Stalin e se anuncia que aquela sociedade quer o fim do sistema da violência política. A partir daí, o modelo de organização do trabalho perde um de seus principais elementos de controle do trabalhador e das gerências.

Cria-se, então, aquilo que podemos chamar de despotismo burocrático tardio, que progressivamente vai minar a própria capacidade de a economia soviética produzir excedente e crescer, porque, em um modelo menos terrorista, mais "democrático", as gerências já não tinham mecanismos eficientes para obrigar o trabalhador a produzir.

Além disso, o modelo soviético de industrialização era basicamente fundamentado em superinvestimentos no setor de bens de capital e na indústria pesada, assim como em um subinvenstimento no setor de bens de consumo não duráveis, de meios de consumo de subsistência e de serviços. Esse modelo não interessava aos trabalhadores, que tinham de trabalhar cada vez mais, mas recebiam cada vez menos, porque uma parte grande do produto deveria financiar o setor parasitário da economia, isto é, tratava-se de um fundo não produtivo que beneficiava a burocracia e o Exército – o setor de segurança. Sobrava muito pouco para os trabalhadores.

O fato é que a economia soviética era uma economia basicamente de escassez de meios de subsistência, marcada por distorções produzidas pelo planejamento centralizado pela burocracia. Era uma sociedade que, pouco a pouco, se afastava dos interesses dos trabalhadores. Como as gerências não podiam obrigá-los a intensificarem os ritmos de trabalho e como a sociedade não os recompensava com bons meios de subsistência, eles foram perdendo o interesse pelo trabalho. Além disso, se o soviético fosse mandado embora de uma fábrica, automaticamente iria conseguir emprego em outra, pois, segundo a Constituição, não poderia ficar desempregado.

172 | Curso livre Marx-Engels: A criação destruidora

Nesse momento, isto é, no período pós-1954, o gerente soviético tornava-se bastante amistoso em relação aos trabalhadores, pois tinha algumas metas a cumprir e sabia que tinha de negociar a fim de alcançá-las. Toda vez que havia algum tipo de conflito em uma fábrica na União Soviética, na década de 1960, o gerente tendia a contemporizar e atender as reivindicações dos trabalhadores, pois não contava com mecanismos coercitivos propriamente econômicos, mas apenas instrumentos ideológicos e políticos.

Enfim, durante duas ou três décadas, o modelo de industrialização soviético foi um modelo bem-sucedido porque foi capaz de produzir um aumento extensivo da produção, através da ampliação das forças produtivas. Então tinha-se um país enorme e que crescia.

No entanto, a partir da Segunda Guerra Mundial, quando mais de 20 milhões de soviéticos perderam a vida, o desempenho da economia passou a depender mais de capital, de desenvolvimento tecnológico e progresso técnico. Só que, para o planejador soviético, o progresso técnico era um problema enorme, porque o trabalho contava com a Gosplan, que era uma espécie de organização central que agregava dados, passando para os ministérios, onde desagregavam tais informações em metas do que produzir em um trimestre, por exemplo. Então a empresa era responsável por, enfim, oferecer e alcançar aquelas metas de produção definidas pela centralização burocrática. Era mais complexo do que isso, porque havia 20 e tantos milhões de itens na economia soviética, mas a ideia era mais ou menos essa. Só que, para tornar viável a execução do plano, o planejador administrava e projetava o trabalho, tendo em vista o último patamar alcançado.

Como os parâmetros monetários não eram confiáveis devido à administração política dos preços soviéticos, fazia-se o planejamento usando a produção bruta, ou seja, pesando a produção. Então, por exemplo, se em um ano a empresa produziu 100 toneladas, no ano seguinte deveria produzir 105 toneladas, porque tinha de bater 5% daquilo que havia produzido no ano anterior. A medida era feita com base na pesagem da produção: a quantidade de parafusos e de tinta usada etc. Só que isso gerava uma série de contradições, porque, quando o planejador percebia que não ia alcançar a meta, começava a utilizar materiais mais pesados, pura e simplesmente.

Aliás, após o colapso da União Soviética, visitei a Hungria e fui em uma periferia que tinha conjuntos habitacionais muito parecidos com os de Brasília, com aquelas superquadras. O curioso é que na parte de baixo dos prédios era comum encontrar salas com geladeiras fechadas com cadeados. E me contaram que era porque o piso dos apartamentos não suportava o peso das geladeiras, então precisavam colocá-las na parte de baixo dos prédios.

Havia, ainda, a desresponsabilização pelo produto. O planejador soviético não pensava em termos de resultados, mas de gastos, porque o plano definia aumentos e metas, então, para ele, o importante era gastar, não atingir determinado resultado. Não era à toa que, na década de 1970, a União Soviética produzia seis vezes mais tratores do que os Estados Unidos e tinha metade da produção de cereais, porque fabricava tratores, mas não sabia para onde iam ou de que tipo de trator o camponês precisava. Então se produziam milhares de tratores gigantes para áreas muito pequenas.

O problema era que a inovação tecnológica era evitada ao máximo. Para planejador soviético, máquinas novas e mais modernas eram vistas como um estorvo. Sem a pressão da concorrência, sabia que modernizar implicaria em parar a produção, trocar as máquinas, colocar as novas, treinar os trabalhadores, qualificá-los, correr o risco de as máquinas não funcionarem direito, ser preciso fazer ajustes etc. Portanto, preferia alcançar a meta com as ferramentas que já conhecia.

Isso criou, afinal, um tipo de economia que desestimulava o investimento em ciência e tecnologia. Desde a década de 1960, os planejadores soviéticos estavam muito conscientes disso e tentaram dezenas de reformas e de planos mirabolantes para efetivamente instigar, estimular e romper com essas amarras e contradições do planejamento burocratizado. Em 1965, por exemplo, houve as reformas lideradas por Evsei Liberman, que reintroduziram parcialmente o lucro no cálculo econômico das empresas soviéticas exportadoras.

Havia também a criação de novas áreas de investimento, mais modernas, com base tecnológica renovada. Nesse contexto, os soviéticos compraram fábricas inteiras da Fiat na Itália. Só que o grosso da economia soviética não funcionava do mesmo modo, por isso as dificuldades reproduziam-se permanentemente. Assim, as irracionalidades do plano se acumularam progressivamente, ao ponto de o crescimento econômico soviético declinar aceleradamente a partir da década de 1970.

Quando chegou a década de 1980, a burocracia estava em pânico, porque não conseguia ver um horizonte de superação. A última tentativa foi a mais audaciosa, a reestruturação por meio da Perestroika, conduzida por Gorbachev, e da Glasnost, a abertura política. Ou seja, tentou-se de tudo. No entanto, a burocracia foi perdendo confiança na sua própria capacidade de fazer frente aos desafios da concorrência do Ocidente e a resistência interposta pelos trabalhadores soviéticos.

174 | Curso livre Marx-Engels: A criação destruidora

Alguns trechos do livro *Perestroika*, de Gorbachev, que fez muito sucesso, esclarecem o cenário:

> Deixe-me primeiro explicar a situação nada simples que se desenvolveu no país nos anos 80 e que fez com que a Perestroika se tornasse inevitável. Analisando a situação, primeiro descobrimos uma diminuição do crescimento econômico. Nos últimos quinze anos, o crescimento da taxa de renda nacional caira para mais da metade e, no início dos anos 1980, chegou a um nível próximo à estagnação econômica. Um país que antes esteve alcançando as nações mais avançadas do mundo, em especial a partir da década de 1960, agora começava a perder posição. Além disso, o hiato existente na eficiência da produção, na qualidade dos produtos, no desenvolvimento científico e tecnológico, na geração de tecnologia avançada em seu uso, começou a se alargar, e não a nosso favor.[2]

Ou seja, os americanos e a economia ocidental davam um salto revolucionário em termos de tecnologia, mas a URSS não conseguia alcançar esse salto. E tudo isso aconteceu em uma época em que a revolução científica e tecnológica abria novos horizontes para o progresso econômico e social. Assim, atingia-se o colapso do modelo soviético de organização do trabalho, cuja raiz era basicamente uma: o fato de não haver democracia, mas uma centralização burocrática que tendia a reproduzir os interesses da própria burocracia soviética, encastelados no aparelho do Estado e no aparelho de defesa militar, que realmente se beneficiavam desse modelo.

Além disso, a economia soviética era de fato uma economia de desperdício, em que se descartava principalmente tempo de trabalho. No entanto, desperdiçava-se menos do que no capitalismo, em termos de mercadorias produzidas e não vendidas e de desemprego. A título de comparação, hoje, na Espanha, 40% ou 50% da juventude está desempregada; em Portugal, há 17-18% de desemprego aberto; na Grécia, 50% de desemprego também.

A questão é que o modelo de desenvolvimento da URSS foi construído tendo em vista os interesses sociais da burocracia soviética. Poderia ter sido diferente se, em vez de investirem grande parte do produto excedente no setor improdutivo, no aparelho de Estado, em armas etc., tivessem investido em bens de consumo que emulassem o operário soviético, fazendo-o se sentir parte de uma sociedade que o estava recompensando. Haveria, assim, outra relação de estímulo e recompensa para o trabalho. Um modelo que aproximasse o trabalhador soviético da citação máxima de Marx: "De cada um segundo suas capacidades, a cada um segundo suas necessidades".

---

[2]   Mikhail Gorbachev, *Perestroika* (Rio de Janeiro, BestSeller, 1988), p. 17.

Quando esse modelo veio abaixo, a expectativa dos trabalhadores não era de capitalismo, mas de um socialismo democrático, porque sentiam que nesse modelo existia um núcleo irracional, isto é, o planejamento racional da produção, que os favorecia, ainda que muito parcialmente. Mas não queriam seguir submetidos ao poder despótico e burocrático, mas desejavam um modelo democrático de socialismo. No entanto, a dinâmica das revoluções é bastante imprevisível, e o que aconteceu, em vez de um socialismo democrático, foi a restauração do capitalismo.

Ficou o recado de que, a partir das indicações de Marx e à luz da experiência histórica do que foi o modelo de desenvolvimento soviético, que nós, no futuro, possamos organizar uma economia emancipada de um novo tipo, evitando essas irracionalidades.

Incentivo para inovação tecnológica e científica fora do capitalismo

O Estado soviético fazia propaganda de seu modelo de desenvolvimento com a afirmação de que, ao contrário da economia capitalista, tratava-se de um modelo que satisfazia as necessidades sociais da classe trabalhadora. Evidentemente, a ideologia não correspondia à realidade, pois o modelo que utilizavam era bastante irracional, principalmente do ponto de vista microeconômico.

Tal modelo não satisfazia plenamente as necessidades de consumo, bem como os desejos dos próprios trabalhadores. Assim, criava-se uma tensão entre a realidade e o discurso, uma espécie de crise permanente, manifestada, inclusive, no próprio chão de fábrica. Por exemplo, Michael Burawoy, sociólogo britânico radicado nos Estados Unidos que trabalhou em várias fábricas na Hungria soviética e depois na Rússia durante a transição para o capitalismo, demonstrou como os trabalhadores desenvolveram uma razão cínica para encarar o fato elementar de que trabalhavam sem ter em vista os próprios interesses, mas aqueles impostos por outros.

Importante dizer que Marx, nos *Grundrisse*, afirmava que a verdadeira riqueza social era o conhecimento coletivo dos produtores, porque tudo que se fazia levava em consideração a sociabilização do conhecimento que os próprios produtores diretos promoviam. Então, o "segredo", por dizer assim, era estruturar um planejamento que tinha de ser em alguma medida centralizado. No entanto, essa centralização precisava ser democrática, de modo que a auto-organização dos trabalhadores definisse o que fazer, como fazer, quando fazer, em que proporções e como distribuir o produto excedente.

Atuação de Marx e Engels ao fim da vida

Como bem sabemos, Marx dedicou muito tempo de sua vida a escrever e reescrever *O capital*. Politicamente falando, durante o período em que viveu na Inglaterra, manteve-se mais ou menos distante do movimento operário inglês, mas, a partir da fundação da Associação Internacional dos Trabalhadores (AIT) – também chamada Primeira Internacional –, lançou-se às atividades políticas de direção do movimento com muita volúpia. E é notório, enfim, seu conflito com Mikhail Bakunin e os anarquistas dentro da AIT, que era uma associação que acantonava vários partidos operários de natureza mais reformista. A Primeira Internacional durou até 1871, quando a Comuna de Paris, que em grande medida contou com seu apoio, foi destruída e reprimida. Com isso, o acúmulo político que se tinha até então ficou basicamente desorganizado e recuou. A Primeira Internacional acabou com a organização internacional de fato, e levou muito tempo para se recompor.

Contudo, Marx morreu em 1883 e, em sua última década de vida, dedicou-se a escrever e reescrever *O capital*. Já Engels era uma figura-chave. A Segunda Internacional, aliás, era um projeto dele. E, assim, no final de sua vida, tinha duas funções principais: organizar os Livros II e III de *O capital*, que Marx deixou inacabados, buscando sistematizar o marxismo nos pontos que considerava centrais, mas aos quais Marx não havia se dedicado – incluindo, por exemplo, uma filosofia da natureza, uma discussão sobre a dialética, uma concepção materialista da história etc. –, e organizar a Segunda Internacional, contando com a participação do núcleo composto por Leonard Bernstein, Karl Kautsky, Gueorgui Plekhanov, Antonio Labriola e tantos outros que a organizaram politicamente no final do século XIX e começo do século XX.

Engels foi mais longevo que Marx e também se dedicou a traduzir o marxismo para trabalhadores, além de organizar jornais e revistas da social-democracia alemã, principalmente porque ele estava na Alemanha nesse período. Era um homem da social-democracia, que criou a versão alemã e brigou muito com o Ferdinand Lassale. Enfim, o fato é que eles passaram o fim de suas vidas, tanto um quanto o outro, basicamente organizando a classe trabalhadora e escrevendo e reescrevendo obras úteis para a emancipação humana.

O conceito de democracia *versus* democracia liberal

O conceito de democracia é multifacetado e multidimensional, não tendo uma única definição. Hoje associamos democracia com democracia política representativa, que significa relacionar a ideia com um regime político de certo tipo de Estado, que seria democrático porque daria condição de votar e escolher representantes a cada dois ou quatro anos – representantes que seriam responsáveis pelo controle e pela administração do Estado, assim como das políticas, durante certo período. Essa é a democracia parlamentar, política e burguesa.

Sobre isso, Nicos Poulantzas, um sociólogo político grego que morou na França por muitos anos, dizia que o Estado capitalista tinha uma única função: organizar e unificar os dominantes, fragmentando e desorganizando os dominados. De fato, essa dimensão existe, sem desmerecer a política, principalmente em um país como o Brasil, que passou tantos anos sob ditadura militar, e sem subestimar a importância que a democracia política da luta da classe trabalhadora tem. Afinal, é assim que se consegue obter mais ganhos e institucionalizar mais direitos.

No entanto, também há a chamada democracia social, que combina a democracia política com a econômica, e não existe país capitalista no mundo que seja democrático do ponto de vista econômico, porque os trabalhadores estão permanentemente na produção, na estrutura, na economia, sendo submetidos não a decisões democráticas, mas a decisões autocráticas, tomadas de forma autoritária e truculenta por aqueles que detêm o controle, que têm a função de ampliar o capital.

Então, não há uma democracia plena e social, no sentido amplo, em um país capitalista. É impossível que se tenha democracia, a não ser em alguns poucos países, de social-democracia muito avançada.

Pensando no Brasil, podemos concordar que se trata de um país democrático do ponto de vista parlamentar e político. Contudo, é preciso entender que, em uma cidade como São Paulo, para se eleger um vereador, são necessários R$3 milhões para a campanha eleitoral, no mínimo. Ou seja, não parece muito uma democracia.

Trabalho alienado na União Soviética

O trabalho era alienado na URSS, mas não praticava a mesma alienação observada no capitalismo. Existia uma alienação burocrática do trabalho que era o produto da reprodução de um despotismo fabril burocrático, de um regime despótico burocrático.

Nesse caso, a alienação se dava assim: os trabalhadores escolhiam seus funcionários por meio de sindicatos e partidos, mas estes se impuseram como uma espécie de força estranha, tendo em vista interesses alheios aos próprios trabalhadores. Assim, a maneira como as relações de trabalho eram organiza-

178 | Curso livre Marx-Engels: A criação destruidora

das para reproduzir esse modelo era alienada – de forma burocrática, mas a grande peculiaridade é que, na União Soviética, não existia o obscurecimento da apropriação excedente; a aplicação do excedente era cristalina, e os operários sabiam que estavam sendo expropriados. Isso se dava porque o produto não ficava na empresa, nem era incluído no salário, mas ia para o Estado, que o administrava da maneira que julgasse necessária.

Enfim, a necessidade de vender o produto do trabalho para gerar lucro, que cria o fetichismo do capital – a ideia de que o lucro vem das máquinas –, não havia na União Soviética, porque a aplicação do excedente era mais transparente aos trabalhadores. Assim, eles desenvolveram uma espécie de razão cínica sintetizada na célebre frase: "Vocês fingem que nos pagam e nós fingimos que trabalhamos".

Política taylorista e burocratização

Se Lenin estivesse vivo em 1928, a burocratização teria sido diferente, mas não tanto. O problema é que favoreceu a burocratização econômica, porque o taylorismo supõe um exército de mestres, contramestres, supervisores etc. para controlar o trabalhador e o trabalho, na tentativa de resistir à burocratização política do Estado. Então, é como se aceitasse uma burocratização econômica a fim de resistir à burocratização política. Isso, de fato, foi um problema, porque politicamente houve uma derrota da classe trabalhadora na década de 1920, coroada em 1928, e a burocratização prevaleceu. Por outro lado, as empresas se tornaram mais dependentes da generalização dessa camada burocrática de controle do trabalho. Mas, evidentemente, não era esse o plano.

Distribuição de produto excedente na União Soviética

O modelo aplicado na URSS era bastante irracional. E o fato de não existir a forma preço-valor, além de o preço estar muito controlado politicamente, tornava a administração complicada, criava distorções, porque nem sempre o recurso maior vinha para o produto que efetivamente custava mais para ser desenvolvido. Havia uma irracionalidade nesse processo.

Além disso, havia também uma departamentalização da economia, que a organizava em setores, em grandes ramos produtivos, com ministérios de produção para tudo. Por exemplo: se uma pessoa tinha interesse em firmar um contrato com uma empresa que estava perto geograficamente, mas que era de outro departamento e de outro ministério, não teria garantias de que aquele fornecedor cumpriria o contrato, por isso era melhor manter um relacionamento com uma empresa de seu ministério, da qual se conhecesse o burocrata e a pessoa de quem cobrar, mesmo que a empresa estivesse a 5 mil quilômetros de distância.

Assim, o produto social era progressivamente desperdiçado, com distorções e irracionalidades em grande medida derivadas da centralização burocrática, o que significaria privilegiar estruturas verticais em detrimento de estruturas horizontais de tomada de decisão e de controle.

Ditadura do proletariado e democracia

A ideia de uma ditadura do proletariado não é algo que agrade muito, por isso prefiro falar em democracia socialista. Mas o ponto central é que o processo de transição comporta os trabalhadores assumindo o controle do Estado e colocando o Estado e a economia para funcionar tendo seus interesses em vista, por intermédio de um processo de burocratização permanente. Isso é importante porque os interesses capitalistas contrariados vão evidentemente resistir, então é preciso ter instrumentos para enfrentar essa resistência. Na época de Lenin não era tão horrível, mas é sempre desagradável. Quer dizer, sempre houve o poder de coerção do Estado a favor dos interesses das amplas maiorias, não como acontece hoje, a favor do interesse de minorias.

O proletariado hoje

O proletariado varia muito. Por exemplo, no Brasil, mudou bastante nos últimos vinte anos, porque houve um assalariamento massificado de mulheres e jovens não brancos, além de pessoas e trabalhadores engajados prioritariamente no setor de serviços. Isso transforma o perfil do proletariado.

Evidentemente, houve um decréscimo relativo da indústria, na composição no PIB. Consequentemente, hoje, o proletariado brasileiro é mais parecido com o escriturário subordinado que ganha mal, é terceirizado e se torna muito dependente dos contratos das empresas com firmas terceirizadas.

Mas isso varia de acordo com o período de que estamos falando. Eu diria, hoje, que o perfil do proletariado brasileiro está muito relacionada ao jovem e à mulher não branca, mestiça, trabalhando no setor de serviços para uma empresa terceirizada.

Conceito de precariado

Ressignifiquei a expressão que Robert Castel, Serge Paugam e tantos outros utilizaram no final dos anos 1980 e início dos anos 1990 para dar conta dos setores que cresceram a partir do colapso da regulação fordista tradicional. Aumentava, naquele momento, nas economias desenvolvidas, de capital avançado, as franjas não cobertas pela seguridade social, pelas políticas de bem-estar das empresas, por políticas públicas etc., aumentando a porção de gente submetida à insegurança do trabalho, à terceirização e à precarização das condições laborais.

Diante disso, tentei ressignificar o conceito e trazer o debate para o Brasil, para a industrialização fordista e da transição pós-fordista. Para mim, o precariado – deixando de lado os setores mais qualificados e estáveis da classe trabalhadora, a população pauperizada e o campesinato – é formado basicamente por aqueles setores que não têm qualificação especial e que entram e saem muito rapidamente do mercado de trabalho, sendo submetidos a uma taxa de rotatividade muito elevada e a condições de trabalho muito duras. Ou seja, trata-se daquele setor em permanente transição entre a ameaça da exclusão social e o aumento da exploração econômica.

É um setor que está transitando da economia informal para a formal e que ganha até 1,5 salário mínimo, a grande massa de trabalhadores no Brasil nos últimos dez anos – jovens em busca do primeiro emprego, querendo sair da informalidade, e trabalhadores que se inserem em condições degradantes e sub-remuneradas de trabalho, mais suscetíveis às doenças ocupacionais, por exemplo.

Existe um documentário de que gosto muito, chamado *Carne, osso*[3]. Premiado, retrata a situação do pessoal do Sul que trabalha na indústria de processamento de frango e de carne. O precariado é um pouco o que o documentário mostra: não interessa se é trabalho formal ou se ganham um pouco mais de 1,5 salário mínimo, mas que, em poucos anos, estarão quebrados, serão rejeitados para o trabalho. Quer dizer, estão submetidos a um ritmo tão intenso que vai incapacitá-los de permanecer trabalhando.

Tecnologia e trabalho humano

Hoje, acho importante termos o máximo de tecnologia, trabalhar o mínimo possível do ponto de vista material. Só que esse máximo de tecnologia não pode estar a serviço de lucro, de empresa ou de rentismo, mas das necessi-

---

[3] Ver <http://reporterbrasil.org.br/carneosso/o-filme/>.

dades humanas, definidas pela própria humanidade, pelos próprios trabalhadores, democraticamente falando.

Esse negócio de socialismo sem máquina e sem tecnologia não faz sentido. Quero o socialismo com tecnologia, com o máximo de sofisticação, com internet, com um supercomputador, com condutor, semicondutor, nanotecnologia. Enfim, um socialismo de abundância, não de escassez.

Democracia horizontal

Não havia condições para uma democracia horizontal na década de 1920, mas a partir da década de 1930 sem dúvida. Existia condições para uma melhora progressiva da incorporação democrática dos trabalhadores ao Estado e às empresas. Mas o stalinismo não era uma fatalidade, ele se impôs, ganhou uma luta, que foi até a morte, ao menos da oposição e da esquerda.

Limites da Revolução Internacional e as dificuldades enfrentadas pela União Soviética

O principal limite da Revolução Internacional foi ter vingado uma revolução em um país economicamente atrasado. O segundo foi que a revolução não conseguiu se espalhar para a Alemanha. O terceiro limite veio com Estados que fizeram, em algum grau, certo levante, como a Hungria, que promoveu uma revolução com comunistas e social-democratas. No norte da Itália houve também um levante operário, de ocupação de fábricas com conselho, mas que não conseguiu ir para frente. Quer dizer, os limites enfrentados foram impostos pela dinâmica da própria revolução, definidos, ainda, pelo stalinismo, um grande modelo de organização de derrotas, principalmente ao final de 1928, da Comuna de Xangai – um suicídio imposto pela Internacional Comunista.

Assim, há fatores objetivos e subjetivos, como o isolamento da Rússia soviética, a devastação da Segunda Guerra Mundial, a destruição das forças produtivas, bem como limites econômicos e políticos.

No entanto, não existia um fatalismo puro e simples, mas várias decisões. Foi o caso da Revolução Chinesa, em 1929, por exemplo. Houve um problema de fatalismo histórico ou de decisão política? Acredito que de decisão política, fundamental para o destino da União Soviética. Porque, com a China comunista, a história da União Soviética teria sido outra. Então não foi fatalismo, existiam alternativas, mas havia uma direção que levou o proletariado mundial a uma derrota histórica.

China atual

A China atual atravessa um gradual processo de burocratização, gerando uma camada descolada da classe trabalhadora, tal como na União Soviética. Isso tem acontecido desde a década de 1970, com Deng Xiaoping. Aliás, a Revolução Cultural, de 1960, já foi uma luta intraburocrática.

Mas os chineses são muito perspicazes, aprenderam com o colapso soviético. A União Soviética teve Perestroika e Glasnost, ou seja, reestruturação econômica com abertura política. Então os chineses fizeram a reestruturação econômica sem nenhuma abertura política. Inclusive, quando veio um esboço de abertura política com a Revolta dos Estudantes, com a Comuna de Pequim, o movimento foi massacrado.

E o fato é que, com uma profunda centralização política, a China apresenta taxas de crescimento altas, muitos dependentes do crescimento extensivo, e agora dá um salto para um crescimento intensivo – diferente do que houve com os russos

Perspectivas de emancipação na atualidade

Há muitas possibilidades de emancipação hoje, mais do que há cinco, seis, sete anos atrás. O mundo árabe está em convulsão, por exemplo. E existe um potencial muito grande das massas, ainda que assumam certas deformidades políticas, como o apoio a irmandades muçulmanas.

Vejo também muita atividade na Europa. No ano passado, participei de uma manifestação na praça do Comércio, em Lisboa, com 200 mil pessoas, contra os planos de austeridade, em defesa dos direitos sociais dos trabalhadores portugueses, contra a crise etc. Foi impressionante. E agora começa a se falar em deixar o euro. Tem uma série de entraves que precisam ser superados, mas, de qualquer maneira, as massas, quando se colocam em movimento, criam um espaço de indeterminação.

O mesmo pode-se dizer sobre a Grécia, a despeito do retrocesso atual, assim como a respeito das manifestações na Itália, na Espanha e assim por diante. Então existe, de fato, um potencial de criação e de emancipação muito grande sendo gestado em um contexto de crise capitalista. As contradições precisam ser construídas pelas grandes massas, e de forma democrática.

No caso brasileiro, não estamos passando por nada semelhante a isso, mas começa a se esboçar algum tipo de reação. Vejo com bons olhos, apesar de saber que estamos muito longe dos ritmos árabes, portugueses, gregos, mesmo espanhóis, italianos etc.

Enfim, sempre há possibilidades de emancipação, mas é preciso atuar, construir, lutar, se engajar: esse é o desafio para todos nós. O socialismo é uma construção política e social, e todos nós que nos preocupamos com isso estamos convocados a nos posicionar.

Bibliografia

LENIN, Vladimir I. U. *O Estado e a revolução*. São Paulo, Expressão Popular, 2007.

_____. *O imperialismo, fase superior do capitalismo*. Lisboa, Avante, 1984.

_____. As tarefas imediatas do poder soviético. In: *Obras escolhidas em três tomos*. Lisboa, Avante, 1978, t. 2, p. 557-87.

LEWIN, Moshe. *The Making of the Soviet System*: Essays in the Social History of Interwar Russia. Nova York, Pantheon, 1985.

MARX, Karl. *O capital*: crítica da economia política, Livro I: *O processo de produção do capital*. Trad. Rubens Enderle, São Paulo, Boitempo, 2013. (Coleção Marx-Engels.)

_____. *O capital*: crítica da economia política, Livro II: *O processo de circulação do capital*. Trad. Rubens Enderle, São Paulo, Boitempo, 2014. (Coleção Marx-Engels.)

_____. *Crítica do Programa de Gotha*. Trad. Rubens Enderle, São Paulo, Boitempo, 2012. (Coleção Marx-Engels.)

_____. *Grundrisse*: manuscritos econômicos de 1857-1858 – Esboços da crítica da economia política. Trad. Mario Duayer (coord.), São Paulo, Boitempo, 2011. (Coleção Marx-Engels.)

MURPHY, Kevin. *Revolution and Counterrevolution*: Class Struggle in a Moscow Metal Factory. Chicago, Haymarket, 2007.

De pé, Friedrich Engels e Karl Marx.
Sentadas, as filhas de Marx: Jenny, Eleanor e Laura.

Sobre os autores

Alysson Leandro Mascaro é jurista e filósofo do direito brasileiro, nascido na cidade de Catanduva (SP), em 1976. É doutor e livre-docente em filosofia e teoria geral do direito pela Universidade de São Paulo (USP). Professor da tradicional Faculdade de Direito da USP e da pós-graduação em direito da Universidade Presbiteriana Mackenzie, além de fundador e professor emérito de muitas instituições de ensino superior. Publicou, dentre outros livros, *Filosofia do direito* e *Introdução ao estudo do direito* (Atlas), *Utopia e direito: Ernst Bloch e a ontologia jurídica da utopia* (Quartier Latin). É autor de *Estado e forma política* (Boitempo), que conta com texto de apresentação de Slavoj Žižek. Mascaro é prefaciador da edição brasileira de *Em defesa das causas perdidas*, de Žižek, e de *Crítica da filosofia do direito de Hegel*, de Karl Marx, todas pela Boitempo.

Antonio Rago Filho é graduado em ciências políticas e sociais pela Fundação Escola de Sociologia e Política de São Paulo (1976), tem mestrado em história pela Pontifícia Universidade Católica de São Paulo (1989) e doutorado em história pela Pontifícia Universidade Católica de São Paulo (1998). Atualmente, é professor-titular do Centro Universitário Fundação Santo André e da Pontifícia Universidade Católica de São Paulo. É parecerista da revista *PolHist – Boletín Bibliográfico Electrónico del Programa Buenos Aires de Historia Política* e da Associação Nacional de Pesquisa e Pós-Graduação em Música (ANPPOM). Também é editor da revista *Projeto História* e coordena

186 | Curso livre Marx-Engels: A criação destruidora

o Núcleo de Estudos de História: trabalho, ideologia e poder, NEHTIPO do Programa de Estudos Pós-graduados em História da PUC-SP. É assessor *ad--hoc* da Fundação de Amparo à Pesquisa do Estado de São Paulo, integrante do conselho de colaboradores da revista *Margem Esquerda*, publicada pela Boitempo, e coautor do *Dicionário crítico Nelson Werneck Sodré* (Editora UFRJ).

Jorge Grespan é graduado em economia pela Universidade de São Paulo (1980) e em história pela Universidade de São Paulo (1982), com doutorado em filosofia pela Universidade Estadual de Campinas (1994) e pós-doutorado pela Freie Universität, de Berlin (1997). Atualmente, é professor-doutor da Universidade de São Paulo e membro do corpo editorial da revista *Crítica Marxista* (São Paulo). Publicou, entre outros, *O negativo do capital* (Expressão Popular, 2012) e *Revolução Francesa e Iluminismo* (Contexto, 2003).

José Paulo Netto é professor e vice-diretor da Escola de Serviço Social da Universidade Federal do Rio de Janeiro (UFRJ). Autor, entre outros, de *Ditadura e serviço social*, *Capitalismo monopolista e serviço social* (Cortez) e *Democracia e transição socialista* (Oficina de Livros, 1990).

Mario Duayer tem PhD pela Universidade de Manchester, no Reino Unido. Atualmente é professor-visitante do Programa de Pós-Graduação em Serviço Social da Universidade do Estado do Rio de Janeiro. Publicou artigos na revista *Margem Esquerda*, da Boitempo, e realizou tradução, supervisão e revisão técnica dos *Grundrisse*, livro de Karl Marx publicado pela Boitempo em 2011.

Osvaldo Coggiola é graduado em economia política e em história pela Universidade de Paris VIII e doutor em história comparada das sociedades contemporâneas pela École des Hautes Études en Sciences Sociales. Atualmente, é professor-titular da Universidade de São Paulo na área de história contemporânea. É autor do livro *Introdução à teoria econômica marxista* (Boitempo, 1998), entre muitos outros.

Ricardo Antunes é um dos principais nomes da sociologia do trabalho no Brasil. Professor-titular de sociologia no Instituto de Filosofia e Ciências Humanas da Universidade Estadual de Campinas (IFCH-Unicamp), é coordenador da coleção Mundo do Trabalho, da Boitempo, e autor de livros como *Os sentidos do trabalho* (Boitempo, 1999), publicado também na Argentina, na Itália, nos Estados Unidos, na Inglaterra, em Portugal e na Índia; *Adeus ao trabalho?* (Cortez, 1995), publicado também na Argentina, na Venezuela, na Colômbia, na Espanha e na Itália; e *O continente do labor* (Boitempo, 2011),

Sobre os autores | 187

dentre vários outros. É, ainda, organizador da coletânea *Riqueza e miséria do trabalho no Brasil* (Boitempo), que tem três volumes.

Ruy Gomes Braga Neto é sociólogo especializado em sociologia do trabalho. Professor livre-docente da USP, foi vice-diretor do Departamento de Sociologia da USP (2005-2009), dirigiu o Cenedic entre 2007 e 2010, antes de ter indicado, com Chico de Oliveira, o cientista político André Singer para a posição. Atualmente preside a Comissão Geral de Recursos Humanos da FFLCH-USP e coordena, com Marco Aurélio Santana, o grupo de trabalho da Sociedade Brasileira de Sociologia, Sindicato, trabalho e ações coletivas. Sua tese de livre-docência *A política do precariado* foi finalista do Prêmio Jabuti 2013 na categoria de ciências humanas, quando de sua publicação pela Boitempo. Editor das revistas *Outubro* e *Societies Without Borders*, é colunista do *Blog da Boitempo*, com o qual colabora mensalmente.

Coleção Marx-Engels

A Boitempo, ao editar a Coleção Marx-Engels, desenvolve um trabalho monumental de recuperação da obra de Karl Marx e Friedrich Engels. Com novas traduções, feitas diretamente do idioma original pelos mais experientes profissionais, oferece ao leitor e pesquisador obras com a melhor qualidade já produzida no Brasil. Sempre acompanhados de um aparato editorial único, seus livros são hoje uma referência para todos os interessados na obra marxiana.

O 18 de brumário de Luís Bonaparte
Karl Marx
Tradução de Nélio Schneider
Prólogo de Herbert Marcuse
Orelha de Ruy Braga

Marx analisa o golpe de Estado que Luís Bonaparte desferiu na França em 2 de dezembro de 1851.

Anti-Dühring: a revolução da ciência segundo o senhor Eugen Dühring
Friedrich Engels
Tradução de Nélio Schneider
Apresentação de José Paulo Netto
Orelha de Camila Moreno

Engels polemiza com o socialista alemão Eugen Dühring, compondo texto que não só delimita o socialismo marxiano, mas também é poderosa obra introdutória ao tema.

O capital: crítica da economia política, Livro I
Karl Marx
Tradução de Rubens Enderle
Textos introdutórios de José Arthur Gianotti, Louis Althusser e Jacob Gorender
Orelha de Francisco de Oliveira

Obra-prima de Marx, considerada a mais profunda investigação crítica do modo de produção capitalista.

O capital: crítica da economia política, Livro II
Karl Marx
Edição de Friedrich Engels
Seleção de textos e tradução de Rubens Enderle
Prefácio de Michael Heinrich
Orelha de Ricardo Antunes

Parte intermediária da obra máxima de Marx, editada postumamente por Engels.

O capital: crítica da economia política, Livro III
Karl Marx
Edição de Friedrich Engels
Tradução de Rubens Enderle
Apresentação de Marcelo Dias Carcanholo
Orelha de Sara Granemann

Terceira parte da obra máxima de Marx, editada postumamente por Engels.

Crítica da filosofia do direito de Hegel
Karl Marx
Tradução de Rubens Enderle e Leonardo de Deus
Prefácio de Alysson Leandro Mascaro
Apresentação de Rubens Enderle

Este livro marca a transição da chamada fase "juvenil" de Marx para a fase "adulta", bem como a consolidação das ideias que irão orientar sua produção intelectual até a maturidade.

Crítica do Programa de Gotha
Karl Marx
Tradução de Rubens Enderle
Apresentação e quarta capa de Michael Löwy
Orelha de Virgínia Fontes

A edição apresenta um dos pronunciamentos mais detalhados de Marx sobre assuntos revolucionários, reunindo também diversas cartas de Marx e Engels.

Os despossuídos
Karl Marx
Apresentação de Daniel Bensaïd
Tradução de Mariana Echalar e Nélio Schneider
Orelha de Ricardo Prestes Pazello

A obra reúne artigos de Marx que, já em 1842, tratavam do direito sobre o uso da terra, uma questão fundamental comum às grandes experiências socialistas.

Dialética da Natureza
Friedrich Engels
Tradução de Nélio Schneider
Apresentação de Ricardo Musse
Orelha de Laura Luedy

Engels procura oferecer de uma só vez, ao marxismo uma concepção materialista da natureza elaborada, e às ciências um modelo filosófico a partir do qual se guiar.

Diferença entre a filosofia da natureza de Demócrito e a de Epicuro
Karl Marx
Tradução de Nélio Schneider
Apresentação de Ana Selva Albinati
Orelha de Rodnei Nascimento

Tese doutoral de Marx, apresentada pelo autor à Universidade de Jena em 1841. Um Marx como você nunca viu.

Escritos ficcionais: Escorpião Félix/ Oulanem
Karl Marx
Tradução de Claudio Cardinali, Flávio Aguiar e Tercio Redondo
Orelha de Carlos Eduardo Ornelas Berriel

Em 1837, com dezenove anos, o jovem Karl Marx compôs uma peça de teatro, *Oulanem*, e um breve romance satírico, *Escorpião e Félix*. Esses textos, escritos por um Karl antes do Marx que conhecemos, foram redescobertos em 1929 e mostram o curioso início de sua vasta obra.

Grundrisse: manuscritos econômicos de 1857-1858
Karl Marx
Tradução de Mario Duayer e Nélio Schneider, com Alice Helga Werner e Rudiger Hoffman
Apresentação de Mario Duayer
Orelha de Jorge Grespan

Pela primeira vez em português, esta obra crucial para o desenvolvimento da crítica da economia política de Marx traduzida diretamente dos originais em alemão.

A guerra civil na França
Karl Marx
Tradução de Rubens Enderle
Apresentação de Antonio Rago Filho
Orelha de Lincoln Secco

Esta obra cumpre a importante tarefa de esclarecer o levante popular histórico francês que resultou na Comuna de Paris (1871).

A ideologia alemã
Karl Marx e Friedrich Engels
Tradução de Rubens Enderle, Nélio Schneider e Luciano Martorano
Apresentação de Emir Sader
Orelha de Leandro Konder

Os autores desenvolvem sua própria filosofia, em que a consciência é intermediada dialeticamente pelo trabalho social e pela atividade individual.

Lutas de classes na Alemanha
Karl Marx e Friedrich Engels
Tradução de Nélio Schneider
Prefácio de Michael Löwy
Orelha de Ivo Tonet

Reúne alguns dos principais textos redigidos por Marx e Engels sobre as lutas de classes na Alemanha.

As lutas de classes na França de 1848 a 1850
Karl Marx
Tradução de Nélio Schneider
Prefácio de Friedrich Engels
Orelha de Caio Navarro de Toledo

Marx analisa a história francesa apresentando experiências importantes da Revolução de 1848 e seus resultados, desenvolvendo sua teoria da revolução e da ditadura do proletariado.

Lutas de classes na Rússia
Textos de **Karl Marx e Friedrich Engels**
Organização e introdução de Michael Löwy
Tradução de Nélio Schneider
Orelha de Milton Pinheiro

Volume inédito de escritos de Marx e Engels sobre a Rússia.

Manifesto Comunista
Karl Marx e Friedrich Engels
Tradução de Ivana Jinkings e Álvaro Pina
Introdução de Osvaldo Coggiola
Orelha de Michael Löwy

Publicado em 1848, este pequeno panfleto se tornaria o documento político mais importante de todos os tempos.

Manuscritos econômico-filosóficos
Karl Marx
Tradução e apresentação de Jesus Ranieri
Orelha de Michael Löwy

Os textos apresentam as raízes fundamentais do pensamento de Marx: a concentração de sua filosofia na crítica da economia política de Adam Smith, J. B. Say e David Ricardo.

Miséria da filosofia
Karl Marx
Tradução e apresentação de José Paulo Netto
Orelha de João Antônio de Paula

Crítica implacável à obra de Proudhon, não poupa diatribes contra um autor que não só era respeitado intelectualmente como tinha grande influência entre os socialistas franceses.

A origem da família, da propriedade privada e do Estado
Friedrich Engels
Tradução de Nélio Schneider
Prefácio de Alysson Leandro Mascaro
Posfácio de Marília Moschkovich

Apresenta uma análise crítica dos modos de organização da vida social e mostra a origem histórica da família patriarcal e monogâmica.

A sagrada família
Karl Marx e Friedrich Engels
Tradução de Marcelo Backes
Orelha de Leandro Konder

Um de seus trabalhos de mais intensa polêmica, no qual os autores fazem uma sátira à filosofia dos jovens hegelianos dos anos 1840

A situação da classe trabalhadora na Inglaterra
Friedrich Engels
Tradução de B. A. Schumann
Apresentação de José Paulo Netto
Orelha de Ricardo Antunes

Friedrich Engels retrata a exploração no mundo do trabalho, as primeiras greves e os movimentos de resistência, assim como a divisão sexual e a barbárie do trabalho infantil.

Sobre a questão da moradia
Friedrich Engels
Tradução de Nélio Schneider
Orelha de Guilherme Boulos

Engels aborda o assunto da moradia com uma enorme atualidade. Sem lugar para "achismos burgueses", os três artigos constroem uma análise consistente e erudita.

Sobre a questão judaica
Karl Marx
Tradução de Nélio Schneider e Wanda Caldeira Brant
Apresentação e posfácio de Daniel Bensaïd
Orelha de Arlene Clemesha

O livro reflete sobre as condições dos judeus alemães em meados do século XIX e estabelece propostas para a solução de questões concretas.

Sobre o suicídio
Karl Marx
Tradução de Rubens Enderle e Francisco Fontanella
Prefácio de Michael Löwy
Orelha de Rubens Enderle

Neste livro, o autor enverada na esfera da vida privada, mediada pela propriedade e pelas relações de classe e suas angústias.

O socialismo jurídico
Friedrich Engels e Karl Kautsky
Tradução de Livia Cotrim e Márcio Naves
Prefácio de Márcio Naves
Orelha de Alysson Mascaro

Neste livro, os autores respondem aos ataques à teoria econômica de Marx e elaboram uma crítica ao reformismo jurídico.

Últimos escritos econômicos
Karl Marx
Organização de Sávio Cavalcante e Hyury Pinheiro
Tradução e notas de Hyury Pinheiro
Apresentação de Sávio Cavalcante
Orelha de Edmilson Costa

A obra fornece uma contextualização teórica que permite uma leitura crítica da teoria marxiana.

Die heilige Familie,

oder

Kritik

der

kritischen Kritik.

Gegen Bruno Bauer & Consorten.

Von

Friedrich Engels und Karl Marx.

Frankfurt a. M.
Literarische Anstalt.
[J. Rütten.]
1 8 4 5.

Publicado em outubro de 2015, 170 anos após a primeira edição de *A sagrada família*, que deu início à parceria autoral de Marx e Engels, este livro foi composto em Adobe Garamond Pro, 11/13,3, e reimpresso em papel Pólen Natural 80 g/m² na Lis Gráfica, para a Boitempo, em maio de 2023, com tiragem de 2 mil exemplares.